동양학총서 43집

개화기에서 일제강점기까지 한국문화자료총서

일생의례 관련 자료집 _신문·잡지 편

동양학총서 43집

개화기에서 일제강점기까지 한국문화자료총서

일생의례 관련 자료집 _신문·잡지 편

단국대학교 동양학연구원

채륜
CHAE RYUN

단국대학교 동양학연구원은 지금까지 한국 문화전통의 여러 국면을 다양한 시각에서 조명하고 탐구하는 연구를 수행하여 왔다. 1971년부터 한국의 역사와 문화에 관한 희귀한 자료를 발굴하여 간행한 '동양학총서'는 그동안 국어학 자료에서부터 독립운동사 자료, 한중일 관계 사료집, 개화기 대외 민간교류 자료, 개화기에서 일제강점기까지 한국 문화 자료 총서에 이르기까지 총 41집 84책으로 발간되어 한국 문화를 기축으로 한 동양 문화 연구에 일익을 담당해 왔다.

본 연구원은 2005년부터 한국연구재단의 지원 아래 '개화기에서 일제강점기까지 한국 문화전통의 지속과 변용'이라는 주제로 중점연구소 연구 과제를 수행하고 있다. 본 사업은 제1세부과제 '한국 민속 문화전통의 지속과 변용', 제2세부과제 '일상생활과 문화적 표상'으로 구성되어 있는 바, 이는 민속학적 연구와 문화사회학적 연구를 통해 한국 문화전통의 지속과 변용의 양상을 통합적이고도 중층적으로 구명한 것이다. 그동안 본 과제는 1단계(2005~2008)와 2단계(2008~2011)의 연구 수행 과정을 통해 지금까지 다양한 연구 성과물을 학계에 발표하였다. 또한 3단계(2011~2014)

는 개화기에서 일제강점기까지 문화 변용과 일상 문화의 재편에 관한 연구를 보다 심도 있게 전개하고자 기존의 제1세부과제와 제2세부과제에 대한 구분을 없애고 '근대 주체와 일생의례', '근대 주체와 세시풍속'이라는 과제를 선정하여 공동으로 연구를 진행하고 있다.

한국 문화전통의 다양한 갈래 중에서도 민속 문화는 한 민족의 문화적 원형을 고스란히 담고 있는, 민족 문화의 가장 기층적인 모습일 뿐 아니라 오랜 역사와 전통에 의해 적층되어 온 생활 문화라 할 수 있다. 더욱이 개화기와 일제강점기는 우리의 문화전통이 가장 격렬한 변화와 굴곡을 강요당했던 시기로 수많은 민속 문화전통이 해체되고 변용되면서 전승의 단절과 왜곡을 초래하였다. 따라서 이 시기에 배출된 민속 문화 자료를 파악하고 연구하는 일은 우리 문화전통의 원형을 살펴보는 데 있어 가장 핵심이 되는 과제라고 할 수 있다.

이러한 목적을 달성하기 위해서는 무엇보다 이 시기 민속 관련 기초 자료들을 광범위하게 수집하고 발굴하여 한자리에 모아 놓는 작업이 절실하다. 이러한 인식하에 본 연구원에서는 민속 문화 관련 기초 자료 조사의 발굴, 수집에 노력을 경주해 왔다. 이러한 노력의 결실로 이미 『구비문학 관련 자료집』 4권과 『민간신앙 관련 자료집』 3권, 『의식주 관련 자료집』 3권, 『구한국 관보 복식 관련 자료집』 1권, 『민속놀이 관련 자료집』 2권, 『일상생활과 근대영상매체』 2권, 『일상생활과 근대 음성매체』 1권, 『일상생활과 근대 인쇄매체』 3권, 『일상생활과 근대결혼제도』 2권 등 총 21권의 자료집을 발간하여 학계에 보고한 바 있다.

이번에 3단계 연구 과제 '개화기에서 일제강점기까지 한국 민속 문화전통의 지속과 변용-일생의례'와 관련하여 『개화기에서 일제강점기까지 한국문화자료총서-일생의례 관련 자료집(신문 · 잡지 편)』(동양학총서 43)과 『개화기에서 일제강점기까지 한국문화자료총서-일생의례 관련 자료집(일본어 잡지 편)』(동양학총서 44)을 발간하게 되었다.

아무쪼록 본 자료집이 이 시기 한국 일생의례에 나타난 변용 양상을 추적하고 그것이 지니는 문화사회학적 의미를 총체적으로 구명하는 데 많은 도움이 되기를 기대한다.

본 자료집 발간에 즈음하여 공동연구원으로 과제를 이끌어주신 송재용, 최인학, 신종한 교수님께 감사의 말씀을 드린다. 아울러 본 과제 수행을 위해 열과 성을 다하고 있는 서종원, 김재관, 이영수, 장두식, 염원희, 김영순 연구교수와 유용태, 김민지, 김태환, 이영주, 최윤정, 이미현 연구보조원에게도 감사의 마음을 전한다.

끝으로 한국 인문학 중흥을 위해 지원을 아끼지 않는 한국연구재단 관계자 여러분과 많은 어려움 속에도 의연하게 자료집을 출간하고 있는 채륜 서채윤 대표와 관계자 여러분께도 모든 연구원을 대표하여 감사의 말씀을 드린다.

2012. 7. 20.

단국대학교 동양학연구원

원장 서영수

책머리에

단국대학교 동양학연구원은 한국의 문화전통에 대한 올바른 이해와 함께 문화창조의 동력을 고구하기 위해 한국연구재단의 중점연구소 지원을 받아 '개화기에서 일제강점기까지 한국 전통문화의 지속과 변용'을 수행하고 있다. 이 자료집은 이 과제의 제3단계 세부과제인 '개화기에서 일제강점기까지 한국 통과의례와 세시풍속의 지속과 변용'의 첫 번째 연구결과물로 주요 신문과 잡지에 수록된 일생의례 관련 기사를 수집하여 편찬한 것이다.

본 연구소는 개화기와 일제강점기의 시기를 대상으로 한국의 문화전통이 어떻게 지속되고 변용되어 왔는지 심층적으로 탐색하여 왔으며, 이를 위한 기초 작업으로 이 시기의 신문 잡지를 대상으로 관련 기사를 수집하여 자료집을 편찬하였다. 『개화기에서 일제강점기까지 구비문학 관련 자료집』 4권과 『개화기에서 일제강점기까지 민간신앙 관련 자료집』 3권, 『개화기에서 일제강점기까지 의식주 관련 자료집』 4권 등 총 11권의 자료집을 발간한 데 이어 올해에는 신문, 잡지에 나타난 일생의례 자료집을 선보이게 되었다. 본 자료집의 구성은 일생의례의 순서상 '출생의례, 혼례, 회갑연, 상례, 제례'로 나누어 제시하고, 마지막에 일생의례에 대해 종합적으로 다룬 기사를 '종합'으로 분류하였으며 각 분류별 자료는 기사가 게재된 시기 순으로 수록하였다.

일생의례는 인간이 태어나서 일생을 살아가는 동안 순차적으로 치르는 의례 전반에 대한 총칭으로, 기층민들의 삶의 모습이 고스란히 담겨 있어 한 민족의 정체성을 보여주는 가장 원형질의 모습이라 할 것이다. 일생의례는 개화기에서 일제강점기까지의 시기에 전통적으로 행해져오던 것들이 소멸되거나 이전에 볼 수 없었던 방식으로 변화되기도 하였다.

먼저 출생의례에 대한 기사는 임신, 출산과 관련된 민간신앙에 관한 기사가 많았다. 이 시기 민간신앙은 미신으로 치부되어 타파되거나 계도되어야 할 대상이라는 명목하에 비판받았기 때문에 임신과 출산에 관한 기사도 이러한 측면에서 다루어졌다. 1930년대에는 임신, 출산과 관련된 기사가 위생의 측면에서 강조되기도 하였다. 전쟁을 수행 중이던 일본은 건강한 인적자원의 수급이 무엇보다 중요했고, 그것과 직접적으로 관련을 맺는 임신과 출산을 국가가 통제할 수 있는 영역으로 전환시키고자 하는 의도를 깔고 있었던 것이다.

이에 비해 관례의 경우, 이와 관련된 일체의 기사를 찾을 수 없었다. 이는 1895년에 단발령이 강제적으로 시행되면서 전통적인 관례가 폐지되었기 때문이다. 단발령은 성년 남자의 상투를 자르고 서양식 머리를 하라는 칙령으로 고종32년 음력 11월 15일에 공포되었다. 당시 정권을 잡았던 김홍집 내각은 조선의 근대적 개혁을 위해 '위생에 이롭고 작업에 편리하기 때문'에 단발을 해야 한다고 주장하였고 그 영향으로 일제강점기에 들어서면 관례는 행하지 않거나, 혼례의 선행의식으로 약식화 되거나 흡수되고 말았다.

이 시기에 가장 큰 변화를 겪은 제도는 바로 혼례일 것이다. 자유연애사상으로 인해 중매혼인에 반기를 들고 자유연애를 통한 혼인이 이루어지게 되었고, 이로 인해 세대 간 갈등이 심화되었던 것으로 보인다. 1920년대 중후반부터는 연애와 중매를 절충하는 방식으로 혼담이 이루어져야 한다는 논의가 많았다. 『매일신보』에 1928년

4월부터 7회에 걸쳐 연재된 「결혼공개내용」을 보면 중매와 연애가 각 1명이고, 절충식으로 혼인한 사례가 5명이었다. 부모와 자식 간에 각자 주장하던 혼담에 문제가 있음을 인식하고 그에 대한 해결책을 찾는 과정에서 연애와 중매를 절충하는 방식을 취하게 된 것이다. 하지만 절충식 혼담이 시대적 흐름임에도 불구하고 임화의 「결혼론」에서 보듯이 여전히 사회 일면에서는 전통적인 관행을 따르는 경우가 많았다. 혼례식도 크게 변화하여 기독교식으로 예배당에서 혼인을 하는 것을 '신식'으로, 전통적인 혼례는 '구식'으로 지칭되었다. 당시에는 구식으로 혼례식을 거행하면 이상하게 생각되었다고 할 만큼 신식이 주류를 이루었다. 신혼여행은 일본을 통해 받아들인 것으로, 1920년대까지는 예식을 마치고 필요에 따라 가까운 곳으로 '단거리 여행'을 갔다. 신혼여행이 좀 더 보편화된 시기는 1930년대인데 일본의 영향으로 여행지로는 온천이 각광을 받았던 것으로 보인다.

또한 구습과 관련하여 여전히 잘못된 납폐 관행에 대해 지적하기도 하였고, 허례허식에 대한 경계로 혼례는 집안일이므로 조용하고 검소하게 치러야 한다는 기사도 있었다. 이러한 혼례기사의 양상을 알 수 있는 대표적인 기사가 「장가難! 시집難!」이다. 가난한 농촌이나 도시 빈민자들 사이에서 이루어지는 매매결혼(賣買結婚)의 실정을 꼬집은 내용이다. '더럽고 아니꼬운' 매매결혼풍(賣買結婚風)이 언제부터 누구에 의해 시작되었는지 알 수 없으나 그 원인은 역시 생활난(生活難) 때문이다. 조선은 남아를 선호한 사회였던 까닭에 남녀 성비가 맞지 않았고, 그래서 남자가 결혼하기 위해서는 여자집에 주어야 할 혼수가 많아 이것이 사회문제로 대두하게 되었다. 당대의 결혼문제가 경제난으로 인해 야기되었고 특히 아들 가진 집에서 경제적인 문제 때문에 결혼이 힘든 상황이며, 여성은 남자의 장가난보다 더하게 '남자에게 팔려가는 상품'으로 전락하는 현실을 우려하였다. 당시의 혼례와 관련된 문제를 종합적으로 고찰하고 있는 기사이다.

회갑연은 근대에 새롭게 등장한 일생의례이다. 일제강점기 전반에 걸쳐 허례허식에서 벗어나 일생의례의 간소화를 권장하였으므로 회갑연에 있어서도 이러한 일본

정부의 견해를 뒷받침할 수 있는 교훈 위주의 기사가 주류를 이루었다. 소박한 회갑연 풍경을 그려 이를 본받을 수 있도록 한다거나, 회갑연의 잔치상을 소개하면서도 지나치게 사치스럽게 차리면 상 받는 분이 불편하니 소박하게 차릴 것을 권고하는 내용도 잊지 않는다. 또한 회갑을 맞이한 노인이나 그 자녀가 잔치를 열지 않고 그 비용을 기부하여 가난한 친척이나 빈자, 자연재해로 인한 이재민을 구제하였다는 기사가 많았다. 보다 효율적으로는 여러 명의 노인이 공동으로 회갑연을 치렀다는 기사를 내걸어 합리성을 강조하고 있다.

상례의 경우, 산 사람이 아닌 죽은 사람을 위한 의례라는 점에서 조상에 대한 의식이 강한 한국인에게는 제례와 함께 상당히 중요한 의례로 생각되어 왔다. 하지만 이 시기 신문 논설의 어조는 한국인의 이러한 의식을 비판하는 내용이 대부분이었다. '상례가 이루어지는 방식이 합리적이어야 조상의 영혼도 남은 자손의 참된 대접에 안심하고 기뻐할 것'이라는 논조는 이를 잘 드러낸다. 또한 이 시기 상례는 허례허식의 문제와 함께 '미신'의 문제와 결부되어 나타난다. 상여행렬에 대한 그릇된 인식 때문에 자신의 조상묘소 앞으로 그 행렬을 지나가지 못하게 한다거나, 동네 우물 앞을 지나가는 것을 막아 상을 당한 가족과 상해사건이 나는 등의 기사가 이를 단적으로 증명한다. 그렇기 때문에 상례는 더더욱 간소화 되어야 할 의례였다.

마지막으로 당시 제사에 대해 다루어졌던 주요 내용은 종교적인 영향으로 인한 우상숭배와 제사문제, 제사를 통한 전통적인 관념에서의 예(禮)의 범위와 절차, 형식의 문제, 합리적인 사고에서의 허례의 문제 등이었다. 특히 제사를 지내는 것이 올바른 것인지에 대한 논의가 활발했는데, 이 과정에서 본질적인 예의 문제에 대해 다양한 논의가 있었다. 유교의 관점에서 예를 설명한다든지, 서구식 종교적 관점에서 이 문제를 바라보는 것들이 그것이다.

이처럼 이 시기 재래의 일생의례는 공통적으로 허례허식, 미신, 위생의 측면에서 비판받았던 것으로 보인다. 경제적 측면을 고려하지 않고 일생의례를 행하는 조선인들의 비합리적인 태도에 대한 비판이 주류를 이루었다. 그 외에도 기독교와 천주교의 포교활동과 서양문물의 유입, 국내외 주요 사건이나 정책, 당대인들의 인식태도 등은 우리 일생의례의 지속과 변용에 영향을 줄 수밖에 없었다. 본 자료집은 이러한 변화를 포착할 수 있는 여러 자료를 선별하여 출간한 것으로 개화기와 일제 강점기를 연구하는 다양한 분야의 연구자들이 신뢰하고 활용할 수 있는 1차 자료집이 될 것으로 기대한다.

단국대학교 동양학연구원

염원희

일러두기

1. 본 자료집은 개화기에서 일제강점기까지 발간된 신문과 잡지 자료에서 일생의례 관련 자료들을 발췌하여 수록한 것이다.

2. 자료의 배열 순서는 먼저 주제별로 분류하고, 주제 안에서 게재일자 순으로 배열하였다.

3. 자료의 서지사항은 잡지 자료의 경우 〈기고자, 제목, 잡지명, 권호(발행연도), 원전 수록 페이지〉 순으로, 신문 자료의 경우 〈기고자, 제목, 신문명 (발행연도), 원전 수록 페이지〉 순으로 표기하였다.

〈보기〉

春坡, 「農村探情記-장가難! 시집難!」, 『별건곤』 2권 2호(1927.02.01), 121쪽
玄德信, 「初妊婦의 注意할일」, 『동아일보』 (1925.01.03), 5면

4. 제목 찾아보기는 자료 제목의 가나다 순으로 배열하였다.

차례

2부 혼례

신문 편

잡지 편

3부 회갑연

신문 편

5부 제례

신문 편

잡지 편

6부 종합

신문 편

잡지 편

01

출생의례

● 신문 편

初姙婦의 注意할일

女醫師 玄德信

一、애배고안밴것을알기

二、골반이상

三、몸에 병이잇고업기

四、화류병의 주의

五、애배는처음과 락태

六、임신의주의

玄德信,「初姙婦의 注意할일」,『동아일보』(1925.01.03), 5면

學窓散話

重複姙娠

◇新聞紙上에報道된바를들으니 臺灣의어느女子가 白赤·黑三色兒를 一時에生産하얏는데 臺灣人들은 「三國人物劉·關·張三人의復活로녁인다고한다 三胎가흔치안코三色이더욱稀罕하니 無智한사람들이迷信으로說明하랴함이 怪異치안흔일이다 만일科學的으로 이를說明하랴면精密한調査가必要條件이될것이니 그父母血族系統에複雜한關係가잇지아니한가 또는그父母身體組織에異常한現象이잇지아니한가 적어도이것들은調査한후에라야 正確히說明할餘地가생길것이다 그런데 지금그三色兒의父母가移住한中國種인지 或은土着한馬來種인지까지알지못함으로 다만 이러한現象에對하야科學的으로說明할可能性이업지아니함을 例를어말할수잇슬뿐이다

◇모든動物이 身體構造가複雜할수록 대개姙娠期間이길고産兒數가적으니 人類는姙娠期가 三百日內外요 一胎一兒가 普通이다 그러나雙胎·三胎·四胎까지도 잇서서 말인즉 雙胎는 百의하나 三胎는 千의하나 四胎는萬의하나라고한다 그런데우리나라에서는 民間에三胎四胎의生産이잇스면 國家에서米穀과租賦를그産母에게給與하는規例가잇섯다하니 米穀은 事件의稀貴함을表함이요 租賦은 (?)에彷彿함을(?)함이다 지금 生物化學이進步한까닭에 神秘的이든受胎現象이 漸次로明白하게되야서 卵子精虫의名稱을물을사람이업게되고 精虫形體를人形과가치想像할사람도업게되엿다 兩性細胞의合體로胎兒가생긴다하고 兩性細胞의數가一個數十個라하면 三胎四胎라고特別히神秘的現象이라할것은아니다

◇母性印象은心理的關係가重大하다하야 學者의論難이紛々하고 母體內醱酵素는化學的影響이顯著하다하야 事實의證據가班々하니 이런것도생각하아볼만하거니와重複姙娠이란것이잇스니三色兒가튼現象에對하야가장重要한說明材料가될것이다 대개重複姙娠은 姙娠中에다시姙娠함을이름이니 異經期重複姙娠과同經期重複姙娠의區別이잇다 第一胎兒가出生하는때 第二第三胎兒는子宮內에남어잇다가 若干時日을經過한後에다시出生함이 異經期重複姙娠의結果이니 歐米醫師의經驗한實例로보면 第一第二分娩에數朔間隔이잇슴이 稀罕치아니하고 同經期重複姙娠은同一한排卵期에連次姙娠함이니 『카스텔』이란사람의報告에 一牝馬가五日間에一馬一驢와交接한結果 一馬一騾를同時生産하엿다하고 畜類뿐아니라人類로도 二十三歲된黑奴女子가 短時日間에一白人一黑人 과關係를매진結果黑色兒와黑白間色兒를同時生産하엿다하고 이外에도白人黑人을繼續하야接한白人女子가 黑色兒·間色兒를一時生産한例가往々히잇다한다 (?)色이깁흐면黑色이라할것이고(?)黃間色이면赤色이라할수잇고 또黃色인물부면白色이라할것이니 (?)色人種과黃色人種이雜居하는臺灣일이라三色兒가出生하엿다고 說明이別로히新할것갓지는아니하다

「學窓散話-重複姙娠」, 『동아일보』(1925.03.06), 3면

배속에드러잇는 어린아해에대한

◇……미신과전설

◇배속에 드러잇는 어린아희가 사내인가 계집아희가 하고아해밴부인네들은 그것이알고 십허서 에가라는것이다 그럼으로 여기대하여 녯날부터 각민족의풍속과 습관에따라 여러가지이상한비법과 미신이따르는 것이다 우리나라에서는 사내는 떠러지기가쉽고 계집애는 떠러지는일이업다하며 떠러지는 아희는모다사내라고한다 아희밴니의 뱃모양이 섭족하지아니하고 둥그면사내라고한다 마희밴니가 몸을가뷔엽게 재게가지면 사내를나흐리라한다 이것을 박구어말하면 아희밴니가 몸이무거워뒤룩뒤룩해서 남보기가 과히숭하면계집아희를 배갯이오 뱃모양이압흐로 섭족소사 무엇이라고형용할수업시 보기 흉한것을제집아희밴것이라고한다 이리하여계집아희는 배속에서 부터천대를 밧는것이다 배ㅅ속에든아희가계집앤가 사낸가 무엇인가알고십허 애쓰는것을 박구어말하면 배속에잇는아희가 계집애면엇더케하나 사나희라야 할터인데 ― 하는 뜻이다 이것은우리나라뿐 아니라 각민족공통하여누구나 다가지고잇는 희망이다 그럼으로 모든전설과 비법이사나희의 출생을 바라는데로기우러진것이다 『섭시족 가운데는아래와갓흔 전설이잇다『아해밧는사람이 아해가문을 잡으려고하거든 한번열우서라 그러면반다시 사나희가나오나니라』 또는『아희배인녀자는 반다시날마다한번식 계집아희를 아니낫케해주십시오하고 하나님께 비러라 그러면 사나희를나흐리라』하엿다 아라비아 사람은날마다긔도하는가운데 신이여! 우리집닭과고양이에게는 딸을 낫케해주십시오 그러나 제안해에는 아들을낫케해 주십지오』하는말을결단코 빼지 아니한다고한다 유태 사람은 특별히 딸낫는것을 실혀하는 백성인데 아들을나면 한일헤동안을 부정하다고하지마는 딸을나흐면 두일헤동안을 부정하다고해서 무슨조흔일하는집과 흉칠을 못한다고한다 그리고구렁이나 배암이가잠자는방에 드러가 서리면아들을낫는다고해서 일부러 구렁뱀을잡어다가 침실에던지는 일이잇다고한다 중국에도 여러대하여 여러가지미신이잇다 아희배인이의 바른쪽배가 왼쪽배보다 더불으면 사나희요 그와반대면 계집애라고한다 새벽에밴아희는 반드시사나희요 초저녁에밴아희는반드시 계집애라하는전설과미신은 지금도 중국사람의 밋고잇는바이라고한다

사람들이 이와가치 아들을낫키를바라고 딸낫키를 조와하지아니하는것에 대하여 조코낫부다는 비판은 별문뎨로하여놋코 오늘날과학뎍으로 아즉낫치아니한 태아를가지고 남녀의구별을 붓칠수잇느냐하면 그것은아즉까지 불가능한것이다 서로합하[illegible]전 남녀의 생식세포가성뎍구별을 일우는것이 외부의영향을 밧는것이아니라 전혀우리가 상상할수업는 엇더한내부의 영향으로 일우어지는것임으로 도저히 우리의판단할수업는바이오 짐작할수도 업는바이다

그럼으로 지금까지 우리가무엇이니 무엇이니하고 능히판단할수잇는것처럼 말하는것은 일종의미신에지나지못하는것이다

「배속에 드러잇는 어린아해에 대한 미신과전설」, 『동아일보』(1925.11.14), 3면

어머니의영양과 태아의남녀별(一)

엇지하야 남자아해가 나게되며 엇지하야 녀자아해가 나게되느냐하는문뎨는 모든사람이 궁금하게생각하는문뎨임니다 이문뎨에대한설명을 간단히 소개하겟슴니다 위선남녀의 수(數)의비교로부터 이야기하겟슴니다 일반동물을 조사하여보면 하등동물이면하등일사록자웅(雌雄)의수에잇서 차이가만슴니다 암컷(雌)보다는 숫컷(雄)이 사뭇만슴니다 오적어(烏賊魚)의 일종에잇서서는 암컷一〇〇에대숫컷이 一六의비례에불과합니다 이와가치 하등동물에 잇서서는자웅의출생수에차이가만치마는 고등동물이되면 서로 비슷하게됩니다

고등

동물의그관계를표로써설명하면다음과갓슴니다

	암컷출생수	숫컷출생수
집비둘기	一〇〇	九九、七
닭	一〇〇	九四、七
집오리	一〇〇	一〇四、六
쥐	一〇〇	一〇五、〇
양	一〇〇	一〇四、六
돗	一〇〇	一一一、八
말	一〇〇	九七、七
소	一〇〇	一〇七、三

그러면가장고등동물인사람에 잇서서는엇더하냐하면 아래의 각국통계로써 알수가잇는것과 가티

남녀

의수가다소간만흔편이지마는거진동수라고하여도조흘만합니다

	녀아출생수	남아출생수
독일	一〇〇	一〇五、二
오지리	一〇〇	一〇五、〇
서반아	一〇〇	一〇八、三
이태리	一〇〇	一〇五、八
영국	一〇〇	一〇三、六
서서	一〇〇	一〇四、五
오스타리	一〇〇	一〇五、八
로서아	一〇〇	一〇五、四
불란서	一〇〇	一〇四、六

다음에는 엇지하야 남자가되고 녀자가되느냐하는문뎨임니다 이문뎨에대하여서는 각국에서 민간에도 별별말이만코 학자사이에도

별별

설명이만하서그것을일일히들자면큰일입니다그중에자미잇는몃가지만들겟슴니다 혹은 왼편으로배는것과바른편으로배는것에따러서뎡해진다고합니다 혹은부모의톄질의강약에또는수태시정력의강약여하에 따러서 뎡해진다고합니다 이와가튼말은 조금도신용할만한 가치를가지지 못하엿슴니다 또학자간에서는 우에잇는통계와가치 남자가 녀자보다 만흔것은 결혼자의다수가 대개는남자가 녀자보다 나이가만흔결과라고하야 태아의 남녀별은 부모의 년령의차이에 의하야결뎡된다고 하는사람이 잇슴니다 이말은 한동안은 매우유력하엿슴니다마는 그것도결국 신용할수업다고 하게되엿슴니다 이와가치그것에관한 말은천가지 만가지나된다는것은 결국 뎌확한학설이아즉업다는증거입니다

—계속—

「어머니의 영양과 태아의 남녀별[一]」, 『동아일보』 (1927.12.02) 3면

어머니의영양과 태아의남녀별 (二)

어와가티 별별설이잇서서 아즉 정확한결론을맷지못하게된것은 이문데가 난문데와달나서 실험해보기어려운데 큰관계가 잇는것임니다 실험하기 어려움으로 부득이 각방면으로 통계를취하야 그것으로써결론을 어들려는것이 학자들의로력하는 방법임니다 그러면 통계에의하야엇든 사실이인증되엇느냐하면 독일 유명한학자의통계에의하면 독일서는 보통때에 녀아백에대하야 남아백여섯의 비례이든것이 구주대전쟁시에는 남아의 비례 백일곱이되고

전쟁

후에는백아홉이되엇습니다즉전쟁이 남아출생수에큰관계가잇게되엇습니다 이와가티 전쟁으로인하야 남자가만히죽고 녀자인구가 증가한후에 남아가 만히출생하게되는것은 결코구주대전에 한한것이아님니다 자고로 무슨전쟁시에던지 대개그와가튼 현상이잇섯습니다 그럼으로 남녀의수의평균관계가다사회복되는것임니다 녯날에는 이사실을보고 그것은하나님이 남녀의수를 평균하게하기위하야 그러케조화를부려는것이라고하엿습니다 그런데 잘조사하여보면 이와가튼 사실은큰

기근

이잇는때에도볼수가잇습니다또몹시 칩고식물이귀한디방은썻듯하고 식물이풍부한디방에비하면남아출생률(率)이만습니다이와가티 큰기근의때에 또는 식물이귀한 한대디방에서 남아출생률이 만흔것은 다식물에관계가 잇는것을알수가잇습니다전쟁시에도그와가튼관계성립이되는것임니다 이와가튼관찰에의하야유력한학자들이 결론을엇게되엇스니 어머니의 영양상태가 조치못한경우에는남아가생긴다고하게된것임니다페르른를비롯하야그외의

위시

모든유력한학자들은다그와가티주장하게되엇습니다 물론 그사이에는 설명하는방향이 다소간식다 큰댐도잇지마는 태아의 남녀별은 어머니의영양상태에 따러서 결뎡된다는것만은대개일치됩니다 즉전쟁시에 남아가만히출생하는것도 그싸닭이오 흉년에남아가 만히출생하는것도 그싸닭이오 식물이귀한 한대디방에서 남아가 만히출생하는것도 그싸닭이오 또류행병이 크게류행한뒤에 남아가 만히출생하는것도 그싸닭이라고합니다

「어머니의 영양과 태아의 남녀별[二]」, 『동아일보』(1927.12.03), 3면

어머니의영향과

태아의남녀별 (三)

이와가튼주장을유력하게하는 사실은 그외에도얼마던지 잇슴니다 례를들면뻬루치론 이라는 학자의통계에의하면사산(死産) 한태아에는남아의수가 사못만흡니 남녀의비례는 一三六대一○○이라고 합니다 또독일서발표된통계에의하면 사생자에는 남아의수가 대단히 만슴니다 또 부자의집에는 녀아가만코 빈궁한집에는 남아가만슴니다 또도회와시골을 비교하여보면 도회에는녀아가 만히출생하고 시골에는남아가 만치출생 합니다 또 일반으로

첫애 는대개녀아이고남아인경우가 적습니다 이와가튼것을보면 태아의 남녀별과 어머니의 영양관계가 얼마나 밀접한관계를 가젓는가를알수가 잇슴니다 또그외에 조혼한젊은부부의 사이에 남아가 만흔것도 그와가튼 리유임니다 그러면 웨이와가티되느냐 하면 남녀의수가 언제든지 평균하려면그것을위해서는무슨 조절(調節)의원동력(原動力) 이잇서야 할것입니다 이조절력에 의하야 그와가티된다고 할수가잇슴니다그러고 영양이조치못할때에는사람이 쇠약하여저서 안해보다사망률이 만하지는것이니 이러한때에는

종족 보존(種族保存)상 조절이매우필요합니다그런데 종족보존에잇서서는 녀자한사람보다 남자한사람의힘이 몃백배나 더만슴니다 그럼으로 남자가만히 나는것은 리치에부합하다고 할수가잇슴니다 남성이녀성에비하야 종족번식의 작용이더만흔것은 닭가튼것을길러본사람이면 용이하게리해할수잇스니 닭길르는사람은암닭여러마리에대하야숫닭한마리식 길르는것입니다 그런나이것들에 대하여서는 아즉완전히연구되지 못하엿슴으로 확실한설명은 지금에는 불가능한것입니다 조혼의부모사이에 아들이만타는것은 이세상에서 비교뎍말이만흔 사실입니다 마는 그것은 아즉은어머니의 영양관계로설명하는외에 타도가업슴니다즉어린어머니는자긔자신도

성장 하여가는중임으로 태아에게충분한영양을줄여유가 업게됩니다 그런나태아의 남녀별이 뎡해지는것은수태당초이니 임신한후에영양이조치못하다고하여서녀아로되엇든것이 남아로변하거나 하는일은 절대로업슴니다 그러고 또주의할일은 태아의 남녀별이 뎡해지는것을오즉영양관계만으로써 완전히설명할수잇다고 생각하여서는아니 됨니다 그외에도여러가지의관계가영향이잇게됨니다 다만어머니의 영양이중대한관계가잇는것이라고생각하여두면틀림이업슬줄암니다 (끗)

「어머니의 영양과 태아의 남녀별[三]」, 『동아일보』(1927.12.04), 3면

태교란 미들것인가

태아의정신에직접감화는업스나 태모가건전하면태아도건전하다

사람이 그어머니의 배밧게나온뒤에 교육되는것은일반이 다아는사실이거니와어머니의배스속에잇슬때 그때부터 가르킴을바다야한다는태교론(胎敎論)이 자고로부터 잇서왓습니다 이태교(胎敎)에대한리론이 또한그주장이각각달라서 거진통일된 원리(原理)라할만한것이 서지못하얏다고할만합니다 그래서 오늘날도 오히려 일부의론객들은 아주태교에대한원리가 과학뎍으로 설명되지 안핫다구하는 모양이고 또는 과학뎍으로 설명될것이아니라고 단뎡하야버리는 사람까지잇습니다

일부의론객 가운데는그 원리가 과학뎍으로 설명못되어도미신은 아니라고 주장하는동시에우생운동(優生運動)이란립장에서 태교의필요 태교의유익을 역설하는사람도 잇습니다ㅡ 우생운동 (優生運動)이라는말은 우생주의뎍운동 (優生主義的運動)이라는말인데 간단히 말하면 생활하는데보다 유력하고 보다건전하고 보다행복되는 생활만이 잘생존하는것이와서 이조건을 한리상으로하는 운동을의미하는말입니다)그려하야 이들론객들의 공통된론뎜은

정신주의뎍 (精神主義的)신앙(信仰)에 잇는모양입니다 그럼으로말하서 태교라는말아 태모의정신뎍생활이 태아에게감응(感應)된다는데잇습니다

그러나과학은 진보해서 오늘은태서 태교를태모가 태아에게미치는 정신뎍자극만이라고 보지안을뿐아니라 과학뎍으로 그것이 설명되지안는다고하고 독단(獨斷)에유순하야말하가는론객은 거진업다할수잇습니다

태모와 태아에게미치는 정신뎍자극이라는것도 결코 직접뎍(直接的)이 아닙니다 어머니의배밧게나온 어린애기가차츰그어머니의

감화를밧듯이 태아가 태모와 정신생활의 직접감화를밧는다는 녯날사상은 용납되지안습니다 그럼으로 우리가여긔에취급하는 태교란말은 태모의인격이 태모의덕화(德化)가 태시말하면 태모의정신생활이 태아의정신에 직접감화한다는 구사상(舊思想)에서 구원되어야하겟습니다 만일태모의정신 뎍자극이 태모의생리뎍(生理的)관계와 무관심하는때는 결연히 태모의 청신뎍자극이라는 말을 우리태교론(胎敎論)에서 용납할수업습니다 매개사람의정신뎍생활이라는것은 도저히 생리뎍관계를떠날수업는것입니다 태모의마음이유쾌한때는태모의건강이조흔때일것입니다태모의심신이

건전할때에는 태아의 생활이 아름다울것입니다 임신중에잇는 태모가 사악을생각지안흐며 바르지안은것을 보지말며 허무황당한말을 듯지안는다 의미는사악을 생각지안코 부정을보지말며 황당한것을 듯지안는태모의 건강이 대개조흘것인 까닭입니다 녯날에던설뎍 (傳說的) 태몽을보고 그「거룩한」태아에게 대한경근한정신으로자긔의언행과와활상가며바르고정하게하기를노력한 태모가태개흉악한자식을나앗다는말도이려한리유로리해할수잇는것입니다ㅡ(끗)ㅡ

「태교란 미들 것인가」, 『동아일보』 (1928.03.27), 3면

婦人漫評

태중엔더욱 자중하자

R 生

태중에잇는녀자가 자동차를타고 길로 가다가 차가뎐복되어동래가된결과 생명이위험상태에잇다 한다 근일경성에서는쉴데업시소일거리로 자동차라는것이 한류행이된모양이다 꼭타야할경우에타는 것이야 어찌할수업는일이겟지만 공연히타고내달리는것은 점잔한사람의할일이라고할수는업다 이러하다가괴화를만난들무엇이라 원망을 말할것인가필경은손해나고욕을어더듯는 것이다 더욱히잉태한녀자로서는 자동차가튼위험한것을탄다는것은 상식에버서난행동이라할것이다 물론이것도교통하는도로근데인고로 가장평탄하야동요가 업는길이라면 태중이라고안탈것도업겟지만 경성이나그보다도더험악한시외를 내달리는것은 절대불가한일이다 태중에는긔차려행도오히려위험을늣기게되는 것이다 하물며자동차가튼것이랴이러한 것이사소한일가트면서도 실상인즉모든 것을그만큼부주의하는것을나라나보이는 것이다 현모(賢母)가될구원(久遠)의녀성으로 태중에어찌모든행동을경홀히하랴 녯날부터태교(胎敎)가 가장힘이잇다는것은이러한의미에서하는말이다 그럼으로사람의어머니된 사람은평상시도물론이나 더욱히태중에는모든것을 경솔히하지말고극히자중하여야할것이다 일이그릇된뒤에 후회한들 무슨효과가잇스랴!

R生, 「婦人漫評-태중엔 더욱 자중하자」, 『동아일보』 (1928.05.02), 2면

姙娠中지켜야할

攝生에對한問答

◇姙婦는반듯이알아야한다

문『어린아이가 우량하고 아니한것이 선천(先天)에상관잇습니까」

답『잇습니다 그곳이즉 우생학(優生學)이취급하는곳입니다 종자가 우량하고 그리고교양이천량하면 우량한새생명을 어들수잇다고 장담할수가잇습니다 즉량친이건강하면 대개는 건강한아이가 출산됩니다 바대로만약부모의혈액이 불순하거나 또는대단히 약하거나 또는임신중의 섭생이조치못하면 출생되는 어린이는 병약자이거나 정신의 발육이 불완전하게되는것이 보통입니다 그것은 고상한학설을설명하지아니할지라도 일반이다 잘아는바입니다」

문『량친의혈액(血液)이불순하다는것은어떤것을가르처서하는말입니까」

답『그것은 부모가또는그중한사람일지라도 화류매독을 가젓다든지 또는기타화류병을 가젓다든지 또는결핵병 또는정신병 또는문둥병 즉세상에서 유전한다고하는병을가진경우에는 그자녀는반듯이 조치못한데질을타고나게됩니다 그것이즉불순한혈액으로되는것이라는것입니다」

문『오늘날진보한의학으로 그것을개량할수는업습니까」

답『그것은 아조불가능한것은아닙니다 그러나 동물이나식물의종자를개량하는것가티되지는못합니다 왜그러냐하면 사람의부부관계는 강제뎍으로 결뎡하기어렵기때문입니다만일 유전하는병을 가진사람에게는 절대로 결혼을금하고또는화류병기타조치못한병을가진사람에게는그병이완전히치료될때까지 부부생활을 금한달것가트면조흘것인데 그것은 사실상행해지지못합니다」

문『그러면 그다음으로는배우자의 선택에대하야 특별히 주의할것은업습니까」

답『두가지로 보는것이조습니다 즉하나는배우자의혈통을보는것이고하나는당자의건강상태를보는것입니다 그런데 량방면에대한 주의는아주 다부족하다고봅니다」

문『녯날로부터 태교(胎敎)라는것이문뎨가 되어왓스며 또상류가뎡에서는 실행에 노력도합니다마는 그것은 과연중요성을가진것입니까」

답『그것을녯날해석대로 그대로 해석한다면 전연히 허황합니다마는 임신시의 섭생이라는의미로생각하면 중요한 의미가잇습니다 즉임신중에 섭생을지키는것은 임부 자신을위하는것인동시에 태아의 발육도위하는것이니 그것은 절대로필요합니다 섭생을 잘하면 순산할수잇는동시에충실한애기를어들수가잇는것입니다」

문『임신중에 불난것을보던지또는무엇무엇을 보면 그것이태아에게영향이 잇다고 하니과연그러켓습니까」

답『대개는 모다미신에서나온말에불과합니다 그러나임부의격렬한정신감동은태아에게악한영향을주게됩니다그럼으로임신중에는그런일이업도록노력하여야합니다」

「姙娠中 지켜야할 攝生에 對한 問答」, 『동아일보』 (1928.05.08), 3면

녀름을당하야서의
姙婦産婦의 注意【上】
산철보다특히주의할것

임부와산부에 대하야서는 어느첨은 물론하고 주의하여야할것이 허다합니다마는 녀름을당해서 특별히주의할것가 잇습니다먼저임부에대한것부터말슴할것습니다건강한사람이라도녀름이되면 구미가감해서 밥을잘먹지못하고 딸하서 영양이부족하게되기쉽습니다 그런데 임신한부인으로서 구미를 잃케된경우에는 그것이 녀름철의 작용과합력해서 임신한 부인의건강을여디업시 해앗게 되기쉽습니다

구토를하게

임신후 구역질을하게 되는것을오저(惡阻)라고합니다 이 오저의괴운이잇는부인으로 임신산사개월되어 녀름을 당하는것이가장고통이만습니다음식을먹은후에 메식메식아ㅓ씹고 또는구토를하게되는것은 경한것이니임신한지오륙개월이 내에저절로치복됩니다마는 그것이 심한경우에는 음식을먹은때에는 물론이오 음식파 아모상관업시도 되며 물만마서도 구토를해서여차한 치료를해도 낫지안는것이잇습니다 이와가튼경우에는 임부의생명에까지도 위태합니다 그러고 그것은녀름에 더욱위태합니다 이것에대한 처치법을대강말슴하겟습니다 오저는 감정이 예민한부인에게만습니다 임신하면 감정이우울하야 지기쉬우니 일반임부는 감정의격동을피하기위하야 각방면으로 주의할필요가잇습니다 원래 감정이예민한 부인에잇서서는 더욱그러습니다 연극 활동사진 소설등 감정을동요시킬것에는 갓가히 하지아니하는것이 좃습니다 녀름에는 생활을 규측잇게하야아츰에 일즉니러나서 신선한공긔를 호흡하야 정신을상쾌하게하고 그날그날을 지루하게보내지 안토록하는것이 좃습니다 만약오저가 벌서발한경우에는 고요하고 시언한방에안정하게 누어잇서서 사람을갓가히 하지말고 음식은구미에당기는대로 소화잘될것을 취합니다

수면부족을

막어야됩니다 녀름이되면 짧은밤에 이러저럭하다가 수면이부족하게되가 쉽습니다 그럴뿐아니라 임부는 신경관계로 전전반칙해서 잠을잘일우지 못하는경우가잇습니다 또친음으로 임신한부인은 장차해산할것에 대한공포의 마음에항상 살오잡혀서잠을자기못하기도 합니다 잠을잘자지 못하는결과는 오저에만혼영향을 주게됩니다 그럼으로녀름에 임부가수면을 충분히하는것이 절대로 필요합니다 느저도밤열한시에는 자야합니다 잠이잘오지 아니하는 경우에는잠이잘오도록 각종수단을 강구할필요가잇습니다 목욕, 뎍당한피로, 잠자리를 편안하게하야 조용하게하는것등이 필요하고 신경이과민한경우에는약도먹어야합니다 ―계속―

「녀름을 당하여서의 姙婦産婦의 注意[上]」, 『동아일보』 (1928.06.30), 3면

녀름철을당하야

姙婦産婦의注意【下】

딴철보다특히주의할것

피부에대하야

그다음으로 임부가 녀름에특히주의할것은피부입니다 임부는일반으로 땀을만히흘립니다 그것으로인해서 임부의피부는 보통사람보다도불결해지기쉽습니다 그래서습진(濕疹)소양증(搔痒症)두드러기가튼것이 발생하기쉽습니다 이외에각종피부의고장을닐으키기도합니다 그럼으로 피부를항상청결하게 하는것이 무엇보다도필요합니다 산긔가갓가운 임부일스록 그필요가더욱만습니다피부를 청결하게하기위해서는목욕이필요한것은두말할필요도업습니다마는목욕에대해서특별히 주의해야 할것은하반신(下半身)의목욕입니다 그것을하면류산(流産)하기쉬우니취대로하지말어야합니다

해산시의주의

그다음에 해산시의주의를 말슴하겟습니다 해산을하면 약사주일동안은 목욕을 하지못하게되는것이니 해산이 림박하야지거든 목욕을 게을리하지말어야합니다 그리고 해산할방은특별히일광이 넘우 직접으로쏘이지아니하는방을 택하는것이 좃습니다 엇던 몬지신몸으로해산한후면불결한것에 전염되기쉬우니 소독과 정결에 힘써주의해야합니다 녀름에는 비교뎍물을만히마시음으로 땀을 만히흘립니다 오줌분량이 감하고 발하서 오줌누는도수가 떠서 오줌이방광에오래들어 잇게됨으로 방광뵈고장을 닐으키기쉽습니다 그럴뿐아니라 방광은임신시에 자궁때문에 압박을당해서 약하야저잇습니다 그럼으로 방광에대하야늘주의해서조곰이라도고장이잇는듯하거든곳치료를해야합니다

애기에대하야

애기에대해서 특별히 주의할것은젓먹이는 것과 닙히는옷입니다 그중 가장주의할것은 젓꼭지를청하게 하는것과 옷을두텁게닙히지아니 하는것입니다 어머니의 젓꼭지는 땀으로 인해서불결하게 되어잇습니다 그것을그대로 애기에게 먹이는것은우험합니다 먹이지 아니하는동안에도청하게가지기위해서노력할것은물론이오 먹일때에는 붕산수등으로 씻는것이 안전합니다 그리고애기의옷은될수잇는대로시언하게 닙혀서 땀띄가나지안토록해야 합니다 보통한다고함부로옷을 두텁게닙혀서 몸이어애기를 해롭게하는일이 만습니다(끗)

「녀름을 당하여서의 妊婦産婦의 注意[下]」, 『동아일보』 (1928.07.01), 3면

입덧나는증세는 임신중독에서

빨른사람은이삼주일에 늦은사람은이삼개월후

입신을하면 빨른사람은이、삼주일간 보통사람은 사주일만지나면 몸이옷숙옷숙하고 군춤이나오게됩니다 이것을 입덧이난것이라고합니다 이런증세가 통상이삼주간에낫는일도잇지만 **경과**가조치못하면이입덧증세가임신한지한반긔 다섯달동안을 고생하는이도잇습니다 또이증세가 임신한지 이삼개월뒤에야 비롯오입덧이나는이도 잇스나 이와가티 늣게시작하는이는 대개가 그정질이조치못하야 오래 고생하게됩니다 이와가티 악조(惡阻)중이어써하야생기는지나는데에대하야는 비로부터 여러가지말이만히잇습니다신경설(神經說)을주장하는 사람은 입덧이란신경작용으로 고통될가 마음을조려어신경만이흥분하야 그결파로 **음식**을조금만대하든지생각해도곳실증이나게되는것이라 합니다 또한사람은 위장이 납버저서그런것이라합니다또는신장(腎臟)이조치못하야 그런것이라 하는이도잇습니다 또한자궁의 위치의이상(異狀)이잇서서그런것이라합니다 그러나이것은 모다일부분의리유이오 참으로리유는 될수업다합니다 물론자궁후굴(子宮後屈)증이잇는 사람들은보통사람보다 고통이심한 경우가만키는하지만 결단코 그것만이원인이될수는업습니다참 **원인**은임신중독증(姙娠中毒症)을 널으킨까닭이라 합니다 임신을하게되면 태반(胎盤)이 생깁니다이태반이란 태아의 일종부속물임으로 모톄의 단백(蛋白)파다른 태아 의단백이 자궁에서 흡수되는까닭에 여긔에이상한 단백질로인한 중독증세를일으키는것입니다 이에대하야 간장(肝臟)은 해독작용을 몹시하고 신장(腎臟)은 해독된물질을속히배설하도록 노력합니다 이력한작용이 만족하게되어갈써는 그다지고통이업고 다만밥먹은뒤에 구역이 조금식날뿐이라합니다

입덧 난다는원인을이러케설명하는학자가가장만흐며 가장온당하다고 봅니다 물론자궁후굴이되면 할수업시 임신을 중단시켯다고하지만 이것으로써고통이 전혀업서진것은아닙니다 그러나 만일태반을집어내면 곳그고통도 업서집니다 이러한사실로보면 입덧이란 어떠한것인지 알수잇습니다 지금에말한것과가티 만일간장의해독작용이 량호하게진행될쌔에는 다른걱정이 업스나만일충분히되지못하고 신장병이잇서서 배설이 충분이되지못하는경우 또는 **쌍태**임신인경우에는태반이큰까닭에독소의흡수가 자연히만케되어 간장이 해독작용을 행하지못하게됨으로 악조증이 격심하게되는것입니다 밥을먹은뒤에 바로토하고 또한밥뿐아니라 물만마서도 돌우게우게됩니다 이것을임신의악조(惡阻)라하야 매우고생을하게됩니다 필경은 식물을조금도 먹지못하게되어 노증(腦症)이생기고 긔력이 감퇴하고 청신이몽롱하야 구하게되지못하는경우도 더러잇습니다

「입덧나는 증세는 임신중독에서」, 『동아일보』 (1928.08.16), 3면

임부의주의할……

流産만흔녀름철

◇원인은차게자는때닭

녀름에임태한이되주의할일은차게자는것입니다 녀름철에는 옷을엷게닙기때문에배(腹部)의보온(保溫)이잘되지안는터임으로 밤에는 특히주의하여야 됩니다 류산(流産)은차게자는데서만히생기는데 그런경우에류산하는때는 처음에 불규칙한 출혈(出血)이생기며

압에배가 아프기시작하야빠르면하루밤새이에류산하야버립니다보통으로는이삼일만에도류산한다합니다이에대한치료를빨리하게되면 곳나흘수가잇는즉이시긔에일각이라도빨리의사에게보이도록하여야합니다이류산에대하야 의사에게 보이는것은 말할것도업고 또류산을완젼히하게되면 조켓스나 어떤때에는 그한부분이 남겨잇서서 그로인하야 오랫동안

피가계속 하야나오면여러가지부인병의원인이됩니다또 임부가 걸리기쉬운병으로는 각긔(脚氣)인바이것은큰태비상히만흔중에 뭇,칠월부터구월경까지걸리기쉬운위험성이만흠으로 잘주의하지안흐면 안될일입니다 그병세는 보통각긔와마찬가지로마비가생기고부종이널어나는데이런사람은 싸이타민B아든것또는 이에관한약을 복용하야 하루밧비치료하여야됩니다싸이타민B이든식물은여러가지가잇는바 보리밥,야채, 신선한과실등이가장조흡니다 녀름에는어연사람이든지

식욕이감 하야잘먹지못하는중에 특히 임부에대하야는 더욱심함으로식욕을증진시키기에로력하여야하며또한뎍당한운동을하는것이조흡니다

「임부의 주의할…… 流産만흔 녀름철」, 『동아일보』(1928.08.22), 3면

임신부와 부주의는큰죄악【一】

부인된분은항상유의할것

첫임신부의잘못

임신중의해수욕이조치못한것슴은 부인의상식으로 빤하게알려어커잇는일이나 첫해산에는 경험이업는까닭으로 뜻밧게실패를하는분이 만습니다 과연신혼부부간의 부주의가 원인되는 경우가 무수합니다 신혼부인은 아모래도 생리뎍으로 월경이문란해집니다 이써것 정확하게이십팔일만에 혹은 삼십일만에꼭꼭있는분도 이달에는 사흘이나 느젓다든가 나흘이나 느젓다든가하게 변동이 널어나기쉬운것입으로 결혼후 일이년지내지안흐면

【처녀】때와가티 [illegible]뎡하게 되지안습니다 그럼으로 산후당시 월경의변동으로 해서 처음에는 임신한것이나아닌가의심하든부인도 나종에알면 임신이아니어서 언제든이변동에 관한념려가 차차 없어지자 사실임신함으로써월경이그치드라도 아주모르고 역시월경이변동되는것이겟지 하고 당연히 지켜야할묘건에 게을르게하기쉬웁니다 그럼으로이런분으로 월경이 느저질때해수욕이나

【려행】을가게될경우에는 미리의사의진찰을 밧고임신의유무를알아보아두어야합니다만약그러치안흐면뜻밧개고통을당할뿐아니라데일에귀한태아(胎兒)도일허버리고마니다 임신이삼개월경에는쪽음어한 부주의도가장모톄(母體)와태아(胎兒)에게 영양을 끼치기쉬운 시긔입으로 이시긔에는 장거려려행은 될대로 피해야될것입니다 그외에또과도한 로동과무거운물건을 옴긴다든지 또남자와넘우 갓가히하는것가튼 일은 다ㅡ 락태하는 큰원인이라고할수잇습으로 극히 주의할일입니다

주의할태아의위치

삼십세된부인으로 두번째 애기를가진분이 매월한번식 태아의위치를 볼의사에게 진단을바드며 내려올때무사히 팔개월째지지내게되는중 어느날 디댓독에내려스다가 잘못되어 몸시너머젓습니다 항상의사에게 노푼층대는 될스룩내려다니지말도록주의바더오든터이라 부인은 큰락심을하얏스나그러나별로큰변동이업슴으로대개는무사하겟지하고부주의하게내버려두엇습니다그리하야 한사흘되는날톱연히진통(陣痛)이널며 출혈이시작되엇습니다 필경은 댓돌에서떨어진것에서 큰타격을 밧게되어조산(早産)을하게된것입니다 곳의사에게 보힌즉 태아의위치는물론요동이 되것이며 태아가엽흐로 돌아커팔을 탈출(脫出)하고잇게되엇든 것입니다 즉위허한이상산(異常産)의위치에잇섯습니다 그러나다행히 시간이만히지낸것은 아니엇스며 태아의위치도 아주고생되어 엇지안할기때문에 손을노아서 태아의발을쥐고 무사히 쓰어낼수가잇섯습니다만은 어와가티 쉽게해산시키기는 아주드문례입니다 다시말하면 이런경우에는 대개는태아를 상하게하기로하고 모톄를구하거나 혹은톄왕절개술 (帝王切開術)로써 임부의배를갈르고 쓰내지안흐면안되게되는 사경에처하고 맙니다 대데로태아의 위치라는것은 누구든지잘아는바와가티 해산키어렵고 쉬운관계가 생기는것인데 더욱이 칠팔개월경에는 죽음아한흔집으로도 곳 동하기쉬운것입니다 보통으로는 알수업는일임으로 매월 한두번식은 반듯이 전문의사에게 보혀야필요가잇습니다그러나더욱이칭계에서떨어젓다든지 몸시 넘어졋다든지햇슬때에는 열사정을 케처고라고 의사의진단을 바더야합니다 해산하기 시작되기전가트면 용이하게 위치를고칠수잇지만그것을무심하고내버려두엇다가는 수술이느저저서 태아의위치는빗두러진채고뎡되고해산하라도해산할수 업는디경에서 필경은 비참한자궁파렬을 닐으키어모톄의 생명까지 쌔앗기고말게되는것임으로가장주의에주의를더할것입니다

「임신부의 부주의는 큰 죄악[一]」, 『동아일보』(1928.10.28.), 3면

임신부의 부주의는큰죄악【二】

부인된분은항상유의할것

아이와합께잡은 위험해

임신구개월된산부가 돌연히 비혈증이닐어서얼굴빗이새파래지며 맥이갑작이 가늘어지어때닭히 고민을하게되엇습니다 왕진한의사와 말을들으면 큰내출혈이라합니다 그리고자궁구(子宮口)는 손가락하나들어가지못하게굿게닷치엇는데 거긔서는 외출혈이 상당히되고 복부는복파가티 긴장되어서 태아의부분이런때는명확한것이아니라 심음(心音)즉숨소리가 도모지 아니들린다고합니다 이러한 증세를종합해보면 태반의조기박리(早期剝離)라는것으로 인정되엇습니다 급히응급치료를하고 수술을하얏스나 불행히 그산부는내

출혈

이심하얏든것임으로죽음에서구원하지못하고 말엇습니다 이러케두려운 증세가산부에게 돌발하는원인은대개 조그만한 부주의로써생김니다 위에말한 산부는다섯살된아이를다리고자다가돌라눕는결에 잘못되어 아이의손을놀르게되자 아이가 깜작놀라어머니의 엽배로한두번 발길질하얏든것입니다 즉시는 별일은업섯지만 역시그것이 증세도원인이되어 불행한 결과를면치못한것입니다 아모튼 아이들과함께잣가이자는것은량편의위생상조치못할뿐아니라더욱이임신부에게는 위험한것임으로 극히주의할요건이겟습니다

만삭때에특별주의

예뎡일은갓갑지만 아즉은 써가못찰것이라고 생각하고 배가좀압하도 진통(陣痛)인줄 모르며 밥이체한배인줄로만 알고만삭의산부로서 변소에를 드나드는일이 만습니다 이러할즈음에갑작이몸시압하지며급히해산되어채조수족할사이업시변소속에다가아이를떠러트리는동시에대출혈을닐으키고 결국비혈중으로 실신하는경우가 잇다금잇게되는것입니다 이런때는전혀무경험한 산부의 경솔함에서태아는물론 자긔자신의 생명까지빼앗기고마는 것입니다 그럼으로 임신말긔에 복통이날때에는위선진통으로인정하고 다른준비하는것보다 경하게 자조변소에가지말도록 할것입니다 반듯이 실내변긔(便器)를쓰도록 주의함이필요합니다

「임신부의 부주의는 큰 죄악[二]」, 『동아일보』(1928.10.29.), 3면

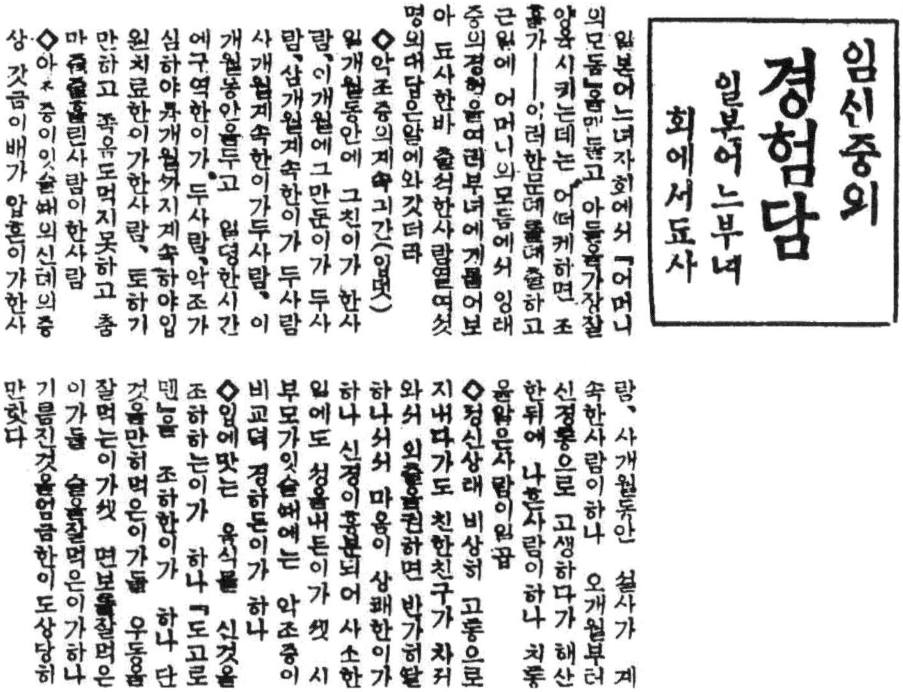

임신중의 경험담

일본어느부녀회에서 됴사

일본어느녀자회에서 「어머니의만든음식[illegible]고 아들을가장잘양육시키는데는 어떠케하면 조흘가――」이러한문데를[illegible]하고 근일에 어머니의모듬에서 잉태중의경험을여러부녀에게[illegible]어보아 됴사한바 [illegible]석한사람열여섯명의대답은알에와갓더라

◇악조중의계속기간(입덧) 일개월동안에 그친이가 한사람, 이개월에 그만둔이가 두사람, 삼개월계속한이가 두사람, 이사개월계속한이가두사람, 이개월동안을두고 일뎡한시간에구역한이가 두사람, 악조가심하야 칠개월까지계속하야입원치료한이가한사람, 토하기만하고 죽음도먹지못하고 출마[illegible]한사람이 한사람

◇아×중이잇슬때의신데의중상 갓금이배가 압흔이가한사람, 사개월동안 설사가 계속한사람이하나 오개월부터 신경통으로 고생하다가 해산한뒤에 나흔사람이하나 치통을알은사람이일곱

◇정신상태 비상히 고통으로지내다가도 친한친구가 차저와서 외출을권하면 반가히딸하나서서 마음이 상쾌한이가 하나 신경이흥분되어 사소한일에도 성을내든이가 셋 시부모가잇슬때에는 악조중이 비교뎍 경하든이가 하나

◇입에맛는 음식물 신것을 조하하는이가 하나 「도고로텐」을 조하한이가 하나 단것을만히먹은이가둘 우동을잘먹는이가셋 면보를잘먹은이가하나 기름진것을엄금한이도상당히 만핫다

「임신중의 경험담, 일본 어느부녀회에서 됴사」, 『동아일보』(1929.01.23), 3면

조흔자녀낫는
태교란무엇 (一)
임신중의정신위생은 태아에큰영향을준다

태교라하는말은 비로부터귀중한말로 녀기어왓습니다 마는 사실실행하는데 잇서서는 그다지주ㅣ시 하지안햇든것이 분명합니다 태교라는것은 조흔아이를낫키위하야 임신부의 정신상으로준비하는것을 가르침입니다다시말하면 임신부의 신테위생에대해서 임신부의 정신위생을태교라고합니다 가튼코스모스(가을에피는쏫)의씨라도심은토디를택하야 거름을잘주고 물을잘주어서 잘길르면

—모양—

나게잘자라서 가을에 아름다운쏫이핍니다마는 기름빠진 양에 씨를뿌린채 버려둘것가트면이러커리 굽으러저 올라가며 쏫도쪽으마케 쪽음핍니다 가튼 두사람사이에서 생긴아이라도 임신부를 첫재로 여러사람이잘길를것가트면 훌륭한아이가 생겨납니다 그와반대로 임신부가부주의하야배人속에잇는아이에게낫븐생각을 하든지 주위사람들이 상식이업거나 동정이부족하거나하면 씨가아무리 조흔것이라도 그길르는 환경이 낫븜으로조흔아이는 생길수 업습니다 태교는 태의환경을 정신덕방면으로부터 조케하야 조흔아이를낫토록

—준비—

하는것입니다 신테와정신과는밀접한관계가 잇는것으로신테의형세가 정신에게 씨치는영향은 두통 복통 치통 가튼것모도가전신의평정(平靜)을어지럽게하는것으로 이해하게 됩니다 그와반대로 정신도 신테에영향을씨치는것입니다 특별히감정은가장 그영향이큼니다 깃붐슬픔두려워하는것,성내는것,걱정하는것은 혈행(血行) 호흡(呼吸)식욕(食慾)신경,근육에여러가지로 작용을하야 혹은건강을도읍기도하고 혹은 몸을쇠약케하기도하며 생명을 [illegible]게도맨듭니다 그럼으로 임신부의정신생활을 순됴롭도록하야 조흔영향을임신부의 몸에씨치게하며 더욱이 그발육중에잇는 태아의신데에까지 씨치랴하는 준비가태교라는것입니다 세상에서는태교는선천의

—유전—

을변화시킬만한힘이 업슴으로 태교는아모효과가 업다고말하는사람싸지 잇습니다마는출생후의 교육역시 유전을변화시키지못함으로태교뿐만아니라교육전부를 부뎡하게 될것입니다 유전은교육전부를 대상하는것은아닙니다 교육에는 유전과환경의 두방면이잇겟습니다 태교는 하등의효과가 업다고하야 반대하는사람들은 태아의환경의개선이라는것을무시한다고하는수밧게 업습니다 그러면태교라는것을 사실 어떠케하면조흘가 여긔서이것을 수무가지로난호아서생각할가합니다

첫재로임신부에게 정신상으로 가장필요한것은 맘의평화입니다 맘에불안을 늣길것가트면몸에도 낫브며 태아에게도낫븝니다 무엇보다도 걱정하는것이가장독(毒)이됩니다 임신부는항상맘을쾌활하게가지고될수록광명한방면으로 맘을돌이켜 먹어야합니다 쾌활한 생활의일광입니다 감정의격동(激動)은 임신의생리작용을어즈럽게하며태아의발육에도 대단히 해롭습니다 성내는것 투긔하는것

—슬퍼—

하는것걱정하는것가튼것이업시 평탄한맘으로 이백팔십일을 지내야하는것입니다 둘재로여러가지욕망은맘에파란을널으키며 따라서맘의평화를 어즈럽게합니다

「조흔자녀낫는 태교란 무엇? [一]」, 『동아일보』 (1929.09.29), 7면

조혼자녀낫는 태교란무엇(二)

임신중의정신위생은 태아에큰영향을준다

임신부는 파욕(破慾) 이라는 두글자의뜻을 항상 명심하는 가운데 지닐것입니다 정욕이 충할것가트면 혈기가 충열하야 태아가편안치못합니다 또그 거동작을문란케하며 무엇에든지 욕심을내어 감정을 불안케하는것이 대임데긔입니다 셋제로는정신을순결케할것입니다 석가본과 그리스도는 신청한수태로써 세상에나타낫다고 전하야옵니다 그러나이것은 훌륭한석가몬과 그리스도의 어머니뿐만아니라이

＝세상＝ 에서는 어떠한입신부라도 신청한수태를 할수잇슬것입니다입신부는 자중하고 정신을순결케하고서 돌마오는 것분날을 기다릴것입니다 정신의순결은 생리덕으로도 조혼에향을 임신부에게 써치어주며 뿐하서태아에게도 그와가티서칩니다 독서는정신을 지배하며 감정을동케합니다 그럼으로 임신부는맘을 깃브게할만한 내용이 아름다운 책을읽도록 하는것이 조혼도리어겟습니다 비컨에는 임신부를 위하야 장님에게서를 외여들려게도하고 또조흔 향을피어노코 입으로

＝시서＝ 와고금의잡재(雜載)도외이게하얏든것입니다 임신부는순결하고 고상한것을 읽도록하고 인사외 압욕면을 그린천박한감정을일으키는것과 참혹한일을 쓴것가튼것을 절대로 읽지말것입니다잡지나그외다른독서물도 볼론내용이 고결한것을 택해야 합니다 넷재로는 임신부는사상을순정(純正)케하고 정신을평화롭게하는동시에 언어거동에 십분삼갈것입니다

임신부에게 가장의지가 되는사람은남편입니다 그럼으로 남편되는이는충분히임신부를위하고

＝친절＝ 하게하야맘에 위로를주어맘을편하게하고 날을보내도록 할필요가잇습니다 만약 어와반대로 남편이불친절할것가트면 임신부의 맘을상케하야 몸에낫븐영향을씨칠뿐아니라 뿐하서 배스속아이발육에도 물론조치못합니다 그러고쥐어도 안해가임신중에잇는동안만이라도 될스록 자긔의것은 자긔가하야 넘우안해를수고롭게말것입니다 충류이하외 조친부인은 항상과로하야수면부족으로번민을하는터입니다 다만 아이가진동안이라도

＝부담＝ 을종경하게해줌일입니다그러고남편은입신부에게안심시키는 한방법으로밧갓일을 필요한것이외에는 될대로 알리지말것입니다외출할때에는안해에게반듯이가는곳을미리말해두며밤에는일즉이돌아올것입니다가는곳을말하지안는다든지또는절당이업다든지 돌아오는 시간이늣는다든지하면 임신부의 머리로서 걱정하는정도가 사실중함으로 임신부의몸과태아의몸에얼마나 해롭게치는지몰릅니다

「조혼자녀낫는 태교란 무엇[二]」, 『동아일보』 (1929.09.30), 5면

조혼자녀낫는
태교란무엇 (三)

임신중의정신위생은 태아에큰영향을준다

남편은 추한일을하는 녀자에게 빠지거나 첩이잇서서는 안해의 근심은 떠날시각이업습니다 남편이 품행이단정치못하야 가뎡이 문란한집에서 흉악한아이가 생기는례는업겟습니다 그래도 욕심에 조흔아이를 나키를 바라는것은 적구로서서 세계일주를 하는것보다도 어려울것입니다 남편이 수양이잇는사람으로 그날그날 이야기하는것이 재미가잇서서 안해의맘을편안하도록 돕는것은 사람이

=**천박**= 한만하는남편파사는안해에게비하야 얼마큼 행복한지몰릅니다 임신중에는 특별히 남편의평시의 수양이 실상에잇서서 고마운것입니다 또남편의거동도 고상해야습니다 사나운말을 토한다든가 거츠른행동을하는남편은 안해에게 조흔영향을 줄수는 도뎌히 업습니다 손자나손녀는 자긔자녀보다도 귀엽다고합니다 그손자혹은 손녀를 태내에가지고잇는 며느리를 태내에잇는 손자나손녀를 귀여워하는맘으로 며느리에게 곰살곱게구러줄일입니다 더욱이시어머니는 자긔의 파거경험에비교하야 며느리를 편케해줄입니다 며느리가 불안과

=**거정**= 에잠기어잇는데어떠케배ㅅ속아이에게 조흔리치가 잇겟습니까 며느리의 불안파거정은그 생리긔능을 더하케하며 따라서 태아의 발육을 방해합니다 아모든 며느리는 원데 젊음으로 실수하는수도 잇겟습으로 시부모되는분은 맘을 넓게 정신을 너그럽게 가지고서 며느리를다르는것이 원리일것입니다 가뎡의평화는 조흔아이를 낫는데긴절한됴건인데 그가뎡의 평화는 가족사이에 뎌긔가돌아야만 계속할수잇는 법입니다 따라서시부모는 물론 남편도 안해도 두루너그럽고 유순한맘을 가지고 빋가가 화목하게지내야만 됩니다 시누이는 자긔도 장차 올케와마찬가지

=**길을**= 지내리라는것을예상하고올케되는사람에게 정신뎍과 유톄뎍으로 아울러 동정을해야하겟습니다 그리고 부리는사람도겁쟁이거나 범사에 조심성적은사람은 절대로 피할일입니다이런사람은 반듯이 뒤ㅅ틈바리짓을 만히하며 거츠른수작을 무시로하야 임신부를 놀라게하는경우가 만흘것입니다 역시 부리는사람도 맘이 아름답고 유순하며 모든일에 침착한이로장년보다 조더나히먹은이를 택할것입니다 가속은 물론

=**친척**= 되는사람들까지라도임신부에게대해서는 가족과가티 주의할필요가잇습니다 임신부를방문하는데도 도덕, 문학, 미술가튼데대하야 고상한 이야기를교환하며 또유쾌한 재미잇는화뎨를쓰으리서임신부에게조흔인상을 주도록하고십흔뵈입니다 쓸데업는것으로 이야기한다든지 산된생각으로 할마한 이야기거리를 쓰내는것은 극히 금해야됩니다 또 동리사람도 임신부에게 친절하여야하며 맘을굿건케하도록 암시뎍으로 권할것입니다 동리 사촌이라는말이잇습니다 동리사람이 만흔영향을주게 됨으로 될스록은 동리사람까지 교육잇는 사람이면리상뎍이겟습니다

「조혼자녀낫는 태교란 무엇[三]」, 『동아일보』 (1929.10.01), 5면

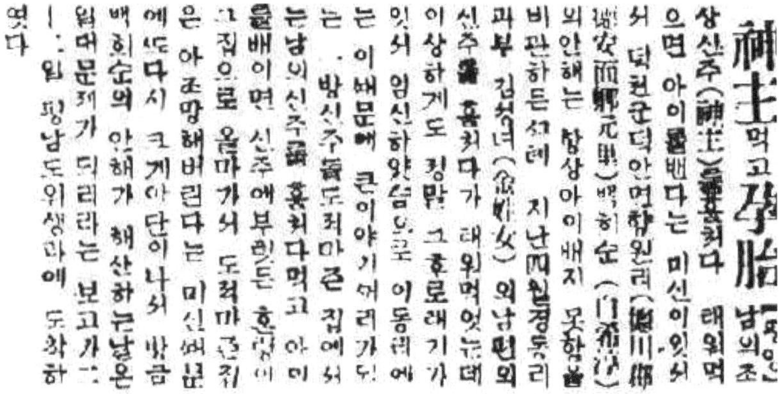
神主먹고孕胎

남의조상신주(神主)를훔쳐다 태워먹으면 아이를밴다는 미신이잇서서 덕천군덕안면창원리(德川郡德安面昌元里)백희순(白希淳)의안해는 항상아이배지 못함을 비관하든차에 지난四월경동리과부 김성녀(金姓女)의남편의 신주를 훔쳐다가 태워먹엇는데 이상하게도 정말 그후로태기가 잇서 임신하얏슴으로 이동리에는 이때문에 큰이야기거리가되는 ·밤신주를도적마즌 집에서는남의신주를 훔쳐다먹고 아이를배이면 신주에부텃든 혼령이 그집으로 옮마가서 도적마즌집은 아조망해버린다는 미신에끌에또다시 크게야단이나서 방금 백희순의 안해가 해산하는날은 원대문제가 되리라는 보고가ㅡ ㅣ ㄴ읍 평남도위생과에 도착하엿다

「神主먹고 孕胎」, 『동아일보』(1930.12.25), 2면

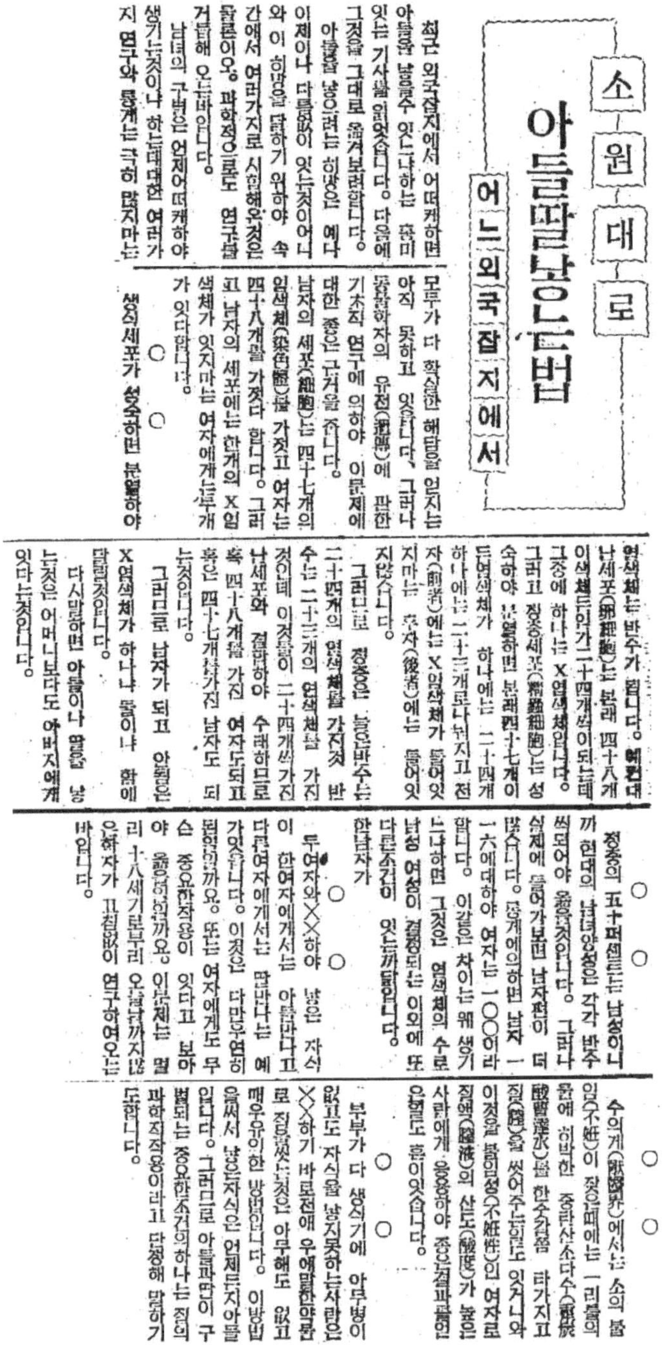

소원대로

아들딸낳는법

어느외국잡지에서

최근 외국잡지에서 어떠케하면 아들을 낳을수 잇느냐하는 흥미잇는 기사를 읽엇습니다. 다음에 그것을 그대로 옴겨보려합니다.

아들을 낳으려는 희망은 예나 이제이나 다름없이 잇는것이어니와 이 희망을 달하기 위하야 속간에서 여러가지로 시험해온것은 물론이오. 과학적으로도 연구를 거듭해 오는바입니다.

남녀의 구별은 언제어떠케하야 생기는것이냐 하는데대한 여러가지 연구와 통계는 극히 많지마는 모두가 다 확실한 해답을 얻지는 아직 못하고 잇습니다. 그러나 동물학자의 유전(遺傳)에 관한 기초적 연구에 의하야 이문제에 대한 좋은 근거를 줍니다.

남자의 세포(細胞)는 四十七개의 염색체(染色體)를 가젓고 여자는 四十八개를 가젓다 합니다. 그러고 남자의 세포에는 한개의 X염색체가 잇지마는 여자에게는 두개가 잇다합니다.

○ ○

생식세포가 성숙하면 분열하야 염색체는 반수가 됩니다. 예컨대 난세포(卵細胞)는 본래 四十八개이색체들이가 二十四개씩이되는데 그중에 하나는 X염색체입니다. 그러고 정충세포(精蟲細胞)는 성숙하야 분열하면 본래四十七개이든염색체가 하나에는 二十四개 하나에는 二十三개로나뉘지고 전자(前者)에는 X염색체가 들어잇지마는 후자(後者)에는 들어잇지않습니다.

그러므로 정충은 늘은반수는 二十四개의 염색체를 가지것 반수는 二十三개의 염색체를 가지것인데 이것들이 二十四개씩가진 난세포와 결합하야 수태하므로 혹 四十八개를 가진 여자도되고 혹은 四十七개를가진 남자도 되는것입니다.

그러므로 남자가 되고 안됨은 X염색체가 하나냐 둘이냐 함에 달린것입니다.

다시말하면 아들이나 딸을 낳는것은 어머니보다도 아버지에게 잇다는것입니다.

○ ○

정충의 五十퍼센트는 남성이니까 현대의 남녀양성은 각각 반수씩되어야 옳을것입니다. 그러나 실제에 들어가보면 남자편이 더 많습니다. 통계에의하면 남자 一一六에대하야 여자는 一○○이라 합니다. 이같은 차이는 웨 생기느냐하면 그것은 염색체의 수로 남성 여성이 결정되는 이외에 또 다른조건이 잇는까닭입니다.

한남자가

○ ○

두여자와××하야 낳은 자식이 한여자에게서는 아들만나고 다른여자에게서는 딸만나는 예가잇습니다. 이것은 다만우연히 된일일까요. 또는 여자에게도 무슨 중요한작용이 잇다고 보아야 옳을까요. 이문제는 멀리 十八세기로부터 오늘날까지 많은학자가 끄침없이 연구하여오는바입니다.

○ ○

수의계(獸醫界)에서는 소의 불임(不姙)이 잦을때에는 一리틀의 물에 희박한 중탄산소다수(重炭酸曹達水)를 한숟갈쯤 타가지고 질(膣)을 씻어주는일도 잇거니와 이것을 불임성(不姙性)인 여자로 질액(膣液)의 산도(酸度)가 높은 사람에게 응용하야 좋은결과를얻은일도 흔이잇습니다.

○ ○

부부가 다 생식기에 아무병이 없고도 자식을 낳지못하는사람은 ××하기 바로전에 우에말한약물로 질을씻는것은 아무해도 없고 매우유익한 방법입니다. 이방법을써서 낳은자식은 언제든지아들입니다. 그러므로 아들딸이 구별되는 중요한조건의하나는 질의 화학적작용이라고 단정해 말하기도합니다.

「소원대로 아들딸 낳는 법[上]」, 『동아일보』(1933.12.12.), 6면

소원대로 아들딸낳는법 (下)

어느외국잡지에서

「소원대로 아들딸 낳는 법[下]」, 『동아일보』(1933.12.13), 6면

02

혼례

- 신문 편
- 잡지 편

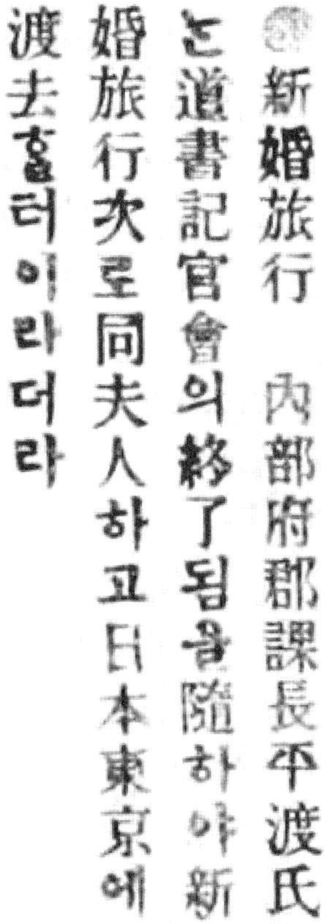
◎新婚旅行 內部府郡課長平渡氏는道書記官會의終了됨을隨하야新婚旅行次로同夫人하고日本東京에渡去홀터이라더라

「新婚旅行」, 『황성신문』 (1909.05.26), 2면

신혼려힝을

구라파로 발향

十一月二十五日에 와싱톤 백
궁에서 혼례를 거힝ᄒᆞᆫ 윌슨 대
통령의 ᄃᆡ二녕양 셸쓰부인은부
부가 쌍을지어 신혼려힝을 떠
나 구라파로향ᄒᆞ는ᄃᆡ 매세ㅅ재
세쓰 윌리암에게ᄃᆡ혼 사더는 집
이 허챠ᄒᆞ야 셩혼시에 각 쳔구
예게셔 받은물품을 져츅ᄒᆞᆯ수업
논고로 대총의 물건은 창고회
샤에입치ᄒᆞ고 본月一日에 발뎡
ᄒᆞ얏는ᄃᆡ 윌슨대통령과 해군졍
다니엘과 대통령과방셔긔와 기
의 여러쳔구물은 뉴욕쟈지젼송
ᄒᆞ엿다ᄒᆞᆷ

「신혼려힝을 구라파로 발향」, 『국민보』 (1913.12.06), 4면

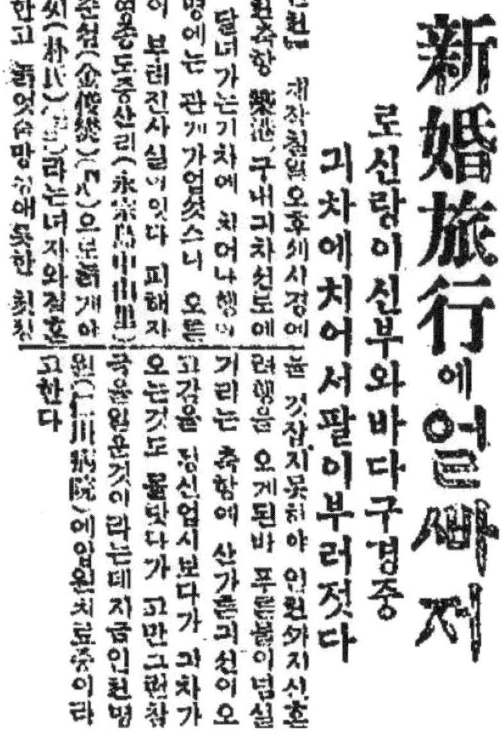
新婚旅行에 얼싸저

로신랑이신부와바다구경중

긔차에치어서팔이부러젓다

【인천】 재작칠일오후세시경에
인천축항(築港)구내긔차선로에
서 달녀가는기차에 치어나행히
생명에는 관계가업섯스나 오른
팔이 부러진사실이잇다 피해자
는영종도중산리(永宗島中山里)
김준섭(金俊燮)(二八)으로작개아
박씨(朴氏)(二二)라는녀자와결혼
을한고 신혼여행중에못한 친척

을 찻저가 잡지못하야 인천까지신혼
려행을 오게된바 푸른물이넘실
거리는 축항에 산가튼긔선이오
고가는을 정신업시보다가 긔차가
오는것도 몰랏다가 고만그런참
극을일운것이라는데지금인천병
원(仁川病院)에입원치료중이라
고한다

「新婚旅行에 얼싸저」, 『시대일보』 (1924.12.09), 1면

結婚內容公開 (一)

장차결혼할분들을위하야

여섯가지의回答

一、婚談은엇더케되얏나
二、擇日은엇더케하얏나
三、費用은얼마나드럿나
四、式은어는것을取햇나
五、婚姻날第一애씨운일
六、新婚旅行어데로갓나

◇新郎 中央高普先生 沈亨弼(二七)

◇新婦 平壤女高普出身 邊永海(二○)

(一)내가平壤高普를卒業하얏고新婦도平壤女高普의出身이기때문에兩校의校長이中間에서서仲媒하얏스며彼此에同鄕인까닭에兩家의親戚들이周旋을하야드듸어婚約은맷게되엇스니이럭저럭에仲媒結婚이엇다하겟지요

(二)兩家에서擇日에對하야는여러가지말이만하스나結局내마음대로昨年四月一日에結婚式을擧行하얏습니다엇지하야四月一日로擇日을하얏느냐고요? 첫재는오랜동안學生노릇을하야왓스며또한내職業이敎員인까닭에이날의印象은매우깁허젓습니다新學年이새로시작하는날임으로둘재는해마다이날은年度初라하야새年度가비롯하기때문이올시다그럼으로四月一日은나에게는참으로無名한名節이라하겟스니이러한日字를擇하야一生의紀念日인結婚式日로하라하얏슴이올시다벌서結婚一週年이지난지十日이되엿습니다그려、참歲月은빨느기도하지

(三)結婚의費用이야多々益善이겟지요그러나家勢대로하얏슴으로내負擔은四百圓쯤되엇습니다新婦네집에서얼마나드렷느냐고? 그야나로서는알수업습니다시집올때에가지고온것을보앗슬뿐이요그代價가얼마나되느냐고물어도보지안햇거니와또한現金으로換算해본일도아즉업스니까안해의所持한物品이얼마치나되는지알수잇겟슴니까

(四)우리結婚式은故鄕인平壤에서朝鮮古來의舊式으로하얏습니다그理由가무엇이냐고요? 첫재親戚이나知人끼리모혀서團欒한一日을독々히누릴수잇스며公開的이안임으로손님이적어서費用을節約할수잇고달하서過히繁雜치안이하야人生으로가장重大한結婚의儀式을莊嚴하고鄭重하게行할수잇는것이그理由라하겟지요머데모든禮式이란넘우複雜하고번거러우면도리어形式이되나니알만한사람끼리모혀서오근조근하고簡易하게지내는것이가장適宜하다하겟지요

(五)婚姻날나의속을第一태운것은同窓生들의작난이엇지요내同窓生들은나를、新婦의同窓生들은新婦를모조리못살게굴엇답니다 좁아터진婚家에兩校의同窓生들이모혀서新郎과新婦를놀려쌋엇답니다그리하고첫날밤에아즉新房도치르지. 안이한新郎을붓들어다가料理집에서한卓단々히먹오라고야단법석이엿답니다그러나엇지엇지하야간신히그危機를免하얏습니다

(六)新婚旅行까지할八字가됨니까結婚한지三日을치르고職業을가지고잇는京城을向하야도라왓습니다 그러나그때는나만먼저오고新婦는平壤에남겨두엇섯스며住宅과모든것이準備되기를기다리어서겨우新婦를京城으로데려왓스니그동안이一個月假量되엇습니다이것도新婚旅行이라고할가요、

「結婚內容公開 [一] 장차 결혼할 분들을 위하야 여섯가지의 回答」, 『매일신보』 (1928.04.13), 3면

結婚內容公開 (二)

장차결혼할분들을위하야 여섯가지의回答

一、婚談은엇더케되얏나
二、擇日은엇더케하얏나
三、費用은얼마나드럿나
四、式은어는것을取햇나
五、婚姻날氣ㅣ에씨운일
六、新婚旅行어데로갓나

米國醫學博士 崔永作(三三)
京城女高出身 石娟淑(二一)

(一) 우리는自由戀愛로써戀愛結婚을하얏답니다『結婚은戀愛의무덤』이란말이녯날부터傳해오지만은新婚한지얼마안이되는우리에게는아즉도戀愛는繼續되며압흐로도永遠토록니어가랴합니다戀愛는夫婦사이에서創造해갈수잇다고싱각합니다

(二) 크리스마쓰의前날ㅣ十二月卄四日ㅣ로내스스로擇日하얏습니다聖誕日을압두고서結婚을하는것이얼마나그룻압니外百年이란지르지안이한歲月동안의伴侶가되는夫婦의鐵石가치굿은盟誓를크리스마스의前날에相約함이또한그얼마나意義잇다하겟습니까

(三) 婚姻에쓴費用은그럭저럭돈千圓이나되겟지요더욱正確히決算하면其以上이될는지도몰음니다만은목돈으로부서진것은약千圓이랍니다

(四) 結婚式은長谷川町公會堂에서最新式으로擧行하얏습니다들노리가男女十名식이엇고들노리마다燭불을가지고드려옴이무슨意味냐고요?그는聖經에『天使十名이한울로부터내려왓다』는데서나온式인데兩便에十名식의들노리가彼此에마저드리는게임니다

(五) 우리婚姻날은마침무섭게도치웟습니다그치위를무릅쓰고서우리夫婦의幸福을祝賀하기爲하야參席하신손님들이치위에못견듸어하심이얼마나未安햇든지아즉니쳐지지를안습니다 그는公會堂을빌닐때에미리付託을안이하야『스팀』을피워주는줄밋앗드니내가會場에다다랏슬때에는때가벌서느젓고來賓들은그동안부등부등떨고잇섯든模樣이되다모도가新郞되는나의잘못이지요그날그것으로애를웃적썩엿답니다

(六) 新婚旅行은中止하얏습니다前부터病患中에게시든어머니께서마침우리婚姻날이갓가워지자더病氣가봄시도치워서갑작이病勢가危篤하얏슴으로中止하얏습니다그後로도適當한곳을차저서가랴고도하얏스나그동안어머니께서作故하시고또내몰일이밧버서아즉까지못가고잇습니다인제는봄도되고하얏스니어데로든지가볼가합니다만은엇더케될는지요?

「結婚內容公開 [二] 장차 결혼할 분들을 위하야 여섯가지의 回答」, 『매일신보』(1928.04.14), 3면

結婚內容公開 (三)

장차결혼할분들을위하야 여섯가지의回答

一、婚談은엇더케되얏나
二、擇日은엇더케하얏나
三、費用은얼마나드럿나
四、式은어는것을取힛나
五、婚姻날第一애씨운일
六、新婚旅行어대로갓나

東亞日報記者 趙奇烈(三七)
京城女普訓導 石子玉(二七)

(一) 여러가지事情으로얼른結婚을할수업는境遇이엇스나그러나그보다도家庭上의形便이切迫하얏슴으로맛당한사람을求하든터에맛참某氏의紹介로그이를알게되여數三次만나보니무엇보다도가난한우리살님에能히견댈수잇스며엇더한苦難이라도웃고참을수잇슬듯하기에비롯오婚約을매즛지요그經路가『로맨틱』하야詩的이엇슴으족음도업섯고다만完全히平凡하얏다하겟슴니다

(二) 드되여婚姻의禮式을하라할대그擇日에는무엇보다도彼此에職務에妨害되지안토록하얏슴니다이便이나저便이나모다勞働을하는터임으로첫재職業에障害가되지안는日曜日을擇하야昨年十二月十八日에擧行하얏슴니다

(三) 費用은될수잇는대까지節約하랴고하얏슴니다兩家의形勢가巨大한費用을드려가며結婚式을할수업는것도그理由에한아라하겟만은從來에朝鮮에서는冠婚喪祭에만흔金錢을액기지안코함부로써왓스며現今에도오히려反省치안이함에對하야日常에적지안흔抗議를가젓섯슴으로모든節次를오즉簡便하게하얏고모든費用을주려섯스나그린도三百圓假量은드럿슴니다그리고도前後것을合算한다면한五百圓이나될듯합니다

(四) 結婚式은東亞日報社講堂에서擧行하얏슴니다朝鮮에서現行하는結婚의儀式은千差萬別로서참으로識者로하야금싱각케하는배적지안타하겟슴니다엇더한方式으로든지整理하지안흐면안되리라싱각됨니다人生으로가장聖潔하고嚴肅하고意義가잇서야만될結婚의儀式이그結果에잇서서는恒常번거럽고웃우웁고秩序를차리지못하게되는것이通例가안입니까아무리新式으로한다해도다시舊式의節次를차리지안코는父老들이조화하지안이하야여러가지의喜悲劇은이곳으로부터시작되는것임니다모든儀式이헛수고라하야모조리無視해버린다하면몰라도적어도人生生活에잇서서儀式도意義가잇는것이라한면우리社會에서도이를整理할必要가잇다고痛切히싱각하며그는社會의中堅이될만한人物의合議로써容易히될수잇다고日常에늣겨오든바이엇슴으로나自身의結婚에잇서서도내따는만히生覺해서한것이람니다그린서도오히려誤解에서超然히버서나지못하얏슴은지금도오히려遺憾되는바임니다

(五) 우리婚姻날에는日氣가몹시도치웟슴니다以上에말한바에依하야披露宴도極히簡略하게하랴하야兩家에서모다招待狀을내지안코다만親近한사람들만입으로또는몸으로請하야約百名의손님을豫想하얏드니宴席에는七八十名이나더와서그不足한것을準備하너라고約一時間동안이나손님께기다리게하야모진치위에떨을보게함은황송한失敗이엇슴니다지금도오히려未安한生覺이사라지지안이하얏슴니다

(六) 新婚旅行은아즉못힛고조흔機會만기대리고잇슴니다婚姻한그이튼날부터如前히職務를하여야만될우리夫婦로서旅行할餘暇가어대잇서야지요더구나살님살이에도밧분터이니여간해서는못갈듯도함니다

「結婚內容公開 [三] 장차 결혼할 분들을 위하야 여섯가지의 回答」, 『매일신보』 (1928.04.15), 3면

結婚內容公開 (四)

장차결혼할분들을위하야 여섯가지의回答

一、婚談은엇더케되얏나
二、擇日은엇더케하얏나
三、費用은얼마나드럿나
四、式은어는것을取힛나
五、婚姻날第一애씨운일
六、新婚旅行어대로갓나

◇新郞 辯護士 李仁(三三)
◇新婦 淑明卒業 高璜姬(一九)

(一) 結婚하기前까지五六年동안이나두고서新婦의祖父를비롯하야그家族들과는接觸이자젓습니다처음에야結婚을爲한것보다내職業上서로相從되엿스나新婦될사람을發見하고서三四年동안이나交涉이잇섯습니다그러니까仲媒婚姻이라고야할수업겟지요그러타고俗所謂오밀조밀한戀愛婚姻도안이람니다그러나三四年동안이나두고서交際해오는동안에彼此에家庭의內容도잘알수잇섯고또兩人의性格과趣味도理解할수잇섯습니다집흔理解로서人格과人格이相接케되엿스니人間의大事인結婚으로서當然히발불經路를거첫다고生覺합니다

(二) 婚姻의擇日은純全한舊式을딸하서주방이니方位니하는것도보앗습니다三年前의五月卄八日이엇스나陰曆으로는이젓습니다

(三) 前後의費用을모두合算하면二千圓쯤드럿습니다披露宴의費用만해도六百圓이나되엿스니까요참으로幸福한生을어드랴면一夫一婦가眞理라하겟스며男女兩性이一生에한번밧게업는結婚禮式이니家勢가許諾하는程度에서한번금직하게함도意義가잇는일인줄압니다이러한싱각으로費用은좀過用을하야도無關할듯합니다

(四) 모든儀式이란嚴肅한맛이잇서야함니다 더구나結婚式은兩人의良心을束縛하는必要로보아서 秩序잇고壯嚴하고複雜한形式을직히며整然한節次를밟버야만됨니다 그리하야從來의儒敎式도안이요또基督敎의新式도안이요말하자면新舊를折衷하야擧行하얏습니다 그儀式은朴勝彬氏外有志가모히는啓明俱樂部에서制定한것인데나는그式을取힛습니다

(五) 新郞노릇에主人노릇을兼해하게되여서매우밧벗습니다모든것을내生覺내로하자니까自然에태우게되는일이만헛습니다

(六) 新婚旅行이요? 그건구만두엇습니다元來나는넘우時俗에흡느기를실허함으로斷然히中止하얏습니다

「結婚內容公開 [四] 장차 결혼할 분들을 위하야 여섯가지의 回答」, 『매일신보』 (1928.04.16), 3면

結婚內容公開 (五)

장차결혼할분들을위하야 여섯가지의回答

一、婚談은엇더케되얏나
二、擇日은엇더케하얏나
三、費用은얼마나드럿나
四、式은어느것을取햇나
五、婚姻날第一애씨운일
六、新婚旅行어대로갓나

金病院長 金鐸遠(三二)
女 醫 吉貞姬(三○)

(一) 처음에어느知人의紹介로만나게되엿고彼此에親해짐을따라서戀愛라할가요？左右間서로自由로운處地에서만나게되얏스나兩人의性格이서로嚴格한탓이엇든지손목잡고散步한번못햇답니다처음에넘우情다웟다가그結果가조치못하게매저지면차라리淡々하게지내는것만못하다는넘우도理智的에솜이엇든模樣입니다

(二) 擇日은四年前十一月二十日이엇습니다新婦의家庭에는祖父母님이게신데엇더케우리마음대로할수잇든가요그러나擇日을한다함이迷信이라할수도잇겟지만은擇日을안이하는것보다는도리어나흘듯하야그대로하얏습니다

(三) 結婚에만쓴費用은五百圓쯤됨니다세간살이를산다든가衣服을해입은것이야婚姻費用에너흘수업겟지요婚姻을안이한다할지라도그는必要한것이니까다만삭으로消費되어버린것은알돈으로한五百圓됨니다

(四) 나는基督의篤實한信者는안입니다그러나基督敎式으로한것은宗敎的氣分이結婚男女의氣分에맛우갓가운點이잇다고生覺하기때문입니다儀式으로서야新舊의別이어대잇습니까모다舊式이라고도할수잇스며또한모다新式이라고도할수잇슬듯합니다또舊式이라고납보며新式이라도반듯이조흘까닭도업지요우리兩人의家庭은基督敎에매우感染되엇슴으로그式에依하얏슬뿐임니다

(五) 結婚式날에모든일을마타보아주든사람에게대개는一任하얏섯스나한갓걱정되는것은自己의잘못으로親한사람에게請牒을보내지못하얏거나또는무슨잘못으로參席치못하지나안이하얏나하야매우애를써습니다조흔일이잇서서깃불때에는더욱親近한사람을찻는것은人情이라하겟지오내게조흔일이잇슬때에親舊들의얼골까지보게되면그以上더幸福스러운일이어대잇습니까

(六) 처음에는新婚旅行을兼하야學術을硏究하는參考로北京에同行하라하얏스나나는내必要로北京을가여야만되겟스나新婦는또自己의硏究를爲하야東京을가지안흐면안되게되얏습니다그런데만일억지로北京까지同行한다하면내볼일은볼수잇지만은新婦는거저따라단이게될뿐안이라無斷히조흔歲月과旅費를버리게될것임으로兩人이合議하야畢竟나는北京에新婦는東京으로서로길떠나게되엇답니다그리하야東과北으로떠러저서故國을中間에두고얼마동안서로그리게된것이차라리同行하얏던것보다더욱紀念이되는듯합니다

「結婚內容公開 [五] 장차 결혼할 분들을 위하야 여섯가지의 回答」, 『매일신보』(1928.04.18), 3면

結婚內容公開 (六)

장차결혼할분들을위하야 여섯가지의回答

一、婚談은엇더케되얏나
二、擇日은엇더케하얏나
三、費用은얼마나드럿나
四、式은어느것을取햇나
五、婚姻날第一애씨운일
六、新婚旅行어대로갓나

詩人 朴八陽(二四)
京城女高 鄭金珠(一八)

一、우리들의結婚은自由戀愛로된結婚이안이라仲媒結婚이엿슴니다 여러가지形便으로婚姻을하라든터에어느親한親舊가中間에서婚談을말하야昨年가을의어느날結婚雙方의當者(나와只今나의안해)가어느座席에서한번瞥見한일이잇섯슴니다 會見한結果두便에서다ㅣ合意하다고하야結局結婚을하게된것입니다 이會見이잇기까지에일을愼重히하느라고中間에들어仲媒하든親舊가애를만히쓴것은勿論입니다

二、擇日은新婦側에서昨年十二月四日로決定하여와서그날에式을擧行하얏슴니다 이擇日을할때에우리新郞側에서는다만日曜日이면어느날이든지關係치안타는意見만말하얏슴니다 그랫드니新婦側에서舊式擇日法도좀參考하고해서日曜日인十二月四日로決定하얏든모양입니다 禮式時間은午後세時半頃부터이엇슴니다 다힝히日氣가明朗하여서여러가지가다ㅣ豫定대로잘進行이되엿슴니다

三、費用은넉々지못한우리家勢에適當하게하야아모쪼록적게드리랴고애를썻스나그럭저럭쓴것이約六百圓假量이되얏슴니다 貧寒家勢도보지안코쓸데업시費用만々히내이는것이所用업는일인줄알고여간원만한것은주리고주려서썻슴니다 그러나처음豫定으로는한三四百圓을限度한것이일을當하고보니쓰게되야 超過가되엿슴니다 新婦便에서는우리와도또달러서 돈千圓이나消費히쓴模樣이두구면요 사람에게世上에對한榮譽心이잇는以上그런때돈을앗기지아니하려는것이無理는아니지만은一般的으로그러한弊風을업시하고質素簡略히할道理가잇섯스면하고늣겻슴니다

四、式은新式으로하엿슴니다 舊式은節次가너머만코번거러워서普通하는新式으로하얏슴니다 式場所는京城公會堂이엇고主禮는나의先輩되시는분이하여주엇슴니다

五、當日에애씨운일은별로업슴니다다만한가지니저버리지안은것은그날先輩와知己여러분께서式準備其他에여러가지로애써주신일입니다 이것은오래되도록닛처지지안을줄암니다

六、新婚旅行은가지못햇슴니다 무슨돈에、어느여가에갈수잇겟슴닛가혼인한지二十餘日만에안해와함께忠淸道沃川妻家에를갓다왓더니親舊들이新婚旅行갓다왓다고는하는데그것을新婚旅行이랄수야잇슴닛가 이제는『舊婚旅行』이나가게될는지모르겟슴니다

「結婚內容公開 [六] 장차 결혼할 분들을 위하야 여섯가지의 回答」, 『매일신보』 (1928.04.19), 3면

結婚內容公開 (七)

장차결혼할분들을위하야 여섯가지의回答

一、婚談은엇더케되얏나
二、擇日은엇더케하얏나
三、費用은얼마나드럿나
四、式은어는것을取햇나
五、婚姻날第一애씨운일
六、新婚旅行어대로갓나

◇新郞 小說家 崔承一(二七)
◇新婦 京城女高卒業 馬督靈(二十)

(一) 親舊의집에놀러갓다가그이를發見하얏는데그이가親舊의누의임을나종에알게되자그이도또한親舊가되엇슴니다그러나우리의交際도世上에만흔男女와마찬가지로처음의友情이나종에는열정戀愛로化하야드되어結婚까지하게되엇답니다그러니戀愛結婚이라고할까요

(二) 우리두사람은金錢問題를배어노코서그外의모든것에잇서서는매우自由로운處地이엇슴으로一切의節次는當事者인우리兩人의合議로써決定하얏는데擇日에도兩家의父老들은多少의反對도업지는안이하얏스나結局우리마음대로十一月二十三日로決定하얏답니다그것이벌서三年前일이엇스니歲月은참으로빠르기도하지요

(三) 費用은모다百二十圓이엇스니말하자면영락이엇지요그돈의出處는트두게네푸氏의『봄물결』을飜譯하야어느書店에팔아서어든것이랍니다原稿料가지고結婚式하얏다하면가난한우리朝鮮의文士로서는매우榮光스러운일이라하겟지오그러나아무것도準備하지안코다만그날입을옷한벌식하고披露宴의實費이엇스며百二十圓이면不足한대로견되일수잇섯고그以上의金錢이어대잇서야쓰지오

(四) 式은食道園에서牧師는일업고나의가장親愛하는某友의主禮로行하얏슴니다거륵하다는結婚의禮式을料理집에서힛다하면엇전지좀쑤에안먹는듯한늣김도업지안이하나場所가場所인까닭에모일만한사람쌔리모혀저서다른곳보다整頓되고秩序잇고嚴肅하야도리어조흔結果이엇슴니다그곳에서披露宴까지아조눌너서치르기쌔문에더욱簡便하얏슴니다대개世上에서는흔히結婚式은式대로하고披露宴은또한料理집에서하는例임으로式場과宴席의距離가멀으매손님에게未安한일이만코더구나親한사람도中途에서새어버리는수가잇스며그道路에서求景하든사람들도섭슬러단이게되어서不快한늣김이싱기게됨니다그럼까닭에나는食道園의廣室을치우고이便에서式을마친뒤에곳저便에서宴會를하도록하얏답니다

(五) 그때나이때나원수의돈은나의마음을못척태웟슴니다원수의돈이업는罪로豫算이不足하야일건一席에모혀진親한동무들에게그들이질겨하는조흔술과맛잇는안주를흡북못드린게恨이됨니다

(六) 新婚旅行은勿論못갓슴니다못가게된理由야더물어보면무엇합니까 돈업는타령만자꾸나오게!

「結婚內容公開 [七] 장차 결혼할 분들을 위하야 여섯가지의 回答」, 『매일신보』(1928.04.20), 3면

新聞紙上婚禮式

最近엔空中結婚

═신문지결혼 자전거혼례식외에 요사이에는비행긔결혼까지생겨═

【新興中國스피드婚式】

【상해통신】보수적인중국인의 혼인장사는 모다엄격한 례의의 규정을떠나지못하얏스나 오날의중국신인물들의머리속에는이상하게도 그례의관념조차 업게되고모든것이급속도로근대화(近代化)하고잇다결혼례식도최근에 류행하는것은 신문광고결혼(新聞廣告結婚)인데서로사랑이잇는 남녀두사람의이름을 신문광고란에게재하면그만결혼례식이된다 요새남경에서는 자전거결혼(自轉車結婚)이생겻다또나 상해에서는 국민정부항공사령(國民政府航空司令) 류패천(劉沛泉)씨는공중결혼을거행하얏는데 이것은중국에서 처음생긴최신결혼식인바 오색이 찬란한비행긔우에 한쌍의 신랑신부는어개를겻고안저 상해의 공중을일주하야 전시민이갈채를하얏다더라

「新興中國 스피드 婚式」, 『동아일보』 (1930.01.03), 2면

短篇 新婚旅行 (1)

K.Mansfield 原作

李弘魯 譯

K. Mansfield, 「短篇-新婚旅行[1]」, 『조선중앙일보』, 李弘魯 譯(1933.09.22), 3면

短篇 新婚旅行 (2)

K. Mansfield 原作

李弘魯 譯

K. Mansfield, 「短篇-新婚旅行[2]」, 『조선중앙일보』, 李弘魯 譯(1933.09.23), 3면

短篇 新婚旅行 (三)

K.Mansfield 原作

李弘魯 譯

K. Mansfield, 「短篇-新婚旅行[3]」, 『조선중앙일보』, 李弘魯 譯(1933.09.24), 3면

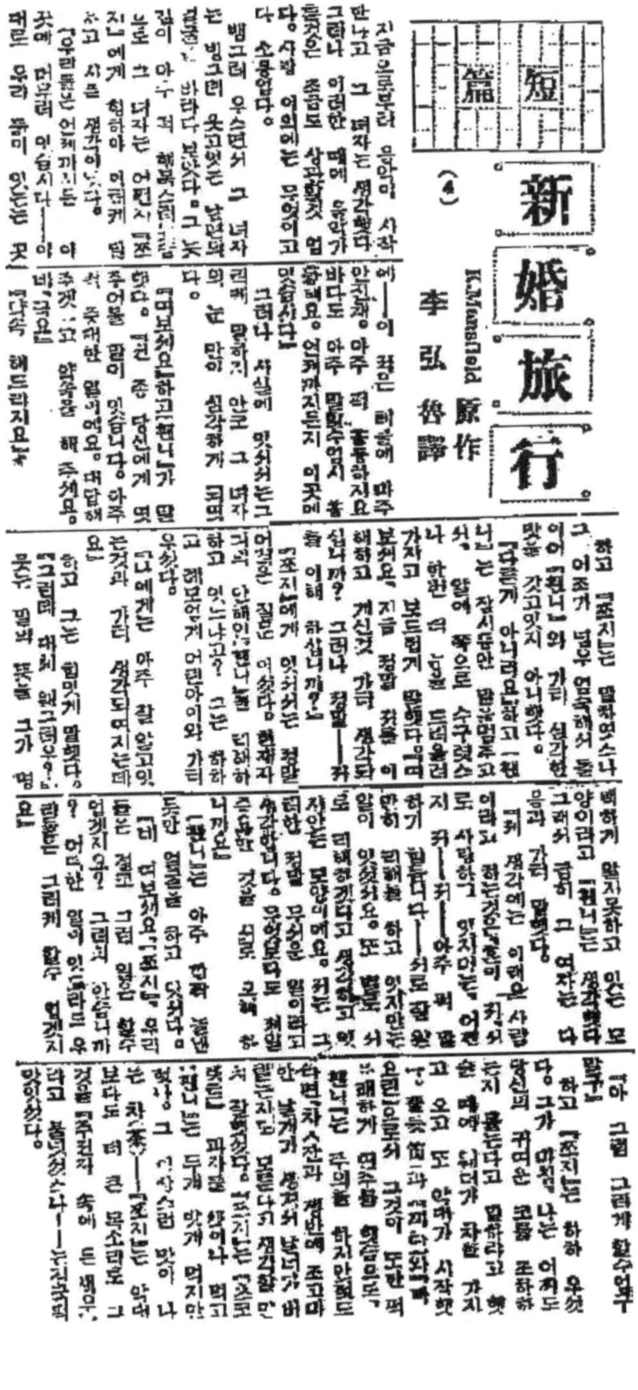

短篇 新婚旅行 (4)

K.Mansfield 原作
李弘魯 譯

지금으로부터 음악이 시작
한나고 그 녀자는 생각햇다
그러나 어떠한 때에 음악가
들것은 조곰도 상관할것 업
다。사람 어듸에는 무엇이고
다 소용업다。
뱀그레 우스면서 그 녀자
는 빙그레 웃고잇는 남편의
얼굴을 바라다 보앗다。그 눈
갑이 아주 퍽 행복스러-
늘로 그 녀자는 어쩐지 「조
지」에게 칭하야 어떠케 떨
쳐고 시픈 생각이낫다。
「우리들은 언제까지든 이
곳에 머무러 잇습시다―아
때로 우리 들이 잇는는 곳
에―이 젊은 때에 마주
안진채。아주 퍽 훌륭하지요
바다도 아주 말할수업시 훌
륭해요。언제까지든지 이곳에
잇습시다」
그러나 사실에 잇서서는 그
러케 말하지 안코 그 녀자
의 눈 만이 심각하게 크게 떠
다。
「더보셧요」하고「쩐니」가 말
햇다。「퍽 좀 당신에게 몃
주어볼 말이 잇습니다。아주
석 죽재한 일이예요。대답해
주겟다고 약속좀 해 주세요
바、극요」
「당신 해드리지요」
하고「조지」는 멀찌엿스나
그 어조가 넘우 엄숙해서 돌
이어「쩐니」와 가티 심각한
빗을 갓고잇지 아니햇다。
「다른게 아니라요」하고「쩐
니」는 잠시동안 말을멈추고
섯、얄예 쪽으로 수구렷스
나 한번 더 눈을 드러올려
가자고 보드럽게 말햇다。「더
보셔요、지금 정말 잣을 이
해하고 계신것 가티 생각되
십니까? 그러나 정말―자
늘 이해 하십니까?」
「조지」에게 잇서서는 정말
어려운 질문이엇다。현재자
기의 난해인「쩐니」를 리해하
하고 잇느냐고? 그는 하하
고 레모어게 어린아이와 가티
우섯다。
「나에게는 아주 잘 알고잇
는것과 가티 생각되어지는때
요」
하고 그는 힘잇게 말햇다。
「그러면 대체 웨그럼우?」
못은 말과 뜻을 그가 명
백하게 알지못하고 잇는 모
양이라고「쩐니」는 생각햇다
그래서 급히 그 여자는 다
음과 가티 말햇다。
「퍽 재각에는 이러운 사람
이라도 쳐는것은 혼이 키쉬
로 사랑하고 잇지만는 어떤
지 퍽―퍽―아주 퍽 말
하기 힘듭니다―서로 잘 알
만히 리해를 하고 잇지만는
알이 잇섯서요。또 별로 서
로 리해하겟다고 생각하고 잇
지안는 모양이예요。퍼는 그
러한 정말 무서운 일이라고
생각합니다。무엇보다도 제일
중요한 것을 모르고 곤해 하
니까요」
「쩐니」는 아주 한참 쌍빈
동안 얼굴을 하고 잇섯다。
「더 더보셔요」「조지」 우리
들은 절코 그럼 일은 할수
업겟지요? 그러코 안습니까
? 어떠한 일이 잇드라도 우
리들은 그러케 할수 업겟지
요」
「아 그럼 그러케 할수업겟구
말구」
하고「조지」는 하하 우섯
다。그가 마침 나는 어쩌도
당신의 귀여운 코를 조하하
는지 몰른다고 말하라고 햇
슬 때에 뒤에서 자칫 가지
고 오고 또 악대가 시작햇
다。「쭐늦 풉」과「까다와 빠」
유쾌하게 연주를 햇슴으로、
요란스러워서 그것이 또한 퍽
「쩐니」는 주의를 하지안햇드
라면 차(茶)잔과 쟁반에 조고마
한 놋계가 생겨서 보니까 버
릇는지도 몰른다고 생각할 만
치 짤렷섯다。「조지」는 「조코
렛」 파자를 쌔어나 먹고
「쩐니」는 두개 맛게 먹지만
혀상 그 이상스럽 맛이 나
는 차(茶)―「조지」는 악대
보다도 더 큰 목소리로 그
것을「주전자 속에 든 생우」
라고 불럿섯스나―눈치못텀
맛잇섯다。

K. Mansfield, 「短篇-新婚旅行[4]」, 『조선중앙일보』, 李弘魯 譯(1933.09.26), 4면

短篇 新婚旅行 (5)

K. Mansfield 原作

李弘魯 譯

K. Mansfield, 「短篇-新婚旅行[5]」, 『조선중앙일보』, 李弘魯 譯(1933.09.27), 3면

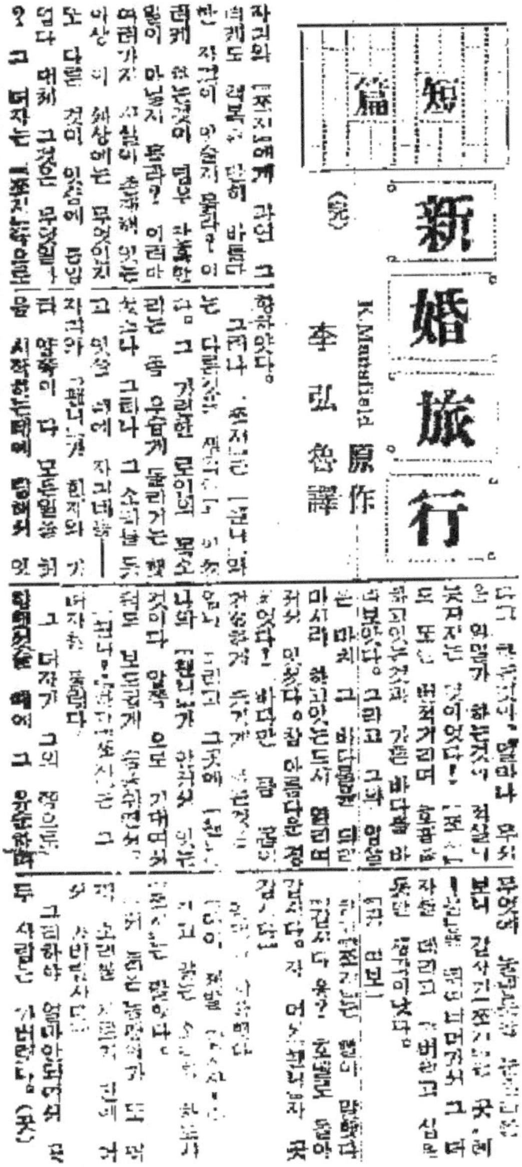

短篇

新婚旅行

(完)

K.Mansfield 原作

李弘魯 譯

K. Mansfield, 「短篇-新婚旅行[完]」, 『조선중앙일보』, 李弘魯 譯(1933.09.28), 3면

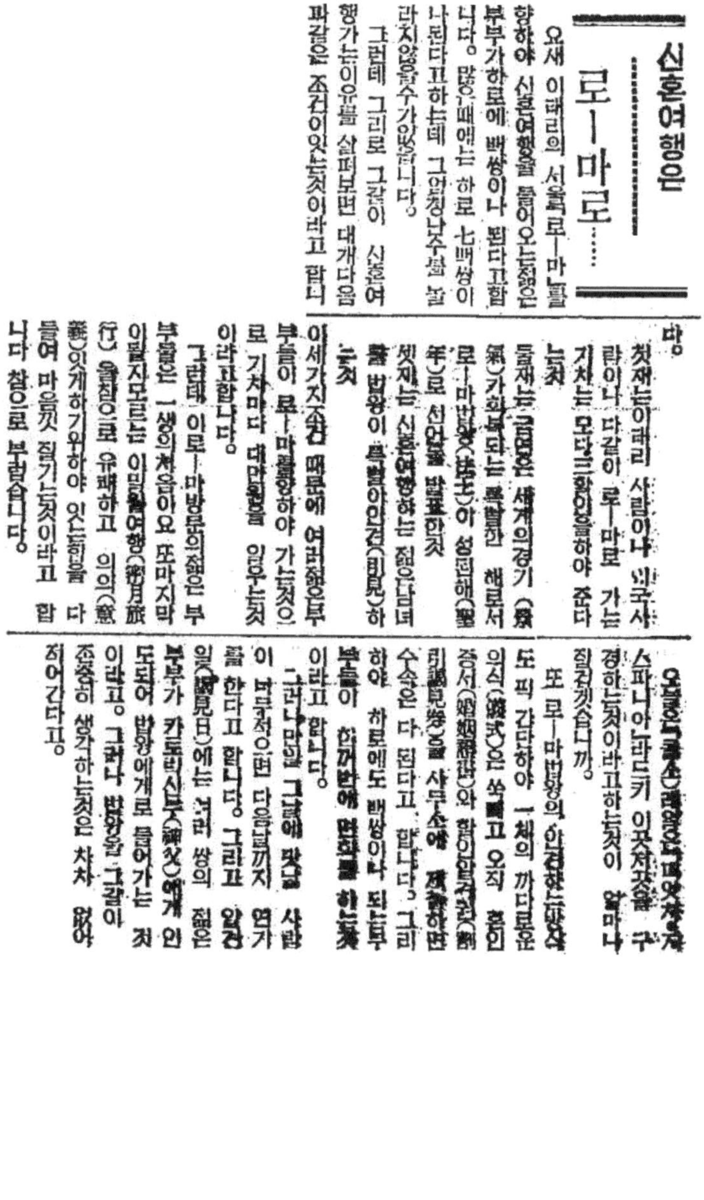

신혼여행은

로ー마로……

요새 이태리의 서울 로ー마를 향하야 신혼여행을 들어오는 젊은 부부가 하로에 백쌍이나 된다고 합니다. 많을 때에는 하로 七백쌍이나 된다고 하는데 그 엄청난 수에 놀라지 않을 수가 없습니다.

그런데 그리로 그같이 신혼여행 가는 이유를 살펴보면 대개 다음과 같은 조건이 잇는 것이라고 합니다.

첫재는 이태리 사람이나 외국 사람이나 다 같이 로ー마로 가는 기차는 모다 三할인을 하야 준다는 것

둘재는 금년은 세계의 경기(景氣)가 회복되는 특별한 해로서 로ー마 법왕(法王)이 성년해(聖年)로 선언을 발표한 것

셋재는 신혼여행하는 젊은 남녀를 법왕이 특별 알현(引見)하는 것

이 세 가지 조건 때문에 여러 젊은 부부들이 로ー마를 향하야 가는 것이로 기차마다 대만원을 일우는 것이라고 합니다.

그런데 이 로ー마 방문의 젊은 부부들은 一생의 처음이요 또 마지막이 될지 모르는 이 밀월여행(蜜月旅行)을 참으로 유쾌하고 의의(意義) 잇게 하기 위하야 잇는 힘을 다 들여 마음껏 질기는 것이라고 합니다. 참으로 부럽습니다.

오늘은 [illegible] 스파니아 파란 키 이곳 저곳을 구경한 것이라고 하는 것이 얼마나 질거웟겟습니까.

또 로ー마 법왕의 알현하는 방식도 퍽 간단하야 一체의 까다로운 의식(儀式)은 쏙 빼고 오직 혼인증서(婚姻證書)와 할인알현권(割引謁見券)을 사무소에 제출하면 수속은 다 된다고 합니다. 그리하야 하로에도 백쌍이나 되는 부부들이 한꺼번에 면회를 하는 것이라고 합니다.

그러나 만일 그날에 맞는 사람이 [illegible]이면 다음날까지 연기를 한다고 합니다. 그리고 알현일(謁見日)에는 각 쌍의 젊은 부부가 카토릭 신부(神父)에게 인도되어 법왕에게로 들어가는 것이라고. 그러나 법왕을 그같이 존중히 생각하는 것은 차차 없어저 간다고.

「신혼여행은 로-마로…… 」, 『동아일보』 (1933.10.26), 6면

「地方論壇-納幣와 惡習」, 『동아일보』 (1936.04.09), 5면

地方論壇

新婚家에 送需式을 廢하자

新安州 一記者

「地方論壇-新婚家에 送需式을 廢하자」, 『동아일보』 (1936.06.12), 5면

"나의結婚"과 "結婚觀" (1)

결혼식은 간단하고엄숙하게

피로연은 폐지해야할것

同德女子高普 趙東植氏談

현재 조선 사람의 생활중에 고치야할점이 한가지가아닙니다 우수운듯하지만은·생활개선을 실행하는데도 혁신적 정신과 구든신념과 과감한 용긔가 필요함으로 입으로는 쉬우나 행하기는 어려워서 칩사리 하로이를농안에 고칠수는 업는줄노압니다 그러타고 차일 피일하고 남이 먼저 실행하기만 서로 바라고 잇다면 언제누가 실행하겟습니까? 결혼(結婚)으로 말하드라도 그럿습니다 과거 인습에 잔뜩 붓잡히여 결혼이라면 으레히 써버리고 성대하게 해야만 될것으로 넉이고잇습니다

◇

어썬질 잔채에는 사람이 몃百명이 모엿느니 자동차가 몃대이엿느니하고 잔채가 굉장한것을 큰자랑으로 녁이는 말을 각금듯습니다 대체 자동차 수효의 만흔것이 결혼! 그것과 무슨 상관이 잇습니까? 자동차가 만헛든싸닭에 불행한 결혼이 행복될리업고 적엇든싸닭에 행복한 결혼이 불행할리는 만무합니다 결혼식의 성대하고 안한것이 신랑신부의 결혼생활과 추호만치도 상관이 업는것은 상식적 사실이아닙니까! 결혼하면 일생에 단 번 지내는 일이아니냐고 자기의 허영심을 번명하는 사람들이 잇습니다만은일생에 한번 지내는일과자기 일생의 생활과 무슨 상관이 잇습니까

◇

소위 피로연 이라는것은 무엇보다도 먼저 단연폐지 해야 하겟습니다 지금가터 무질서하고 란잡한피로연은 폐지하는것이 얼마나 조흔지 몰으겟습니다 아모 계획이업시 모여가지고 귀중한 시간과돈을 무질서하게 랑비하는 일은 사회적으로보아 큰수치입니다 피로연이라는데를 가보면 신랑신부를 축하한다는기.분은 조금도업고 그저먹기만 위주하야 가지〳〵의 추레를 연출하는것은 한심하다고할수박게업습니다

◇

나는十九세때에 결혼하엿스니싸 물론구식이엿습니다 그러나 그때도되노록은 간단히하기를위주하야 간소하게하엿고 작년에 딸아이를출가식힐때에도 피로연은폐지하엿습니다몰론손님들도 모엿섯지만은내가먼저 실행해야겟다는 결심으로 피로연을고만두엇습니다

◇

결혼례식 역시조선에서는통일한것이업고 무슨식이니 무슨식이니하야 무질서하기짝이업습니다 그러나좌우간 무슨방식이고간에한가지로 통일할필요가잇습니다 간단하고 엄숙하기만하면고만일터이니까 되도록은간단하면서 엄숙한방식으로택하는것이 조흘것입니다 그러나그것은 오컨대지엽문제가아닐가합니다

사색(思索)의 가을 감상(感傷)의 가을은 또한 결혼(結婚)의 가을입니다 어떤사람은 봄이 결혼『씨-슨』이라고합니다 그러나 아모래도 결혼『씨-슨』은 가을입니다 도회지보다도 농촌에서는 더욱그럿습니다

결혼이 인륜대사가 아님은 아니나 지나치게 성대한 결혼식은 왕々히 가을하날과 가티 명랑해야할 신혼부부를 지극히 우울하게 만드는 수가 만습니다 화려한 결혼식뒤에 오는것은 험에 겨운빗쟁이의 재촉이기때문에요! 허례로 인한 과중한 부담을 업새고 간단하고 엄숙한 합리적인 결혼식으로 고처나가는것이 어떠켓습니까? 여기에대한 각계 선생님의 경험과 의견은 어떠신지 엿주어보기로하엿습니다

趙東植, 「"나의 結婚"과 "結婚觀"[1] 결혼식은 간단하고 엄숙하게」, 『매일신보』(1936.09.16), 3면

"나"의 結婚"과 "結婚觀" (2)

결혼이가선 세가지의의

종교적의식이필요

梨花女高普 **金昶濟氏 談**

결혼은 세가지 방면으로보아 의의(意義)가 잇다고 생각함니다 첫재는 종교상(宗敎上)의의의인데 결혼이란 인력(人力)이상의 힘의 조화로 결합되는것으로 혼인이란 일종의신비(神秘)입니다 이러한 혼인예신을 경솔히 생각하는것은 큰잘못이요 결혼의 의의를깨닷지못하고 신성한결혼는모독하는것입니다 그런고로엇써한 형식의 종교적 의식이고간에 결혼식은 반듯이 일정한 종교적의식에의해서 장중하고 엄숙하게 행하지 안으면 안됩니다

……◇……

둘재로는 가족적(家族的)의의입니다 동양(東洋)의가족주의(家族主義)의 립장에서 볼때에 결혼이 가저오는가족적영향은 막대하다고하겟습니다 결혼에 의해서 일가족이 이리도 지배되고 저리도 지배되는것입니다 그런고로 예전모양으로 가족전체의승락을 어들필요까지는업다고하드래도 결혼하는사실을일가친척에게 전부알니는동시에 그협조를 구할것입니다

……◇……

셋재는 결혼의사회적의의입니다 독신으로 지날때보다 무사람이 한몸으로 결합하야활동할때에는 국가와사회에대한 공헌은 더욱클것입니다 그뿐만아니라 제이세국민을양육하야 자손으로 완전케하는점에서 그국가적의미는 실노큰것입니다

……◇……

이러한세가지 의도로보아서 결혼은 일정한 종교적의식을 취하야 장중엄숙리에 행할것입니다 그러고 피로연은친척과친지를 모아노코 결혼으로 알니는 정도로 간단한표준이 잇슬것은 아니겟고 다만자기의처지와 형편에따라 될수잇는대로 간소하게하는것이 조흘것입니다 일생에 한번되는 일이라고하야 쓸데업는 허영에띄여경박한 행동은 삼가야 함니다

……◇……

나는 얼마전에 재취한일이잇고 또 딸아이를 출가식히경험이 잇습니다 의식은 내가 기독교인이니만치 기독교식으로하엿고 피로연은 몃몃친지들만모여 간소하게 하얏습니다

조선에서 신랑을 다는풍습은 말하자면 부락시대(部落時代)의유풍이겟지요 한부락이라야 몃사람되지안으니까 한집안식구모양으로 함께모여 하로를 즐기고 노랏든그아름다운풍속에정신은 어데다가 팽겨치고 형식만을갓다가 오늘날도회생활에적용한다는것은 큰잘못입니다 억지로 신랑을열고 료리집으로가서 수백원식공연한돈을 랑비식혀주고 빗을 지게 만드는것은 순전한 악의(惡意)에서나오는일이라고 할수박게업습니다 이러한 폐풍은 하로라도속히 근절식히는것이 급무이겟습니다

「스페인」의新郞新婦……결혼양식에는 세게 어느나라를 물론하고 독특한 풍속이 잇습니다 사진은「르레드」의 결혼풍속 향기놉흔 꼿을 사랑하는 그들의 풍속을 엿볼수잇습니다

金昶濟, 「"나의 結婚"과 "結婚觀"[2] 결혼이 가선 세 가지 의의」, 『매일신보』(1936.09.18), 3면

"나의結婚"과 "結婚觀" (3)

집안일에불과하는 결혼례식을

크게떠들필요가무엇?

中央基督總務 具滋玉氏 談

결혼이란 말하자면 자가 집안의일입니다 인륜의대사요 경사스러운일임에는 틀림업스나 요컨대 당사자의 집안일 외에 아모것도 아닙니다 그런까닭에 일가친척과 숙친한 친지들이 모여서 결혼례식에 참례도하고 그날하로를 즐겁게 보내는것은 당연한 일이겟습니다 그러나 오늘날 조선에서 보는것과가티 수백명식의사람을 불너다노코 귀중한시간을 허비하게 한다는것은 도모지 찬성하지못할 일입니다 되도록은 사람을만히 불너모하도 사회적으로 크게 떠들어야만 결혼식이되는줄아는것은 큰잘못입니다 이러한 쓸데업는 허례 허영에서 나오는 일은단연 폐지해야 할것입니다

◇……◇……

시간관념이 철저하지못한것은 사회적으로보아 큰수치이지만은 결혼식은 으례히 시간을 안직히는 례식으로 불문률이되여잇는모양입니다 반시간식 외누러하는것은 오히려 정확한편이고 항용 한시간식 외누러를하나 거기모힌 수백명손님의 시간적손해가얼마입니까? 일부러 청하는데안갈수도업고 그러타고 세시간식 시간을 허비할수도업서난치한때가만습니다

◇……◇……

피로연이라는것도 그럿습니다진안저리의 간단한잔채이면 모르거니와 크게버려가지고수백명식잔채를 한다는것은찬성할수업습니다 더군다나자기의 경제적능력에넘치는일을무리로하는것은 도모지리해할수업는일입니다 그리고 시간을 허비하는것도 이피로연 때문입니다 원악 여러사람이 모인 잔채라 불가피한일인지도 모르겟스나 거기에 허비되는 시간이 너무만습니다 청한 사람들에게 음식을 먹이는것보다 손님에게 시간을 허비하게 안하는것이 더고마운 대접입니다

◇……◇……

결혼식이란 원래가 종교적의식입니다 엇떠한 사회제도보다는 가장먼저 생긴것이 종교이기때문에 결혼은 반듯이 종교적례식에 의하야 거행되여 온것입니다 그런고로 엇떠한 종교례식에 의하든지간에 결혼식은 반듯이 종교적례식에 의하지 안으면 안됩니다

◇……◇……

내가 결혼한것은 오랜일니너와 말할것이 업스나 딸을 출가식힌 경험이 잇습니다 내가 먼저 솔선해서 해야될줄노 알고 피로연은 폐지하고 식만은 긔독교식으로햇습니다 집안일에 불과하는것이니 크게 떠들지말것 피로연을 폐지할것 친지들만모여서 종교적례식으로할것 누구에게나 이러케 하기를권하고 십습니다

△盛裝한「에」國新婦△……남(南)

「니제리아」토인중에서 가장 세력잇는 추장(酋長)의 딸이 성장한것입니다 목거리·팔거리등은 모다 잠비싼 정짜 산호요 팔에감은것은 상아(象牙)입니다

具滋玉, 「"나의 結婚"과 "結婚觀"[3] 집안일에 불과하는 결혼례식을」, 『매일신보』(1936.09.19), 3면

"나"의 結婚"과 "結婚觀" (4)

불교에서는 불교식결혼식

그러나 간단하고 질소하게

中央佛專講師 朴允進氏 談

일반으로 불가(佛家)에서는 결혼을 부인(否認)하는줄노 녁이는 모양이나 결코그러치 안습니다 예전에선혜선인(善慧仙人)과 구이(瞿夷)두사람이 보광여래(普光如來)압헤서 결혼을 약속한것이불교 결혼의 시초입니다 그런까닭에불교에서 결혼을결코 반대하는것이아닙니다 불교에서는 불교도다운불식(佛式)의 결혼이잇습니다 그러타고 무슨 특별한의식이 잇는것이아니요 부처압헤서 결혼을맹서하는데지나지못하는것입니다

◇……

저도 결혼식은 불교식으로 하엿고 피로연은 폐지하고 래객에게 기념의 뜻으로 과자를 노낫습니다 지금 흔히들 하는 료리집 피로연은 찬성할수 업습니다 여러손님을 청해다노코 시간을 무작정하게 허비해가면서 식은 음식을 대접하는것은 오히려 손님에게 대한 푸대접입니다

◇……

경제적 리유때문인지는 알수업스나 근래불교식으로하는 결혼식이 만습니다 절에서결혼식을 한뒤에 그자리에 눌너안저서 절음식으로 간단한 피로연을 손쉬웁게 할수 잇는점이 편리하다면 편리한까닭이겟지요

◇……

아마 결혼식에 청치안흔손님만히 오기로는 조선 가튼 꼿이 업슬것입니다 불가불 청해야할만한 사람에만 초대장을 째우고 몃々히지만 모힐나고 계획햇든 결혼식에 아는사람 모르는 사람할것업시 덥허노코 모여드는때는 참 질색할 노릇입니다 잘아지도 못하는 사람의 결혼식에 무슨 긴요한일이 잇다고 그리들 모여드는지 오는사람들의 심리를 도모지알수업습니다 그러키때문에 크게써버리지안으랴든 결혼식도 남이 써버리게 만들어주는수가적지 안습니다 그러케되면 간단히 해치우랴든 피로연 역시 생각지안엇든 손님으로 인하야 예정햇든돈이 멧갑절 더 랑비되는지 모르겟습니다 으레히 그래야 될일이지만은 외국에서는 초대밧은사람이외에는 한사람도 더오지안는답니다 그래야만 질서잇게 시간과돈을 효과적으로 쓸수잇슬것입니다

◇新婦두사람◇…운남(雲南) 고유의 복장은 소위 지나복과는 좀다릅니다 그러나 사진은 갑비싼 지나복을 몸에감은 운남지방의 신부두사람 황금을 장식한 화려한의상은 우리들의 상상조차할수업시 고가입니다

朴允進, 「"나의 結婚"과 "結婚觀"[4] 불교에서는 불교식결혼식」, 『매일신보』 (1936.09.22), 3면

"나의結婚"과 "結婚觀" (4)

무어니〳〵하여도 신구절충이제일 피로연은간단한다과로

女子基督靑年會聯合會總務 兪珏卿氏 談

결혼이라는것도 시대의변천을 따라 거기대한생각이나 형식이변해갈것은 정한리치로지금 사람들의결혼에대한 생각혹은 형식은예전노인들이 꿈도못꾸엇든것임에 틀님업습니다그와 마찬가지로 예전우리가 결혼햇슬때일은 요새젊은사람들노는 상상도못할것이기때문에지금생각해보면 우숩기짝이어습니다

……◇……

지금은 기독교식결혼식이면으레히양복례복입은 신랑과면사보쓴신부가 주례목사압헤서식을거행하는것으로 정해잇습니다만은내가 결혼할때에는 기독교식은 기독교식이면서도· 족도리쓰고 활옷입은 신부와 사모관듸한 신랑이 「프록코ㅣ트」입은 목사압헤서 결혼식을햇습니다 지금 생각하면 우숩지만은 그때는 그것이 진보적인 결혼식이면서도 조선과가적합리적인신구절충식의 결혼식이엇습니다

……◇……

그때에도 나는 피로연을고만두엇습니다 물론 내 단독의사로 한것도 아니지만은 피로연을 폐지한것은 지금생각해도 잘한 일인주노 압니다 분에넘치는 피로연은 나는절대로반대합니다 요새흔히보는 료리집피로연은 어느점으로보든지 찬성할수업습니다 비용이 만히드는것이라든지 사람을몃시간식 기다리게하는것이라든지 준비하는 시간관게로 자연히식은음식을 대접하는것등도모지 결혼을축하하는 연회라는 기분이 나지안습니다

……◇……

허례를 위한 그러한피로연보다 차라리 서양사람들모양으로 간단한다과를 대접하는것이 조치안을가합니다 일건 결혼식에 참례하려온 친한친구들은 그대로보낸다는것도 좀섭섭한일이니까 약간의 다과를 대접하는것은 조흔일인줄로압니다 조선에잇는 선교사들의결혼식을보면 친한친구들이 모여서 식을거행한다음식장에서 나가는길노 안지도안코 그대로슨채다과를 먹고나갑니다 도라갈때에는과자를한쪽식싸서 주는데 그것을가지고가서 벼개밋헤 너무고자면결혼식의 꿈을꾼다는것이그들의 풍속입니다

……◇……

결혼에 대해서도 나는 신구 절충을 주장합니다 즉 자유결혼과 중매결혼을 절충해서하는것이 조타는 말입니다 당사자들의 의사를무시하는중매결혼은 자미업고 자유결혼은 또한자유결혼대로 폐해가 잇습니다 그들을 절충해서당사자들의 의견도존중하고 부모들의 의견노무시하지안토록 하는것이 가장타당한 방법이 아닐가합니다

◇瑞典의新婦◇ 성장(盛裝)을한「스웨ㅣ덴」의 신부입니다 훈장모양으로 가슴에느리운 장식은 행복한 결혼식을 축복하는 상징입니다 극히 질소한 결혼복장은「스웨ㅣ덴」녀자의 성경을 말하는 것갓습니다

九월十八일부 金禮齋氏 談의最終段「딸아이를 출가식힌적이」云云이라한것은「아들을 장가드린일이」의誤植이엿습니다

兪珏卿, 「"나의 結婚"과 "結婚觀"[4] 무어니무어니하여도 신구절충이제일」, 『매일신보』(1936.09.25), 3면

"나"의 結婚"과 "結婚觀" (5)

관혼상제에 돈을너무씁니다

피로연대신긔념품을

同德女高普 宋今旋氏 談

례의(禮儀)를 존중하는것도물론 조흔일이니다만은 조선사람은 관혼상제(冠婚喪祭)에 너무 지나치게 돈을허비합니다 어떤통계에서보니까 중국사람은 수입의二十「퍼ㅣ센트」를 일본사람은二十五「퍼ㅣ센트」를 영국사람들은 一「퍼ㅣ센트」를 각각관혼상제에 소비한다고하는것을보앗습니다 아마 조선사람은 중국사람보다한술더떠서 수입의三十「퍼ㅣ센트」이상을 소비하고잇슬것입니다

사실 지금 조선 사람의처지에 어듸체면 채리고 살게되엿습니까? 체면도 차릴만해야 차리고살지 그러치못한 처지에 체면만차리려들면 무얼하겟습니까? 가뜩이나빗이 만흔 조선사람들이 관혼상로 인해서 빗을 질머지는것을보면 참썩하기짝이 업습니다

결혼식이란 일생에 한번되는일이니 그야물론 성대하게하고 십흔것도 사실입니다 그러나 아모리 일생에한번되는일이라고해도 자기의처지가 허락지안는것도 불고하고 빗을저가면서 힘에겨운일을억지로할필요가 무엇인지모르겟습니다 더군다나 조선어머니들은 딸한나를 시집보내려면 몃해전부터 옷을해서싸어두어야될주노아니 썩합니다 신부가 의복을만히해가지고오는것을 자랑하는 습관은폐풍중에도 큰폐풍입니다 결국은그옷을다입지도못하면서 무엇때문에 그리 옷을 치해가지고가는지 모르겟습니다

◇丁抹의新婦◇ — 막 식장에 나가려고 준비를 마춘때입니다 허망과 기쁨에 빗나고잇습니다 검은옷은 북구인(北歐人)의 견실함을 말하고잇습니다 손에들은 꽃은 무엇을 상증함인가?

결혼식에 초대하는 사람은 불가불 청해야만 할사람만 초대하는것이 좃습니다 초대장을 너무싸게 만히 발행하는것은 도모지 의미업는 일입니다 올사람 안올사람 구별할것업시 안면만잇는 사람에게는 전부 초대장을 보내니까 자연히 오는 손님들도 고르지못하고 식장도소란하게 됨니다

료리집에서하는 피로연은 자미업습니다 손님에게 섭섭지 안케하랴면은 긔념품가튼것을 나노어 주는것이 조치안을가합니다 한번 어느 결혼식에 참례해보니까 초대장과 기념품을 교환해 주는데 퍽조케 생각햇습니다 그러케하는것이 섭섭지안케 손님대접도하고 시간도 절약되고 여러 가지로 편리한 점이 만흘것입니다

내가 결혼한지는 벌서 十여년전입니다 신구절충식이랄가 진으로 목사님을 청해다가간단하게 하엿습니다 례식방법이 하도만흐니까 무슨식이어떠타고할수는 업스나 될수잇스면은 간편한 방식으로 통일하는것이 조흘것갓습니다

宋今旋, 「"나의 結婚"과 "結婚觀"[5] 관혼상제에 돈을 너무 씁니다」, 『매일신보』(1936.09.26), 3면

"나의結婚"과 "結婚觀" (6)

결혼은일정한 「례식이필요하나」

피로연은절대로불가

啓明俱樂部 朴勝彬氏 談

결혼의 형식도 그시대의사상을따라 변하는 것이겟지만은 지금 우리가 쓰기에는 게명구락부(啓明俱樂部)식이 간편히 쓸수잇는 형식일것 갓습니다 몃해전만 하야도 구식으로하고 십흐나 사회적으로 정해논 이러타할 형식이 업섯기때문에 마음에 업는종교신자노릇을하야 결혼 당일만 엇떠한 종교의 신자가되는사람이 만엇습니다 인생의 가장 중요한 출발점인 결혼식으로 비량심적인 허위적행동으로 행해서야 어듸씀일인니가? 그런점으로 보아서 와전치는 못하나마 게명구락부식가튼일정한 형식으로 제가해노키때문에 이러한 폐단업서진줄노 압니다

◇……

결혼이란 물론 결혼하는당사자로서는 일생에 가장중대한 일이겟지만은 그러나 그것은 결국가족적 사실에 불과하는 것이지 결코 사회적 사실은 아닙니다 그런고로 결혼하는 사실을사회적으로 크게 떠들 필요는 조금도 업습니다 시간을 절약해써야할세상에 청첩을보내여 일々히 남을청할 것이아니라 그저 자가의 결혼을 피로하는 형식으로 이터저러하게 결혼식을 하노라 하는 통지하는데 지나지못하는서장을 돌우는것이 올흔일인니다

◇……

피로연에 대하야서는 나는 절대로 반반합니다 피로연에 따르는 폐해는 이로다 말할수업고 그란잡한 현상은 일일히 들수는 업스나 좌우간 나로서는 결혼식에는 참례하는일이 잇서도 피로연에는 일체로 참례안하는것을나의 준측으로 삼고 잇습니다 피로연의 말폐의 하나로 소위 신랑을 달어 먹는다것이 잇습니다 이것은 반대할뿐만아니라 나는 증오하고 잇습니다 말은 축하하는 의미로 하는 짓이라고 하지만은 그심정이 비루하고 악하야 무뢰배적 행동에 지나지안는 것으로 이런것은 사회의힘으로 절멸식혀야할것인줄노압니다

◇……

조선사람들은 자기자식을 삼고서도 며누리를한집안식구로 취급을 하지안습니다 아들딸나코 시부모도 도라가고 다늙은 뒤에야 겨우 자기집이될가 늙기까지는 며누리는 자기집이 업습니다 즉 시부부들이 며누리를 색안경쓰고 대합니다 나는일상주장하기를 며누리를 딸을 삼으라고 합니다만은 친딸가치 녁이기위해서는 위선며누리를대하는형식부터고처야합니다 즉딸에게 대하는모양으로 일홈을불으는 것이 가장효과적인방법입니다

◇……

며누리가 가저온 의복이나 즙기를 자랑하고 이것을 전람(展覽)식히고 품평(品評)하는것은 큰악풍입니다 이러한 폐풍때문에 서로화려하게 하기를 경쟁하야 여기에따르는폐해가 실노큼니다 그러키때문에 며누리의 물건은 어머니라도 보지못하게하는 습관을길너노아야하겟습니다

◇……

나는 아들들은 결혼시킨경험이잇습니다 식은 게명구락부식으로햇고 처음에는 한번 피로연을 햇섯스나 그후로는 폐지해버렷습니다

◇西藏의新婦◇……신비의나라

서장 여기사는 사람은몽고인(蒙古人)에속합니다

그서장상류게급의신부一치마에그특장이잇습니다

朴勝彬, 「"나의 結婚"과 "結婚觀"[6] 결혼은 일정한 례식이 필요하나」, 『매일신보』(1936.09.29), 3면

"나의結婚"과 "結婚觀" (7)

이왕남의것을 본바드라면 철저하게 본바드시요

監理敎牧師 梁柱三氏談

결혼식을 일정한 형식의것으로 간이(簡易)회한다는것은 적어론이 잇드래도 국가에서 뎍단히 필요한 일인줄노압니다 명령적으로 실행 식히기 전에는 일조 일석에 고치기는 어려운줄노 압니다 다 그러나 그것이 어듸그러 쉬운일입니까? 무엇이나 말노는쉬우나 실제로 실행하기는 어려웁지마 아모려 사회 물론 자기의종교를가진사람은 일정한 종교적 례식에 의해서 하지만은 그러치안흔사람은 다각々자기류의 례식으로 별々형식들을 취하니까 자연히 통일되지 못할수밧게업습니다 말하자면 지금 현상으로는 조선에는 례식·례법이 업는 세음입니다

◇……

그러나 소위 신식(新式) 결혼식 이라는 것을보면 어느것을물론하고 입는옷이라지 행하는 절차가 전부 서양(西洋)식을 본바든것 갓습니다

이왕 서양식을 모방할테이면 철저히 모방하지를안코 중왕나게 모방한것이 큰탈입니다 내가 미주(米洲)에가서 근十년잇는동안에 여러차례 그들의 결혼식을 구경햇지만은 조선사람과가튼 결혼식은못보앗습니다

◇……

수백명 손님을 청해노코 그 교회당에서 성대히하는 결혼식은 극히 드믈어서 나도두어번박게 보지못햇습니다 경제적여유가 썩 넉々한사람이외에는 태개 신랑신부와 증인(證人)무서너 사람이 목사나 목사입회서 간단히행합니다 결혼 허가증과 증인만 잇스면 목사집안방에서든지자기집에서든지 어데서나 간단히 행할수 잇습니다 대부분은 이러케 간단히 하는것이 상례이고 청첩을 돌니고 손님을청해서 교회당에서 좀[illegible]게하는 례식에도 조선모양으로 청첩을 二、三백장식년하장(年賀狀)돌니드시 박여돌니는법은 업습니다 청첩을 바든 사람은반듯이 례물(禮物)을 보내는 법인고로썩친한친구 이외에는 함부로청첩을 보내지안습니다 례식이씃나면은 결혼식은 씃난것이고 다시 무슨 피로연은업습니다 례식이 씃나고 신혼려행을 써나는신랑신부를 보내면은고만 입니다

◇……

이전과가터 조혼하는악습은 만히 업서젓지만은 아직도 조선사람은 자기가자력으로 결혼하는사람이적고 부모들이 식혀주는 결혼식이기 째문에 과대한비용을쓰는 것이 아닌가합니다 자기일은 자기가한다는 자립(自立)하는 정신이 강하야 자기의 손으로하는 결혼 일것 갓흐면 일생을 크게써버리는 사람은 별노업슬것입니다

◇……

내가 결혼 하지는벌서 오래전 일입니다만은 동대문례배당에서 기독교식으로 햇습니다 그때 피로연을간단히 햇는데 비가오기째문에 손님도 적게오고해서 아조 집안써리의 조그마한 잔치를 햇습니다 그래도 빗을지게되여 한참 곤난햇섯습니다

◇「자바」의結婚式行列◇

……아마 로후(土候)나부호에속하는 신랑신부일것입니다 손 필 목 머리할것업시 금은주옥으로어엽부게장식하고 여러하인을거나린풍경은「자바」에서가아니면 볼수업슬것입니다 조선의풍속과흡사한일산(日傘)도자미잇지안습니까

梁柱三, 「"나의 結婚"과 "結婚觀" [7] 이왕남의것을 본바드라면」, 『매일신보』 (1936.09.30), 3면

"나의結婚"과"結婚觀" (8)

속임업는결혼 이해잇는결혼

형식보다도장래의 화락이제일

金泰治氏談

몰으는 사람끼리 맛나서한 평생을 질겁게가치지내이려면 형식보다도 무엇보다도 그내용이제일일것입니다、그런고로 첫재로 이해(理解)잇는사람끼리 맛나서 이해잇는 결혼 속임업는결혼을 해야할것입니다。재래의·결혼에는—지금도 그럿습니다만은—실로 그내용의허무한 결혼이만헛습니다。체면이니 무엇이니하야 서로 속이려도들고 혹은 중매쟁이 간게에 너머가기도합니다。심지어는 선을볼때에 큰집에다 리고가서 아조거기가 자긔집인체하고 뽐내이는일까지 잇답니다。아모리 그러드라도결국 결혼하고나서는 모다알일이요 그때가서 그결과가엇써켓습니까 결국은파란이생기여 잘못하면 몸을 망치고집안을 망치고 하는것입니다 그런고로 첫재조건은 서로잘알고하랴는 것이라 생각합니다

◇

둘째로는 생활의 안정—가정을 이룰수잇는정도의 생활의 안정을 어든후에 하라는 것입니다 그런고로 싸라서연령도 녀자는 二十二三세남자는卅전후가 적당하다고생각합니다

그저 나히가 들엇다고 아모생활능력도 업는분을 결혼을 싯키는일이 만으니 결국 고생을 사는것과 마찬가지일 것입니다 독립할수잇기전에는 절대로 결혼는 하지말것이라고 생각해야 합니다

로인네들이 손자보구십흐니 며누리보고 십흐니하야 아직 학적에 잇는사람이나 또는 구습을싸라 나어린이를 장가드리고 시집보내는것은 인제부터는 절대로 폐해야 할것입니다

◇約婚式마친아가씨◇ 로서아에서는 약혼식에 종교적(宗敎的)인것과 가족적인것의 두가지가 잇습니다 사진은 가족적인 의식에 요하는복장을입은 로서아시악씨

—×—

형식은 어떤 형식을취하든지좃습니다 불교식이면 불교식기독교식이면 기독교식 사회식이면 사회식—각각 밋는바를싸라거행하시면 좃습니다만은 그런것은 하여간에 목표로할것은 간이화(簡易化)라는점이여야 할것입니다 잇는사람이면야 별문제 업습니다만은 아모리 평생에 한번일이기로 빗까지 내여서 식만굉장히 할것이무엇입니까 그보다는차라리그돈으로 새로운생활을건설하는것이 적당할것입니다 불교식이라면 법당에가서간단히 거행할수잇는데 최장한도二三十원이라도 능히 거행할수잇습니다 그러케하면 족하지안습니까 그것이오히려 점잔코엄숙하고 공연히모혀서 써들석하는것보다 훨신나을것입니다 그것을공연히돈을드리고 또집에가서는 구식으로폐백을드리느니 무엇이니 하야 허다한비용과시간을 허비하는 것은 참의미업는일입니다

—×—

나도 불식으로 법당에서간단히결혼식을 거행하엿습니다 물론『모ㅣ닝』이니 무엇이니 그런것도 입지안코 그저정하고 수수한 조선의복으로 간이하게 마첫습니다 안해는 때때로 너머 검소햇다고 말을 할적도잇스나 그러타고 별로 그것때문에 가정풍파가 생긴다든지 하는일은업습니다그것이결혼의최후의목적이아닙니까

金泰治, 「"나의 結婚"과 "結婚觀"[8] 속임업는결혼 이해잇는결혼」, 『매일신보』(1936.10.01), 3면

"나의 結婚"과 "結婚觀" (9)

상대자의 인격을볼것

외화만보지말고

中東學校長 崔奎東氏談

결혼의첫재문제는 상대자를어떠케택하느냐 하는점일것입니다 외국모양으로 남녀간에자유스러운 교제를할기회가만히 진정한의미의 자유결혼을할수 업는조선에서는 아모래도남의 소개로상대자를 택할수박게업슬것입니다 상대를 택할때에는다른것은가릴것이 업지만은 혈통(血統)과 교양(敎養) 만은보아야 할줄노압니다 혈통이라고하여도 가문이나게급적귀천을 가린다는것이 아니라 건강하고무병(無病)한혈통과 가정적교양이 잇는사람을 택하는것이 조타는말입니다

◇……◇……

파경지탄(破鏡之嘆)이 일어나는리유는 요컨대 결혼당초에 당사자들의태도가 신중치안흔까닭인줄로 압니다 상대될사람을 자기와 백년을 가티할수잇는 참된의미의 반려자를 택하지안코 것흐로 보이는 미(美)와 돈과지식만을 보아서 택하는 까닭에 실패하는줄로압니다 얼골의미추와 문자지식의 다소가 사람의 됨됨이와 즉 그인격과 무슨상관이 잇겟슴니까

◇……◇……

결혼형식에 대해서는 신구식을 물론하고 무슨식으로하든지간에 자긔의 경제상태를충분히 고려하야 자긔의분수에 맛게 해야할것입니다 여러사람을불너코 무슨집회소나공々한곳에서 크게식을거행한다는것은 좌우간 우리들의처지로서는 과분한 일입니다쓸데업는 허영심에 쎄워그러케들하는것이겟지만은 결혼식에허영심을 만족시킨다는것은참으로치기만々(稚氣滿々)한짓입니다 청첩을 만히보내서 축전이 만이오는것을 큰영광으로 알고될수잇는대로식을굉장하게해야만 조흔줄노아니축전의다소와 손님의다소가 신랑신부의생활과 무슨 관게가 잇습니까? 형식이야 어쌔튼지간에두사람의 생활만 행복하면 고만일것입니다 소위 신식으로 하는 결혼식은 으레히 공석을 빌어서 하는것으로된모양이나 그러케할것업시 주례하는 사람을 집으로 청해다가 대청에서 진안씨리 간단하게 하는것이 조흘것입니다

◇……◇……

나는 쌀둘과 아들하나를 결혼식힌경험이잇습니다 쌀둘은 집에서 구식으로햇고 아들은 교회당에서 기독교식으로햇습니다

◇諾威의新婦◇……『노르웨이』의 전형적미인 금은을 장식한 묵어운모자 이야말로 초현대적 장식입니다 밝고 명랑한눈에는북구인(北歐人)의 순정(純情)이 넘처흐릅니다

崔奎東, 「"나의 結婚"과 "結婚觀"[9] 상대자의 인격을볼것」, 『매일신보』 (1936.10.03), 3면

"나의結婚"과 "結婚觀" (10)

참된결혼은 상대를리해하고 공명해야한다

朴貞姬氏談

천생연분이니 엇저니하야 결혼이란 사람의힘으로는 어써케좌우할수업는 생(生) 사(死)와 마찬가지로 엇떤신비(神祕)한 힘에 의해서 인연이 매저지는것 가티 생각하는것이 보통입니다 그야 숙명론(宿命論)적으로 말하면 길에서 만나는 사람하나라도 모다숙명적이 아닌것이 업슬것입니다 결혼이란 사람의 일생일대의 중대한 일임에는 틀님업습니다 그러니만큼 천생연분이니 엇저니하야 타고난 팔자소관에만 돌닐것이아니라 사람의 힘이자라는때까지 결혼하는 당사자들의 행복을위하야 노력할것입니다

……◇……

검은머리가 파뿌리가 되기까지 남녀 두사람이 행복하게 살어가는데 첫재 조건은무엇보다도 서로〳〵 완전한리해를 가질것입니다 서로 리해 한다는것은 말로는 쉬우나 사실로 어려운일입니다 상대자의 인물, 성격, 취미기라 모든것을 리해하여야 합니다 리해할뿐만아니라 거기 공명해야 합니다 억지로 꾸미여 의식적으로 공명하는것이 아니라 참마음속으로 부터 울어나오는 공명이 필요할니다 두사람의 성격이며 취미며 생활의식이며 인생관이 똑가티 공명될수 잇다면 그러한 결혼이야말로 참으로 행복스러운 결혼일것입니다 설혹이 조반석죽으로 의식(衣食)여의치못하고 의지할 집이업다고할지라도 그결혼생활은 다시업시 행복할것입니다

……◇……

이러한 결혼식은 진정한의미의 자유결혼! 상대자의 인격을 철저히 잘안뒤에 하는결혼이라야만 그러한결과를 어들수 잇슬것입니다 그러나아직조선에서 상대자를 철저히 리해할만큼 오랜 교제를게속할수 잇는사회생활이 전무합니다 외국모양으로 소학교시대부터 남녀가 가튼자리 가튼환경에서 동모로써 사괴이고 동모로써 정당하게접촉할 기회가업습니다 설혹 성년된 남녀가교제할기회가잇다고 하더라도벌서 상대를색안경으로 보는 버릇을 버리지못합니다 당사자들도 그러코 일반사회의 눈도그럿습니다

……◇……

설사 소위 자유결혼에 의한 결혼이라도 또는 약혼한뒤에 오랜 교제기간을가진 결혼이라고할지라도 임이 면인으로써 장래의안해로써 색안경을 쓰고 보는까닭에 상대편의 진정한 모양은 보지 못하고 그아름다운 점만을 보고맙니다 아름다운점만을 보앗다가 결혼후에 결점이 차차들어나게되면 그곳에 파란이생기는 것입니다

상대의 결점도 잘알지만 그래도 나의 반려자로 적당하다고 인식하게된다면 조흔 것이나 이러케되려면는 사회 전체의 생활이변하기전에는어렵습니다그런의미에서 조선에는 아직진정한의미의 자유결혼을엇다고할것입니다

◇

결혼의 형식이야 도모지문제가되지를안습니다 형식은 엇더튼지 필요에따라 변할수잇는것이아닙니까? 무슨일이고간에내용과상관업는 그형식은 간단한것이 조슴니다 결혼생활자체와는 털끗만치도 상관이업는형식은 되도록간단히 가족적으로하는것이조슴니다

◇結婚行進曲◇…무슨 광고의 음악대갓습니다만은 독일어떤시골의 결혼식음악대일행입니다 신랑신부를 축하하는 기쁨의 멜로듸ー는 이마을방방곡곡으로 숨여들어갑니다 근대인에게는 너머나 순진한풍경

朴貞姬, 「"나의結婚"과 "結婚觀"[10] 참된결혼은상대를리해하고 공명해야한다」, 『매일신보』 (1936.10.04), 3면

"나의 結婚"과 "結婚觀" (10)

책임감을느씨는 결혼이라야

조선색이 농후한 구식결혼이 조타

鄭求忠醫院長 鄭求忠氏談

나는 결혼의 첫재조건은 책임감(責任感)이라고할하고십습니다 절대적인 책임감을가지고하는 결혼이라면 자유결혼이고 인습적인 결혼이고간에 절대로 파탄이 이러날가업슬것입니다 서로서로의잇겨슬밋고 의지한다면 권태기가 온다든지 참기어려운 곤난이 닥처온다하드래도 파경지탄(破鏡之嘆)이 이러날까닭이업습니다 인습적인 결혼보다도 오히려 지식계급의소위자유결혼이 나종에 불행을가저오는일이 더만흔것은 생각해볼문제입니다 새로운시조의 형식만을배호고내용은배와오지안는데서 생기는 폐해이겟지만은 다른사람이 중간에스지안은 자유결혼일수록 그결혼에대한 책임감이 더커야할터인데 오히려 그와반대되는 현상인모양입니다

……◇……

결혼의 형식역시 남의 형식을 덥허노코 그대로 모방한다는것은 찬성할수업습니다 그것도 어쎄한종교신자가되여서 자기가신봉하는 종교예례식을따라 례식을 거행한다면은 별문제이겟지만은 그러치도안코 소위 신식으로하는결혼식은 보기에 어색하기짝이업습니다 그러케하는것보다 차라리 조선색(朝鮮色)이 농후하고 조선맛이 나는 순구식의 례식은 합리화(合理化)식혀가지고 하는편이 얼마나 나흘지 모르겟습니다 부자연스럽고 거북한 신식보다 그편이 우리 조선사람에게는 훨신 합리적일것입니다

……◇……

결혼식장이 엄숙하지못하고 무슨구경거리 모양으로 경박한 공기로 싸차는것은 대단히 자미업습니다 좀더 엄숙하고 신중한례도로 식장의 분위기를 쑴여야 하겟습니다 이러한 의미에서도 소위신식 결혼식에서 의미모를장식으로 주렁〳〵매달여놋는데 찬성할수업다는말입니다 피로연이란 말하자면신랑신부를 축하하자는의미에 잔채인데 신랑신부를축하하는 기분은 조금도보이지안코 법석하게써들고먹는것으로만 위주하는피로연은좋고만두엇스면 조켓슴니다

……◇……

내가결혼한지는벌서오랜일이니무어 말할것이 업습니다 조선구식으로 족드리한일과 기력이아범을세우고 장가를갓습니다 피로연은 간단히집에서 햇습니다

◇花冠◇……독일「슈왈즈발트」지방의 신랑신부。꼿으로 장식한 모자를쓰고 엄숙하게 걸어잡니다。여자예복은 순독일식으로 대단히간소(簡素)합니다

鄭求忠, 「"나의 結婚"과 "結婚觀"[10] 책임감을느씨는 결혼이라야」, 『매일신보』(1936.10.06), 3면

"나의 結婚"과 "結婚觀" (12)

외화만보지말고 신의잇는마음을

결혼형식은통일하라

天道敎會 李鍾麟氏 談

결혼문제가 화제에 오를때마다 늘 하는소리 입니다만은 오늘날 젊은사람들이 결혼생활에 파란을 이르키는 리유가 공통합니다 남자측에 말을들어보면「도모지 아는것이업스니 가치 살수가잇소! 교양과 지식이 업서 가지고야어떠케 남편을 리해하고 자식을키운단말이요」이런 리유를 누구든지 내세웁니다 말이야그럴듯하나 이것은 외면적리유이요 실상은 얼골이 엡브지안흔까닭에 배척하는데 지나지안습니다 교양이니 지식이니 하지만은 얼골만 엡쌔보십시요 그런 녀자는가갸뒷다리도 몰나도 무조건하고 환영할것입니다

……◇……

또 녀자측에 리유를 들어보면 그 공통한 리유가「마음이 부랑하야 자기의진정을몰나준다」는 것입니다 그역시 것흐로 내세우는리유에 불과하고 사실은 돈이업는까닭입니다 돈만 만히보십시요 코가 쌔두러진 남자일지라도우리남편이 제일이라고 그럴것입니다

……◇……

사람은 눈에보히는 외화보다도 그마음을보아야합니다 것흐로 보이는것 즉「눈」하나만가지고 일륜대사를 결정해서야 어떠케 하겟습니까? 그마음을보아신(信)과의(義)를가진사람을 택해야할것입니다

……◇……

내 아들을 결혼시키느라고 자미잇는 경험을한일이 잇슴니다 집안사정상비교적일즉시결혼을시켯는데처음에는 중학교를졸업한 신녀성이 아니면 절대로 결혼을 안하겟노라고 강경하게 고집을 세웟습니다 그러나 지식보다도 마음을보아야한다고 천천히 그마음을 돌니케하야 보통학교도 단여보지못한 농촌녀자를 안해로 마저주엇는데 처음에는 낫을 찌푸리드니 결혼한지 삼년후에야 나에게와서 고맙다는말을 하는것을 보앗습니다

……◇……

결혼형식에 대해서는 별다른 말슴을 드릴것이업습니다 위선 우리의 급무는 형식을 일정하게 통일할것입니다 사람을갓다 뭇는것과 장가가고 시집 가는일은 아모리 미개한 민족일지라도 일정한 형식이 잇슬것입니다 그러나적어도 四천년의 문화를가젓다는 조선사람들의 오늘날혼인이나 장례의형식이 그게무엇입니까?각인각색형용색색의착잡한형식은 말하기에도 부끄러웁습니다 사회적으로 여론만통일되면일정한 형식으로 통일하기도그터어려운일도 아닐것인니다

◇結婚行列◇……불란서 시골에서는 여러쌍의 부부가 한거번에 결혼식을거행하는일이 흔히 잇습니다 식을 마치고나서는 동리거리를 서로붓잡고 행렬을지여 다닙니다 그날밤의 피로연은 실로 성대하게 거행된답니다

李鍾麟, 「"나의 結婚"과 "結婚觀"[12] 외화만보지말고 신의잇는마음을」, 『매일신보』(1936.10.07), 3면

"나의 結婚"과 "結婚觀" (13)

서로잘리해한뒤에 ─경제적인결혼을─

조선민속에적당한 형식을만드러내자

徽文高普校長 李昞圭

결혼이란 형식은 어쩨튼지간에 두사람의 생활만행복하면 고만일것입니다 그러나 잘산다는것은 말노는 쉬우나사실에 잇서서는극히 어려운지라 결혼하는사람치고 잘살기를바라지안는사람은 하나도 업건만 백이면백사람이 다 잘살지를 못하고파란이생기게 되는일이 종종잇는것갓습니다

……◇……

잘살어야할 신혼부부가 그러치못한것은 무엇보다도 서로 상대를 아지못햇든까닭에 탈이생기는것인줄노압니다 그러기에 결혼전에 서로상대를리해할수잇도록 교제하는기회를 만들어주는것이 부모되는사람에할일이고 당사자들의할일이겟습니다 그러나상대를리해한다는것은 약혼기에잇는 젊은남녀에게는 극난한것이여서입으로는그만하면 그사람의성격을다알엇노라고 장담하든사람들이 곳잘고장을이르키는것을흔히봅니다

……◇……

결혼형식이 조선과가티 천가지만가지로 착잡한곳은 아마세게에서 그류가업슬것입니다 인륜대사에 일정한형식이업서서야 큰수치가아니고 무엇입니까? 일정한종교의 신자가되여 그종교에서소정한 형식을 따른다는것은 별문제이겟스나 그러치 못한사람들은 조선민속(民俗)에가장적합한 합리적인 일정한 형식으로 정해노코 그대로 하는것이 조흘것입니다 요새흔히하는 사회식결혼이라는것 역시 기독교식으 흉내 낸것인까닭에 좀어색한감이 업지안습니다 필요에응해서 결국은 생길것이겟지만은 조선고유의풍속 습관에적합하면서도 엄숙하고 간단한 형식을 정해놋는것이 대단히 필요한일입니다

◇『체코』國의新婦◇……령리한눈초리『모나·리자』의 미소를 생각케하는 굿게담은입 건강을상증하는 두뺨 기뿜을가슴에안고 화려하게장식한 신부─『체코』국은 지금이신부와가치 신흥(新興)의히망에불타고 잇습니다

……◇……

피로연은 절대로 반대하는 사람도 잇는 모양이나 면면친지들을 모아노코 자기의힘으로 감당할만한 잔채를 베프는것은 조흐리라고 생각합니다 그러나 분수에 넘치는 큰잔채를 하거나 신랑을 강제로 더리고 료리점으로가서 행패를 하는것은 절대로엄금할 일이라고 밋습니다

……◇……

내가 연배살쌔에 결혼한후로는 아직 집에서 결혼한일이 업슴으로 별노 경험담은 드릴것이 업습니다 물론 내 결혼은 순구식이엿습니다 그러나 너무 오랜일임으로 기억에 잘 남지를 안습니다

李昞圭, 「"나의 結婚"과 "結婚觀"[13] 서로잘리해한뒤에 경제적인결혼을」, 『매일신보』(1936.10.08), 3면

"나의結婚"과 "結婚觀" (14)

인생의행진곡은 결혼에서부터

결혼생활의네가지주의

中央佛專學監 金敬注氏 談

인생이 나고 죽는것이 큰일이라면 결혼역시 큰일의 하나요 립신양명(立身揚名)이 기뿐일이라면 결혼은 또한 그에 지지안는 기뿐일입니다 왜그러냐 하면 사람의만사는 결합하는데서 성공이잇고 분리하는곳에 실패가잇는법인고로 날느는새의 두날개와갓고 굴으는 수레의 두박휘와가튼 결혼이 잇슨 다음에야 인생의완전한 행진이 가능한것입니다 불교에서는 이결혼을 일연의화합(因緣化合)이라고 보는데 결혼하는 그날부터 사해쟁화(四海淨化)를 위해서 일층더분투노력할 의무가 잇슴으로 기뿐결혼은 동시에 고의시작(苦之始)이라고 하겟슴니다 그러나 불교에서는 일시의락(一時之樂)은 괴로움의근원이라고 봄으로 설사 결혼이 고의시작이라고 하여도이세상 모든일은 다괴로운 것이라고 대승적(大乘的)견지에서 다시 이것을 볼때에 그괴로움이즉 락으로 화하는 것입니다

……◇……

결혼 형식은 예전보다 퍽만히 개량된것갓슴니다만은 아직도좀더 간략하게 하노록개량할점이 만은줄노 압니다피로연 가튼것도 간단한다회회(茶話會)형식으로하는것이 조흘것입니다

……◇……

불교식의 결혼식이라고 반듯이절에서 하는것도 아니고 특별한 례복이 잇는것도아닙니다 의복도다른예식과 마찬가지로 남자는례복 녀자는면사보를 사용합니다 다만 례식의 절차에잇서서 부처님압헤 서고문(誓告文)을 고하고 삼귀의(三歸依)를 행한다음 주례의 고유(告諭)를 불교 경전(經典)의말슴으로 할뿐입니다

……◇……

나의 결혼 생활에서 경험한바 평소에늣긴 몃가지를 말슴하겟슴니다 결혼생활을 하는데잇서서 첫재조건은 지성(至誠)입니다 인간만사가 지성으로 성공하는것과 가티 결혼생활을 성공식히는 첫재 조건이 지성입니다 둘재로는 부부지화는 가지비(夫婦之和家之肥)라는말과가티 단란한 가정을 맨이도록 할것인데 단란은 결국 인내(忍耐)의 소산이라고 하겟슴니다 셋재로는 지족(知足)할줄 알어야 합니다 서로 만족해 하는곳에 화평한 마음이 잇슴니다그리고 넷재로는 건강에 주의하야결혼전과 결혼후의 건강상태가가를수잇도록 조심할것입니다

◇

나는어렷슬때 구식으로 시골서결혼식을햇슴니다 번거러움고아해들작난과가튼 구식결혼식은지금 생각하여도우슴니다

◇新郎新婦◇

『모라비아』지방의 간소하고 순박한 민속(民俗)을알하는 그채림채림을보십시요 가슴에 넘치는 기뿜을숨기고 지금막식장에나가려하고잇습니다

金敬注, 「"나의 結婚"과 "結婚觀"[14] 인생의행진곡은 결혼에서부터」, 『매일신보』 (1936.10.09), 3면

"나의結婚"과 "結婚觀" (完)

참을인자가결혼생활의비결

「먼데사람끼리 결혼하는게조타」

朝鮮商業銀行頭取 朴榮喆氏談

나에게는 별로드릴만한 무슨 특별한 경험은업고 극히상식적인 결혼을가지고잇는데 지나지못합니다 조혼(早婚)이 악습(惡習)이라는것은새삼스럽게 말할여지도업는것이나 그래도 아직까지 근절되지는못한것갓습니다 조혼의 습관이업서지는데 딸어 자연히당사자들의 의견을 무시할수업게됩니다만은 아모리 부모들사이의 의사가일치된다하여도 당사자들의 의견을존중하야 결혼을작정하는절대권은 당사자들에게 주어야할줄노압니다 그리고결혼은될수잇는대로 먼데사람끼리하는것이조흡니다 남쪽사람은 남쪽사람끼리 북쪽사람은 북쪽사람끼리 하는것보다 편협한 지방색을버리고 서로멀니 어울니는것이 조흘일이라고 생각합니다

……◇……

결혼형식은 어느형식이고간에 무관할것갓습니다 나도 몃번 주례를해본일이 잇는데 대개 계명구락부(啓明俱樂部)식으로 햇습니다 종교신자가 아닌사람으로 신식결혼식을 한다면 아마도 그편이 가장간단한것갓습니다

……◇……

결혼식이 씃난다음에 즉시뢰로연을 하는것은 고만 두엇스면 조켓습니다 일썬 적중하게 례식을 맛춘뒤에 한잡한끼로연으로 엄숙해야할 결혼식의 기분을 망처놋는것은 절대로 찬성치못할일입니다 정 섭섭해서 뢰로연이 필요하다면은 수일후에 집안끼리 모여서 간단한잔채를하는것이 조흘것 갓습니다

……◇……

요새보는 신랑을 단다는 해괴한일은 예전에도 도모지 업든 일입니다 예전 신랑을 다는 풍속이 어듸 그런 못된 풍속입니까? 으레히 삼일은 지난뒤에 몃々친구끼리 모여서신랑을달고족장을때리는 습관이 잇지만은 그것은 결코 지금 보는것과 가튼그러한 악습이 아닙니다

……◇……

결혼생활을 잘해나가는 비결은 별것이 아닙니다 하나에도 참고 둘에도 참고 모든일을 참어 나가기만하면 만사는저절노 해결되는것입니다 사람이란 감정적동물인이상 살어나갈나면 자연히 충돌히안생길수가 업습니다 부々사이도 그러코 시어머니와 며누리사이가 그럿습니다 그러니참을인(忍)자 하나로 지내기만하면 언제든지 화평한가정을 이룰것입니다

……◇……

나도 물론구식결혼을 햇스며 우리집에서는 아직까지 제복입고 면사보 쓰고 「웨딩·마취」에 발마추어 결혼식을 해본일이 업습니다 집안 사정상 전부 가마타고 족드리 쓰는 구식결혼식으로 일관해왓습니다

◇『마케도니아』의新婚夫婦◇

『마케도니아』의 신랑신부가 『카메라』 아페 선 모양 『마케도니아』의결혼은 대개 노리째를 기회로 거행됩니다 잔치는 실로 굉장하게 차리는데 신랑신부는 문전에 나와서 객을 송영(送迎)하는습관입니다

朴榮喆, 「"나의 結婚"과 "結婚觀"[完] 먼데사람끼리 결혼하는게조타」, 『매일신보』(1936.10.10), 3면

結婚하기前과 結婚한後

세가지空想쯧헤 偶然한結婚

李元植氏夫人 金善

결혼전과결혼후! 내의실감(實感)을 속임업시말한다면 이럿습니다。

나희가 젊신젊은 처녀시대에는 먼저 사회사상을연구하고 사회운동이라도하야 세상에 일홈이 혁혁한 녀류혁명가가 되어보냐고도하고 한참은문학가중에도 시인이되어서 일홈을 드날려보겟다는생각으로 그어려웁고묵은 녯날순한문의 고문진보(古文眞寶)니 당시(唐詩)가튼책도 사본일이잇섯스나 그는 젊은시대의 누구나 흔이갓는공명심(功名心)과 명예심(榮譽心)에서 나온생각이엇슬것이고 또한참 녀자중학시대에 관립학교에잇서 교내교외를 물론하고 너무나 구속이심하고 검찰(檢察)이 지독하야 모든것이 부자유한중에도 교회에가보면 비교적 말하는것이나 생각하는것이 학교보다는 젊신자유로운곳이라고 보게되매 종교에대한 신앙심이 생기는 그때부터는 종교가가 한번되여보겟다고까지 생각하엿슬뿐이고 원래 우리집어머니께서 따님만 다섯이나 나으시고 아들을 두지못하시여 보통세상에잇는바와가티 우리가정에 딱뜻한맛이적은속에서 커낫기때문에 처녀시대에는 이위에말한그런생각에만 열중(熱中)하엿고 결혼에대하야서는 다소위협하게도생각하고 또는 반드시 결혼하려니 그러케도 생각지안이햇습니다。 그러나 또반드시 결혼을안켓다고 생각한것도 아니엿습니다。 따라서 남편을구하면 엇더한자격을구하고 결혼을하면 엇더케 하겟다하는 그런몽상도 별로그려보지안이햇습니다。 한말슴으로하면 결혼에대해서는

—(84)—

「結婚하기前과 結婚한後」, 『별건곤』 2권 2호(1927.02.01), 84쪽

그저막연한생각을 가지고잇섯다는것이 가장적당하겟지요。그러다가 우연한긔회로해서 지금남편과결혼케된것임니다。그러나 결혼하기전에도남들은 흔히 남자의뒤를·조사하느니 교제를오래해보느니 련애를하면서도 장래는 엇더케서로하고 엇더케 서로살자는리상을 만히의논하고 심지어 엇던이는 조건까지들어서 무슨채권채무의계약이나 국제조약(國際條約)처럼 체결하여노코결혼한후에 그러케리행치안하면 문제를삼아가지고트적거리는일까지잇다고 소설가튼데서도보고 또는 신문이나잡지에도 사실이각금발표되는모양이나 나는 도모지、그래보지를못햇슴니다。그때 남편이 내사촌아우와친한친구엿든 바 내사촌이내가미물만한사람이엿기때문에 그의친구이면 역시 미들만한남자이려니하고 얼마 교제를하는동안에사랑이생기고 리해가생겨서 결혼 하게되엿지만 물론 결혼후장래일이라고는 하나도의논해본일이업섯슴니다。지금생각하면 남과가치 그러케한번 리상도좀그려보고 장래도 좀의논해보지못한것이유감인듯합니다。말하자면 운명이업다하지만 결혼역시 한운명인듯해요。결혼

金　善　氏

젼에야 별별리상을다그리고 별별조건을 다그린다하지만 어데그대로될니까。또는 그와반디로 그저막연하게결혼하야도 평화스럽고행복스럽게 잘사는수도잇스니까요。

그러나 결혼젼에 이러케생각한일은 잇섯슴니다。남자는 떠고상하거니 그리고 부부간에는 반드시 주의나 취미가마저서 내가 조화하는것이면 남편도 옥당가티조와해주고 남편이 실혀하는것이면 나도역시실혀하려니 그러케생각햇섯지만 실지로당하고보면 나는 이러케햇스면조켓는데하고잇는데 남편은 저러케 하랴고하고 남편은 저러케하려는생각을갓고잇슬제 나는 이리하는것이 올치안을가하는틀리는점이 간간히잇슬때는 누구나 마음에 다소괴롬이잇슬것임니다。그러나 사람이란 자긔혼자생각하고행하는일에도 시시로어그러지는일이만흔데 아모리세상에업는부부이라기로리상리상과 취미취미가 꼭꼭서로맛기를 바라겟슴니까。그저 대체사상과주의만 서로어그러지지안이하면 소소한일에는 서로포용하고 서로리해하야나가며 살수잇스리라고 생각함니다。

그리고 남자의사랑은 결혼젼에는 정신적이던것이 결혼후에는 유긔적

(有機的)으로 변하는것갓고 부부간의사랑도 결혼후에는 흔히쇠한다하지만 결혼후 자녀를생산하면서부터 더욱 사랑이깁허질뿐안이라 자식을낫는것은 녀자의천직이라그런지 자식에대한 어머니의사랑이야말로 별다르고 그것으로인하야 더욱 부부의사랑을 심화(深化)시키며 부부의사랑으로하야 자식이 생겻거니하면 자식이더욱사랑스러워지는데 나도자식을 나어다가 일코는 젊은녀자로는 좀우수운말갓지만 얼마나 섭섭햇는지 몸까지파리해저서 지금것잡잡코잇다가 근일에와서야 겨우 건강이다소회복되어 도라다니게되얏슴니다 그러고보면 무슨애보다도 모성애(母性愛)야말로 천륜적애정인가함니다。

獨身主義로부터結婚에

崔元淳氏夫人 玄德信

남들은 결혼전과결혼후의 인생관이 달리느니 생각이변하느니하지만 나는 결혼전이나 결혼후나 무엇이고별로 달라젓다는생각이 나지안슴니다。보통으로 녀자들이 처녀시대에는「독신생활! 독신생활!」하며 독신생활이 퍽신성하고 마음에될듯십흐지만 차차 세상을알게되고 사회와접촉케되면 결혼안코는안될것을 확실히 알게됨니다。그와가티 나도 처녀시대에는 다소그런생각으로 독신생활을찬미하고 실행하겟다고 생각도해보앗지만 그것은 한 공상에 지나지못한것이요 얼마아니하여 자연적으로 결혼의필요를 늣기게되엿슴니다。그러나 결혼의필요를늣겻다고 보통으로 세상의녀자들은 장래결혼한후에 호화로운생활을 그리고 꿈꾸는이가 만타고 일반의비평까지 잇지만 나는 사랑만잇스면 리해가 자연히생기고 리해가잇다면 가난하고 부한것은 결국 문뎨될것도갓지 아니하다고 생각하엿슴으로 지금도 실상은 아시는바와가티 가난한신문긔자와 동거를하지만 조금도 그런 불평은업스며 결혼한후로도 더욱이 사랑이깁허지고 신뢰하는마음이생기여 평화로히 지나는것을 무엇보다도 행복으로알고잇슴니다。주의나 취미도 부부가서로꼭갓기를 희망하는이가 만흔모양이나 그것도 그러케생각지안슴니다。나도 남편은 신문긔자、내가 의사、이러케되어잇스닛가 혹모르는사람은 주의나취미상 대차가잇서서 자미스럽지못할것가티 보는이도잇겟지만 거긔대해서는 결코그런부자유스러운생각이업고 다만 결혼전은 홋몸이엿스니까 어데를가나 무엇을하나 비교적 자유스럽던것이 결혼을하야 가정을 갓게되고 더구나 아이까지 생기니까 누구가

—(86)—

「結婚하기前과 結婚한後」, 『별건곤』 2권 2호(1927.02.01), 86쪽

구속하는것이안이라도저절로 부자유스럽게되엿다는 그것뿐이겟습니다。 그리고 결혼전과결혼후에 남자에대한관념이 달르다는이도 잇는모양이나나는 전후에 조금도 틀리게보지 안습니다。

暴風雨의前、暴風雨의後

李晟煥氏夫人 趙 白 萩

結婚前과 結婚後! 그것을 나는 이러케말하고십다 「暴風雨의前과暴風雨의後」라고……

끗업시 헤매이고
우업시 둘써저서
그래도갈길은 끗이업더라

이것이 말하자면暴風雨의前갓흔 것잡을수업는 空想에 어지러운 숨길을더듬어가도 가도 끗업시가도 느낌을주지아니하는가 나의結婚前의 生活은 꼭이와갓햇다。

勿論 누구나 다가지는바와 맛찬가지로 나도나히들면서부터 (二十歲를지나서) 異性을 要求하엿다 愛人이그리웟다 아니 將來男便을차젓다그러나 그것이 쉽게차저지는것이 안이엿다

趙白萩氏

그는要求條件이 만흔까닭이다 한말로말하면「마음에맛는男性」이라고할것이다 그러나 이것이 다시空想을거처 幻覺을지나 現實社會를 마처놋는 愛的條件、아니生活條件、아니더露骨로말하면 物的條件은 실로「가도 가도 끗업시가도 그래도갈길은 끗이업다」는것처럼 處女時代의芳年을 이런空想때문에 부질업시 지나치는것이엿다 그러라고 나는 벼들집에 피아노를 숨단것은아니엿다는 것을 말하고넘어가자!

엇재든結婚前의 마음은 떠어수선하엿다 그러면서도 내가생각해도 떠熱情的이엿다。

이런生活로부터 우러나온 우리들의戀愛는 극히짜르막한동안 극히단순한 경로를 밟아 드되여 結婚은 된것이다。

한번結婚이란條約이成立되자 그는 마치 놉고 놉흔 한울우에 떳다가 쌍우를向하야 떠러지는 途中에「내

—(87)—

가이제 엇더케나되러는고」하는것과 갓흔 생각을갓게되엿다。

그러나 정작 家庭을 일우고나서 하로이틀 한달두달 이러케지내면서야 비롯오 남보다 우리의살림이自由롭구나 平和롭구나하는 갈피를차리게되엿다。

一違主婦의 責任感은일어낫다 卽말하자면 衣、食、住의節次에對한觀念이 處女時代와는아조달라서 一一히注意하지아니하면아니된다。

더욱 男便이社會方面의일을맛하보는關係上 좀더世上일을 아라야하고 좀더 學術을硏究하여야 할것을 깨닷게되엿다。

그러고 當時代에서 新時代로 轉換되는 朝鮮의 家庭生活이 우리들의힘을 기다리는바가만타는것을 늣길때 또한 머리를 쓰지아니치못하게된다。

밋호로 밋호로 살아안저서 납멍이가티 무거워저서 밝고 밝게 穩和하게 그러고도 고요하게 世上의 推移를 겻눈질 해가면서 사람답게 살겟다고힘을쓴다

이것이 말하자면「暴風雨의後」와갓다아니할가 그런데 나의結婚後의生活感은닥이와갓하야 더묵직하여젓고 더責任感을 가지게되엿다。

그러면서도 自由롭고 平和로운것이 그것들을 包容한데는 處女時代보다깃부다 樂園이다。

生活上一大轉機

韓偉鍵氏夫人 李素山

結婚前과結婚後의感想! 쓰라는부탁을밧고春前開闢社로부터바덧다 問題가問題이라 누구나 이에對한回想을한다면 적지안은追憶이喚起될것이다 참으로 只今에 다시昔日에歸하야結婚前當時를 그려보고結婚後지내온일을다시回想하야보는것도 그다지興味업는일은안일것이다。

그러나 이제「펜」을들고 새삼스럽게쓰자하니 今昔의感懷가交替하야머리가空然히散亂하여진다 그리하야 겻房에안즌男便을 바라보니 그는오즉精神업시讀書만하고잇슬뿐이다。

旣婚者면 누구나에게든지ㅣ잇슬體驗이지마는 나는무엇보담結婚前과結婚後의 人生觀이달라진것이第一큰事實이엿다。簡單이말하자면結婚前 나는 온사람과世上을對할때에 늘ㅣ空虛와寂寞을늣기게되야모든것을虛無視하는傾向이업지안이하얏다 그러나結婚을一轉期로하야 人間으로서의實際生活을하게된後부터人間世上에對한

—(88)—

「結婚하기前과 結婚한後」, 『별건곤』 2권 2호(1927.02.01), 88쪽

觀察이一變하고말엇다。
卽從來의人生에對한失望의눈물! 嘆息! 憎惡等모든 悲哀的感傷的感懷는어데로사러저버리고 그대신 人生은 가장現實的임을發見하는同時 現代人으로서의 進路를闡明하고그의 速進을爲하야 積極的으로鬪爭함으로써 史的使命을萬一이라도달하여보려는새로운理想과希望을갓게되엿다 따라서實際를떠난 空想妄想은自然이念頭에서사러지게되엿다。
둘재는不安定으로부터安定을엇게된것이 또한事實이다 實로後來事는알수업스나 至今까지의經驗으로는結婚前과가티 生覺이錯雜混亂한적은업섯다 엇떤때는 공연이 煩悶에煩悶을거듭하야 한잠도이루지못하고 通夜한적이업지안이하엿다 그를—— 只今와서 回想하면 至極히어리석은한夢想에不過하지마는 그때에는 生發지말재야 안할수업섯다 그러나 結婚後나는 매우머리가單純하고正一하게되엿다 그理由는모든運命이아는쉬지는 科學的으로알어지는데까닭이엿다。

李秦山氏

回顧하면 우리는一昨年晩秋어느날 夕陽에아죽으만쉬집에家庭이란簡單한 休息所를設하게되엿다、勿論最初에는 서로빈손이 빈손을提携한것外에는 아모것도所有한것이업섯다 그럼으로 이죽으만家庭이나마 始作하기前까지 두사람은 적지안은恐怖를늣기게되엿다 그러나多幸이 두사람의理解깁흔 愛的生活로 그모든恐怖와不便을排除할수잇섯다。
要컨대男子는 一女子의全的愛! 女子는一男子의全的愛를밧는곳에 비로소참다운人間生活을맛볼수잇는同時 冷灰枯木과如한此世를能히突破할수잇는줄밋는다 참으로愛는吾人生活의第一條件이다 虛僞업는男女의愛的結合은人格의向上 社會의進步 幸福增進에唯一한要素인줄안다 彼此人格的으로理解가진 男女의愛的生活이안이면 참다운努力이날수가업고 참다운努力이업는곳에 참다운生命의活躍할수가업는것이다 그럼으로 나는이에成婚期에잇는男女에게對하야躊躇할것업시 結婚生活을하라고웨친다(勿論愛情에依한結婚)
歷史는이미男子의獨舞臺를許치안코 따라서 女子의偏派的發展도許치안는다 人類社會는 男女가分立하야成立할수업다 眞實한意味의두男女가 서로서로人格的으로結合하야 理想을樹立하고그 實現에協調努力하여야 비로소人間生活에幸福이오고 人類의文化에增進이잇슬것이다。
이까지써노코보니 마치結婚萬能主義者 幸福의獨占者인듯이되엿다 그러나이는讀者여러분의推想에맥기고그만

—(89)—

農村探情記

장가難! 시집難!

春 坡

賣買結婚은生活難일가?

이야말로 公開하기낫그러운 昌皮한말이다 그러나俗談常말에「갓쓰고祭지내기는時勢가틀렷다」는格으로 政治經濟的으로 全民族的으로體面을保持치못하고헐덕어리는 이民族에게 이것이나숨겨서무엇이利로울가말이다 부은건부엇다 나준건나칫다 조흔건조타 낫븐건낫부다 모조리出品을시켜노코 고칠건고치고 버릴건버리고 아조못쓸것은 밟아치우는것이 그래도一利가잇슬것이다。

農村가난정(全部는아니다)이들의 賣買結婚의實情을昌皮하야참아엇지말을하랴 例外의大膽을가질밧게업다 古代에는毋論賣買結婚制가만하섯다한다 現代에도그制度가잇는바는아니다 그런데 요――아니쉽고도 다라운못된風俗이 不幸히도 우리朝鮮民族의一部에도 아직잇다는말이다 露骨로말하면 平安道百姓에게 그것이만코(中產以上은업다)黃海道百姓에게도 그風이잇고 咸鏡道、江原道에도 間或ㅡ그따위風이잇다는말이다 慶尙道의妓生蝎哺는 여긔서말할것이못된다。

그런데 이다랍고 아니쉽운風이 어느때 엇던년놈에게서시작되엿는지 그原因과沿革은 여긔서仔細히말할수는업스나 엇잿든大體로推測한다해도 朝鮮의賣買結婚風은 生活難에서나온듯십다 中流以上은그것이업고 下流即貧民階級에 그것이만흔것을보아도 生活難에서나온것이分明하다 배가청곱하죽을지경이면 제살이라도뜨더먹고 하로라도더살겟다는生의欲을가진 이주린집승가튼人間에게 子息의고기먹기야 例事가아니랴。

餓鬼가튼주린어미、飢狗가튼주린아비 배를안고쪼구리고안저 四面을둘러보며 먹을것을차줄때에 아무리살펴도 밥도업고 돈도업는지라 다만보이

—(121)—

春坡, 「農村探情記-장가難! 시집難!」, 『별건곤』 2권 2호(1927.02.01), 121쪽

는것이 눈압페서어름거리는 自己의子息들뿐이것다「저거라도잡어먹을밧게……」하고 人生으로는最後破格으로「에라 큰딸파러라 에라적은딸또파러라!」하고 낭금낭금 집어생키는버릇이 나기始作하얏다。

人生三大欲의一인性欲을가진데다가 生物로의普通性인生殖慾을가진人間이니 시집가고 장가갈것은定한일이다 딸을거저준나하면 毋論거저가저오겟는데 딸을판다하니不得已사서라도올밧게數가잇스랴「그래라 돈줍게다고!」하고 百圓貳百圓내던지고 가저오게되엿다 그나마 女多男少한民族이면모르겟는데 요런다라운땅을 보댜낫가그런지 朝鮮에는比較的男子가만코女子가적다 (男子中心社會엿든까닭에……) 父母가먹기爲하야 이러케된것도事實이나 또한가지는 、딸의治裝을爲하야 虛風假勢로이러케된것도事實이다 結婚上所謂「우려간다」는것이이것이다 即女子便으로서 男子便에要求하는말이「시집가는첫날 엇더케뵈몸으로가겟소 籠바리나하고 두주개나하고옷가지나하고 잔자본거나 좀작만해가지고가야하지안소그런데 그런힘이업구려! 新郞宅에서 와서우려가시지요 그래야그것이우리가먹는것이아니요 당신宅에가저가는것이아니요 작으만히 몟十圓보내시요 그러치안으면못되겟소 다른곳으로할밧게……」

이러케要求하것다 그러면男子便에서는 女子取해올생각은간절하고 또한돈을多少間보낼대도 그것이自己집으로다시오게되는지라 「에라 그래라!」하고 소들팔고밧을파라 女子의집으로보내게된다 이것이큰原因임도事實이다 結局一賣買結婚이란醜名까지남기고말엇다 자一이제그實情을그대로써보자——。

장가一度平生苦

엇던地方에를가면 이런말을만히듯게된다 엇던胎母가잇서生産을하엿다하면 依例로이웃사람들이 이런問答어잇다。

「그집에서 무엇낫답듸가?」

「딸이래요」

「아구! 또千兩생겻구먼!」——하고 羨望하는말을하고 만약 아들을나엇다하면 단바람

「아구! 저를엇저나 또苦生이로군!」하고 딱즉이나同情의걱정을한다

이얼마나 悲慘한事實이냐 女性中心社會도 그럿치는못하겟는데 하물며男性을標榜하는이民族사이에 女子가나면「돈千兩생겻다」고 이웃마누라까지깃버하고 男子가나면「또苦生우럭이낫다」고 지나가는사람까지걱정을하게되엿스니 이런ㅃ락산이도또잇슬가 男子고女子고 都大體人間이고間에 人生이란體面은도무지업서지고 다만「돈」이란 그體面生存續한이社會가안이다 資本의末弊란이런狗豚混合劇을演出하고야말엇다。

—(122)—

春坡, 「農村探情記-장가難! 시집難!」, 『별건곤』 2권 2호(1927.02.01), 122쪽

딸이나면『돈千兩생겻다』는말은 毋論 파라먹는다는 말로直解를할수잇스나 아들이나면『또苦生거리라』는 말은 얼핏생각하자면 알기어려운말이다 父母로서 그 아들을發育하기가 그러케苦生이란말인지 또는그아들의 人格과智識을爲하야敎育식히기가 그러케苦生이란말인지 또는男子란女子와性質이달라서東西南北에 흐지부지하는 放蕩兒가되리라하야苦生이란말인지 또는아들된自己로서 父母供養이苦生이란말인지 妻子와더부러家長노릇할것이 苦生이란말인지 國家社會에奉貢할것이 苦生이란말인지 男子에게屬한苦生은 實로그範圍가넓으냣가容易히알수가 업다。

그러나 生産初에 문득나오는그苦生說은發育도안이요 敎育도안이요 産兒自身에對한苦生도아니다 斷斷無他 『장가難!』그것이다『아들이니반갑기는반갑다마는 이 놈을길러서 엇더케장가를보내노?』하고 나는卽時로 어미아비의걱정이그것이다『엇더케養育을시킬고?』『엇더케敎育을시킬고?』『엇더케조흔사람을만들고?』…… 이런걱정은할새도업시『이놈을 엇더케장가를드리노?』 이걱정뿐이다 如干해서야 父母된者가 그아들을장가드려노코『이제야 내職責은다하얏다 죽어도恨이업다!』 하고 긴한숨을내쉽으며 父母로의最後職、人生으로의最後事를맛친듯 깃버하랴。

農村貧民의家庭을가만히엿보면 참말別別辛酸한꼴을다．보게된다 大槪걱정은 옷과밥 卽衣食住에對한걱정여요 그다음걱정은 아무것도아니요 시집장가의 걱정뿐이다 그中에子女間子息이업는집은 僥倖이걱정은업고 그中에 딸이만코아들이적은집은 多少걱정은잇스나 한밥먹으려는窮狗가티깃분便이만코 子女를相半하게둔집은『저놈파라、이놈사오고、이놈파라 저놈사오지』하고 交換數가 맛는지라 泰然하고 그中에딸은업고 아들만三四兄弟되는집은 이야말로日日夜夜에 걱정걱정또걱정뿐이다『큰놈은엇더케장가를드리고 적은놈은 엇던놈이딸을주랴는고?셋잿놈나희가 벌서열셰살이니……아이구! 그만나오너라 또사내야! 장가못드라겟다 代身에게집애나좀 나오려무나 나도 돈맛좀보게……』하고 이러케부르짓거나 이러한心理를 가진친구가擧皆라할수잇다。

이리하야 업는살림이나마 간신간신이졸라서 或은무명必도작만해두며 或은明紬尺도마련해두며 或은송아지도사서기르며 或은도야지색기도길러서 그렁저렁몃十圓 預金이모이고 아들의나희가過年이되면『큰일낫다 셋닥하면 장가못든다 總角鬼神이되고만다』하고 불야불야 媒婆를四方으로노아求婚을하것다。

돈잇는놈이야 엇지가난쟁이에게 딸주기를질겨하랴 또한芳年美人이 엇지過年한醜丈夫에게시집오기를조와하랴 不得已 진둑이는진둑이쎄리맛붓고 아주쎄리는아주쎄리쎄리맛붓는格으로 富者는富者쎄리 가난쟁이는가난

—(123)—

春坡,「農村探情記-장가難! 시집難!」,『별건곤』2권 2호(1927.02.01), 123쪽

정이써리못난이는못난이써리……이러케서로맛부게된다。

어리하야 어대可合한女子가잇다하면 (비록可合지못하다할지라도形勢가不及하면 억지의結婚이라도한다)百圓이나 一百五十圓이나 女子의價格을四五次六七次을려보고 흘러보고하다가 結局은賣買契約 卽許婚狀을쓰게된다 안이오亦現金안이고는안된다 곳 소를팔고 밧흘팔고 업스면 어미의속곳까지라도팔어야된다 그리하야結婚이되면 所謂納幣라는데에 큰돈이또들고 所謂선치라는데에 또큰돈이든다 엇잿든 장가한번에 멧十圓 멧百圓甚하면아조家産을蕩盡하고만다 장가한번들기란이러케도어렵다。

이것은決코推想이안이요 事實의事實이다 내六寸내八寸도그러케장가를드럿고 내아오내自身도돈分이나 톡톡이러러밧친것이事實이다 結婚에엇지金錢이안이들기야하랴마는 所謂先幣니 納幣니 그따위더러운作亂으로虛費된것을말하는것이다。

○○영에서 엇던六十老人이子息三兄弟를더불고 이런걱정을하는것을드럿다。

「먹을것은업고 子息들은만코 實로걱정이외다 저것들을다ㅡ立長(장가드리는것)을시켜야겟는데寒心합니다 맛자식이 수물한살 둘재가 열여들살 셋재가열다섯살이구려! 맛놈을먼저드려야겟는데 엇던놈이딸을주랴닛가 할수업시 逆婚을햇슴니다 둘젯놈은 나희도相當하고 제가店판으로단이며 돈分이나버럿구려 그래 ○○영에잇는 ○○의딸 열한살난것을一百三十圓에定햇구려 맛놈때문에걱정이외다」라고

農村貧民에게는 이런일이非一非再다 貧家의男子란장가한번들기가 이러케도難問題이다 이러케어렵게돈지리 그餘毒으로平生이苦痛이다生活苦는毋論이고 夫婦間沒理解의苦痛이더하다 이것이야亡家亡民의怪風惡習이아니고뭐냐?

시집ㅡ去平生罪!

一女子는天生의罪人ㅡ이란말이잇다 이것은毋論ㅡ在來惡道德의環境에서나온말이지만 朝鮮의女子더구나 貧民級의女子야말로 罪人以上의罪人이다 어머니품으로부터房구석누덕이속에서 비지나 강낭이떡으로자라나서 大門밧한번늡시원이못나와보고 어미、아비、옵바에게 가진구박을바더가며 눈물코ㅅ물을 행주치마에 쥐여쌔리다가 十歲十五歲한참봉오리질때에父母의배를채워주기爲하야멧十圓멧百圓에팔리여 惡風驟雨에휘날리여 十里百里生疎한곳에떠러저 飢虎餓狗의밥노릇하기가 女子로의大槪이니 이런罪人도또잇스랴。

女子의시집難은 男子의장가難보다 더한尤甚한苦痛이다 女子는男子에게팔려가는商品이니 人格上苦痛이如何하랴 (이뜻은 一六一頁下段에잇소)

—(124)—

春坡, 「農村探情記-장가難! 시집難!」, 『별건곤』 2권 2호(1927.02.01), 124쪽

『대관절 자네는 얼마나 예산을가
젓나
어린아해에게 사탕갑이나뭇듯이 질
문햇다。
『망할자식 제일가난방이녀석이 바
로백만장자나갓치 얼마나가젓나!
왜좀보태주랴나!
金은 吳를 훑겨보왓다。
『또 사람의일을 뉘가아나 요사히
C회사 취입이잇섯스니가 작사료
냥이나 몽둥그렷겟지
교원박이 가로찻다。
『엇잿든지 상팔자야 남은 주관질
을한다 백묵가루를마신다 죽을애
를써서 돈을버는데 밤낫 경치조
흔 노는곳으로만 굴너다니며 만
년 꿀만쓰떡어리면 돈이드러스니
그래 정말좀 보태주려나
金은 전례에의하야 혀을 번적들고
드리대다십히 吳를 보왓다。
『글세ㅣ 가만잇자 차삭이 한십오
륙원! 숙박비가하로에 십원예산
은해야겟스니 넉넉잡고 오십원은
들터인데!
朴은 픽우스며
『이사람아 오십원이면 金의 한달
월급일세
金은 자존심이 썩기는것갓햇다 화
를벌컥내며
『걱정말게 상여금탄게 그대로잇스
니가 념려업네 나는 학교애들이
모화준돈이 삼십몃원인가 잇스니
가 부족한것은 신부더러좀내라지
朴은 태연자약하다。
『첫날밤부터 처가덕이로구나
吳가 뫄이푸의연기로 천장을향하야
원을그리며 탄식을햇다。
『네외 갓치 버러먹고 사는판인데
그것도조치
과부 어머니의 등쌀에못니기어 가
난한집 구식색씨를엇게된金은 엇싸
지우울하다。
『그럿치만 내야말다나 돈을어듸가
구하나
남의걱정만 하고잇든시인 吳가 의
외에 비관을한다。
『아ㅣ이사람아 제발등의 불도못쓰
고 이때것 남의걱정만햇나
기가맛키다는드시 金이 吳의얼골을
물끄럼히보왓다。
『아ㅣ자네야말다나 자네마누라 취
입료가 막생겻슬터인데 좀기대게
그려
朴이 조소하는말시로 내던젓다。
『홍 그도좃치
걱정이되는지 걱정이하고십혼지 모
르는말시이다 레코ㅣ드회사에 시를
지어주다가 시를을프는아가씨와 공
명이되야 결혼을하게된 吳는 이세
사람중에가장 연복을만히 누리는사
람일것이다 녀학교 체육선생과 결
혼을하게된 朴은 결혼이라는것보다
는 생활의 방편으로 공동생활을합
에서 엇는리익과 결혼을 하지안으
면ㅣ하는습관에 눌녀서 그리좃치도안
코 그리실치도안은일을 거의사무적
으로치러내랴는 사람이다 그럼으로
한사람은 거의강권을 당해하는 할
수업시하는혼인 한사람은 하는일이

—(133)—

李瑞求,「新婚旅行 陪從記」,『삼천리』 8권 2호(1936.02.01), 133쪽

니가 하기나하자는 혼인 한사람은 서로조화서 하는혼인가튼날 갓혼서울에서。정다온 세사람의 벳친고가 거행하는혼인이나 그내용은 모조리 달으다 그중에서도 집이 넉넉지못한데다가 가난한집색시를엇는 은행원 김의고통이 제일클것이다 그러나 파부어머니손에 길녀난아들이요 아버지의 낫도모르는 고아이다 어머니를 어머니로만아지안코 은인。지도자로 숭배하는 처지임으로 씩소리도못하고 이혼인을 승인한 金의 가슴속에는 비장한 순교자의피가 흐르고잇다。

○

겨울해는 몹시도짤다。그대신 밤이길다 밤을슬기는 신방의 고혼꿈은 바야흐로 므르녹으랴한다 이날은 음력초칠일 화촉동방 무월야도 쫏커니와 초생달 반쪽달이 서산에 생글생글 웃고잇는 경도바러기어려울것이다 오후여섯시 이십분이면 입이해는기울고 불빗이 휘황한 경성역 일이등대합실에는 새세게를 개척하러가는 세쌍 부부를 마지하기 위하야 치처논듯이 사람의자최도 영성하엿다 이날을택한 리유도 마츰 은행과 학교가 다ㅣ노는판이요 려행하는사람도 일년중 가장드문날인줄안까닭으로 오붓히노자는 욕심에 시인뫶가 제창한바이다 제일착으로 낫하난사람이 교원박과 그안해가된 녀교원 김교성(金敎誠)양이다 내일아츰이면 녀사된다 그의일홈이 가룻킬교·정성성· 녀교원의 입입으로는 그야말노 안성마츰이요 백숫짜리이다 체격이크고 얼골빗이검다。교성양의 설명에의하면 학교에 취직한이래 매일 운동장에서 해빗을 쏘히며 체조를 가릇켜 이모양이라고하나 가금 팔을 것고 손을씨슬때 옷소매에 감초여잇는 팔목까지 검은것을보면 아모리 교육가의말이라도 밋지못할점이만타 엇잿든 박이 그안악과 마조서서 이야기를하랴면 고개를들고 치어다보게된팔자만은 비극에갓갑다。

敎『어듸는나오시엇소 우리만 공연히 허둥대고나왓지

朴『그래도 시간에 여유를 좀두고나와야지 안심이되지안소

敎『몃등탓누

朴『이등!

敎『머ㅣ 이등!

체육가 김교성양에게 무르면 이등이다 체육을무시한 나약한인생들이 병원에 입원하는격으로 타는곳이라고 대답을한다。

朴『세시가는데 우리만 삼등을타겟소

敎『나는 평생처음타요

朴『귀렴되고 좃치안소

敎『돈생자을 하지안소

제이의 의견발표! 돈을앗겨라!근강제일 규약제일, 이등을타는데는두가지 신념에서 비서나지 안으면안된다。

朴『이번길만은 달느지안소 눈꿈적감고 탑시다

朴은 거의 애원을하듯이 처어다보왓다。

敎『교육가의 신혼려행이 너무호화로으면 제자들보기에도 면목이 업지안아요 얼마안니잇스면 애늙이 전송을 나올터인데요

교육가라는 일홈아래에 朴과金의한쌍부부는 이등을타는데도 고롱과불안을 늣긴다 이만하면 십년 근속은 의심업는 대표적교원이다。

朴『그럼 할수잇소 우리만은삼등으로 갑시다 친고들에게는 나중에 량래를 밧기로하지

바람에떠러진 반숙된 호도겁질가튼 낫을해가지고 朴은 차표를사러갓다

『여보 그드신것은 무엇이요

교성양의 써그러진 생철통 두들기는소리!

『옹 앗가 전차탈때 친고가 들녀준게야

『이리주서요

주부의처지에잇서서 집에드러온 물건은 반다시 안악의 손을한번 경유해야한다는 철측이발동이다。

『머이렇케 크기만하고 가벼울가

내용을 검로하기위하야 교성양은 대합실 헤-불노갓다 슬너보니 나아온것이 코프는조희 한뭉치,

차표를사가지고 드러온 朴은 코프는조희를 펴들고 고개를 기우리고섯는 안악을보고 우슴이터저버렷다 시험문제나 풀냐는다시 머리를 싸고잇는 안악은 정색을하며

『에ㅣ 그럿케 우스서요

『히!

안악의 표정은 점점엄숙해젓다 적어도 교육가가 안인가 여러사람이 모혀섯는 자리에서 의미업시 웃는것이 불만족햇다 맛치자긔를 가지고모욕이나 하는것갓하엿다 저래가지고 선생노릇을 엇지햇는가십헛다

『히!

朴은 우슴을 참지못햇다。

『글세 좀 침착해요

학교에서 아해를우짓든 어조가나왓다 이때에 드러온사람은 시인몃와 그의 사랑하는안해 C회사 전속유행가수 리미영(李美英)양이다 빨간빗에 검은털깃을 대인외투 비단양말에, 뒤축놉흔구쓰, 손가방만한 핸드백, 머리는잘라지저서느리고 격실격실한눈은 마치 서양활동사진에나아오는 여배우갓다。

「아이고 망측해라

이것은 교육가 더욱이 조선의어머니를 제조해내는 일류공장의 영직공으로 자처하는 교성양이 혼자불으지즌 감탄사이다.

『또 서양 창기갓구료

이소리를드른 朴은 기가막혓다 동행하는 신부를 창기로말놉하니 자미잇게 가치노자는 계획의 반은이자리에서 깨진세음이다。

『아 직업이 우리와 달으지안소

『그래도 안해로서 주부로서 것는길은 갓겟지요

몃가 여전히 파이푸를물고 아직외상갑도 갑지안은 미색외투를 호기잇게 떨드리고 미영양을잇글고 朴

—(135)—

李瑞求,「新婚旅行 陪從記」,『삼천리』 8권 2호(1936.02.01), 135쪽

의 압호로 오더니
吳『朴、우리서로 마누라소개를하
세
朴『응、응、그래 그게조
치
吳『여보 朴선생의 부인
되시는김교성씨
미영이는 애교가 넘치는입
을열러
美『처음뵈옵습니다 미영
이올시다
속으로『천한계집이라는 비
우슴은잇스나 그의차림차림
그의미모、그의세련된표정、
거의가슴이 답답하도록 눌
리고잇는 판이다 이래서는
못쓰겟다는 생각으로 용기
를 글거모와 일부러 음성
을놉혀
敎『저는 서울녀학교 교
원김교성이올시다。
무둑둑한 자기소개를햇다 이러는동
안에 시인吳는 김교성양이 아직도
푸러노코잇는 코푸는 조히를 발견
햇다。
『하 저건 또엇던녀석의 작란인가

레코-드와 朴花城女士

朴花城女士가 間島龍井으로갓더니 이遊路貴賓
을그곳 明信女高 女先生團이 姜敬愛女士와함께
請하여 도야지순대 석근胡地料理로 잘待接하엿
다 그때 마츰 레코-드를 틀엇는데 레코-드
겻헤안즌분이 공교롭게도 朴女士와 姜女士-라
「죽장망혜 단보자로」하고 李東伯목소리가 구
름속갈메기가치한참 잘너머가서 絃은 다뭄넛다
이것을스톱식혀야 하겟는데
「朴先生 그걸 멈춰주서요」
하고 멀니안즌 女先生이 請한즉
「아이고 난 축음긔가 처음이되어서」
하고 호랭이 피하듯 서발너발물너안젓고 姜
愛敬女士더러 付托해도 亦마천가지
이날저녁일로 한다하는 이두女流文士는「레코-
드」에對한 常識이 이 러케도 뒤떠러젓슴이判明

朴도 따라우스며
朴『말말게 글세 그와 법과에다
니든 뚱뚱보엿지
吳『그래
朴『그녀석이 또처나와서 들려보
내게그려
『하……
吳『하……
이광경을 한참보고잇든 미
영이마저 우슴이터젓다。
美『하……
웃지못하는사람은 근엄한처
녀의길을 영광스럽게지혀온
존경함즉한 교육가 김교성
양 한사람이다 갓치웃자니
웃을리유도 모르겟고 혼자
성내자니 그것도못될일이고
명배우의 한번쯤깁을 만량
에산다면 사다가라도 이장
면에 적합한표정으로하고십
흘지경이엇다。한참웃고난미
영이가 얼골을 곳치느라고
도라저서 콤팩드로코등을두
들기시작을햇다。朴은 코푸른조히
를 꾸겨싸서 가방에다가넛코 吳는
파이푸가 막혓는지 석냥집이로 구

녁을뚤드라고 끝몰하고잇다。
『하!하!하!
우렁찬우슴소리 이배겻웃지못해서애
쓰든 교성양의 의기양양한
우슴소리 교육가라는 생각
을 덥허노코 웃는 우슴소
리 주위의 사람은 일제히
교성양을 바라보앗다。
『글세 이게무슨 끝입니가
교성양은 미영양의 등뒤에
부튼 쇠리표를 떼어드럿다
누가다라보냇는지 집부치는
데 다는 쇠리표에다가
「處女ならば=溫陽行」
라써워잇다
『아이그머니나 누가이런작
란을햇슬가
미영이는 낫이쌜개젓다。
『하……
교성이는 뒤를이워우섯다
그우슴은 분명이 히스테릭햇다 아
까못우슨 감홍이분명햇다 미영이
도 이눈치를아랏다 이위급존망의가
을에저서야쓰느냐 그는낫빗을고치며
吳에게 안기다십히 갓가히가서
吳『여보 이것은우리 기념품으로

文人파「아스파라까스」

文人崔承一、李瑞求等數三人이 東京에 처음갓
슬때 銀座通 엇든洋料理집으로 드러갓것다 온
김에 한번 稀貴한 洋料理나 먹어본다고「메뉴
ㅣ」를 뒤적뒤적 해보니「아스바라까스」란것
이 잇다 일흠이 하도 怪奇하여 그를 請햇더
니 가저온것을 보니 큰접시에 漢江속 一粒粟
가치·가느다란「과」가튼것을 두가달 노아온다
이것만 이갑 八十錢을 물고나니 너무억울하고
싱거워 지금까지도「아스파라 까스」가 쉬운음
식만보면 抱腹하고 웃는다든가

영원히 보존합시다
吳『조화· 조화! 조ㅣ타마다
교성양은 이이상우슴길놀 이저바렷
다。
朴『아ㅡ이 물이웬일일가
吳『글세 시간이다되엇는데 자네
표삿나
朴『삿네
吳『그럼 나도가야지
朴은 吳의 뒤를따라섯다。
朴『여보게
吳『응
朴『나는 붉은표일세
吳『왜, 청표로 작정이되
는데
朴『와이뜨가 표개를설네
설네 가로젔네
朴『왜
朴『제자들이 전별을나올
터인데 이둥을타면 교
육상 지장이만타네
吳『하는수잇나 첫날부터
내시하로구나
吳가 표를 사가지고 도라서자 金
의내외가 드러섯다 삼둥대합실에는
서울 녀학교 삼사학년 생도가사오

李瑞求,「新婚旅行 陪從記」,『삼천리』8권 2호(1936.02.01), 137쪽

십명이나 오물오물 모여잇고 그주위로는 朴이가르키는 중학교학생녀석들이 고기를 차가려는매들 모양으로 이삼십명이 빙빙놀고잇다 김의부인은 과연 구식얌전한 살림꾼이엇다 합성금일망정 입부게 쪽진쪽에 황금장식이놀납고 하야케 닥근고무신 곱게 다듬은 면주두루마기 여우털목도리는 친정언니가 사준게라는데 겨우 턱을쌀만한빈약한것이나 그래도 조금도 거르김업시 낫을들고 드러스는 그태도

『저게정말 현모양처이다。몸을가리면 옷이요 배가 불으면 음식이라는 겸손하고 감사한 태도 거의 성자에갓갑다。

미영이에게 정이떠러진 교성양은가슴에 넘치는 감탄을 터러냇다。

『아이고 치위에 나오시기 애쓰시엇겟습니다 저는 朴의안해되는김교성입니다

다정히 자기소개를햇다 벼란간 능탄한말옵듯는 은순양은 고만기가질려서 남편의눈치만 보고잇다。

『저、저 우리집사람은 수집어서인사맘슴을 차마못드리는 모양입니다 이름은 리은순이랍니다

敎『이이그 이러케 얌전하시니 왜 안그러시겟서요

등뒤에섯는 미영이를본은순양은이때것 수집다든 남편의 번해를 무시하고

『아이고 저 C레코ー드의 미영씨안이서요

청천의벽력이다 얌전한거기를엇어 교만방자한 이영이를 고성락일에 눈물을흣게하잿드니 도로혀 미영이와는 말을 하지안는가 인픔조흔 교성양은 자기가 감대가사납고 얼골이겁고 더욱이 우룰우룰 튼튼한감으로 지어입은 외투까지 마음약한사람이면 사나히라도 낫을 붉릴형편인지를 모든다。

美『엇녀케 저를아서요

銀『저 레코ー드사니가 사진도보

六十圓일흔文藝峯

當代人氣女優인 文藝峯女士가「春香傳」과「春風」을 박히누라고 분주히스타지오로 出入하든 작년겨울일、집이 가난한터이라 쌀나무산다고 五圓、十圓씩늘假拂하여갓섯다 하로는 春風撮影하다가 文女士가 갑작이 얼골이 샛파라케 질니며 거이 울듯한 表情을지엇다 監督과 카메라맨이 놀라 그까닭을 무르니

「지금까지 五圓、三圓 달나해서 모은돈 六十圓을아모도 모르게 치마속 묘켓트에 秘藏하여두엇더니 이리뛰고 저리뛰며 모케ー슌 다니는 바람에그만이 어듸 써러젓는지 업서젓다」함이다。

그어떠운 살님에 三圓、三圓타다가 六十圓까지모아논 決心도어지간 하거니와 그러케 뫼와눈물의 六十圓을 업시하게한 惡魔의罪、또한크다할것이다

李瑞求,「新婚旅行陪從記」,『삼천리』8권 2호(1936.02.01), 138쪽

옵게되고 노래도듯지오
美「아이고 고마워라。
金은 안해에게뒤저서 인사하기가어색해서 칙나서며
金「저는 이사람의 남편되는 金이올시다 吳군과는 오랜친고이올시다」
美「네ㅣ네 그러십니가
확성기를 통해서 기차를타라는 아나운스가 들엿다 뿌래트홈에는 세쌍부부의 전별나온 남녀학생 친족친우가 가득찻섯다 吳의부부는 이등에타고 朴의부부는 삼등에타고金의부부만은 이등삼등의 중간 승강단에 나란히서서 전별나온사람에게 인사를햇다 기차가 뚝산에 도착되자 金의부부는 이저버린일이 잇다고 급급하게나렷다 기차에서 나린부부는 자동차를다고 노량진와법덕온천으로갓다 돈적게들고 조용하고 돈아끼는 은행원과 여염싸장한 숫북이 새댁과는 이런곳이 숫제나을지 모른다」
「그래도 정거장에나온사람들은 우리들도 이등을타고 온양온천으로 쐽내고가는줄 아랏슬걸

요사히 신혼려행은 중점이아닌하다

李瑞求, 「新婚旅行 陪從記」, 『삼천리』 8권 2호(1936.02.01), 139쪽

03

회갑연

- 신문 편
- 잡지 편

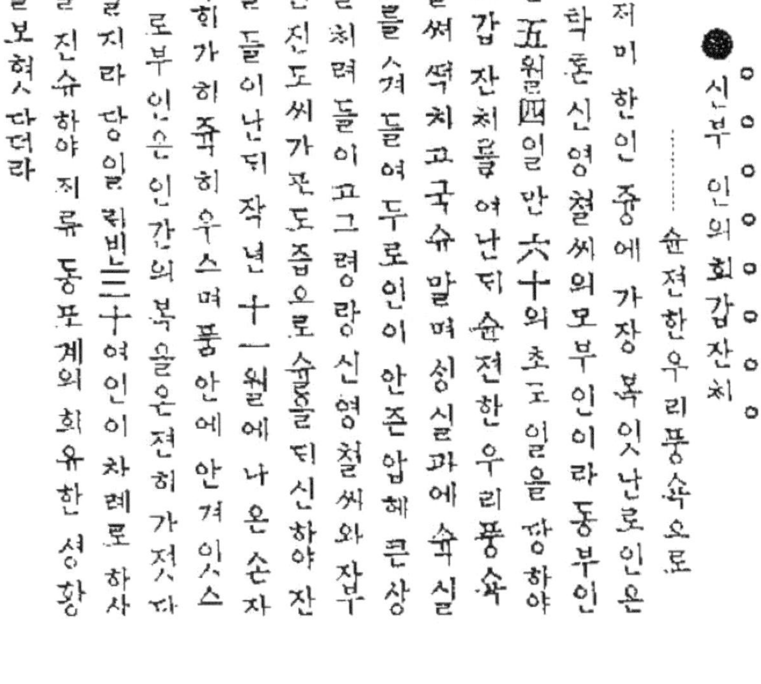

○○○○○○○○○

신부 인의회갑잔치

……슌젼ᄒᆞᆫ우리풍쇽으로

져미 한인 중에 가장 복잇ᄂᆞᆫ로인은 스탁톤신영철씨의모부인이라 동부인은五월四일 만六十의 초도일을 당ᄒᆞ야 회갑 잔치를 여난ᄃᆡ 슌젼ᄒᆞᆫ 우리 풍쇽을써 떡치고국슈 말며 성실과에 숙 실과를 ᄉᆞ셔 들여 두로인이 안즌압헤 큰상을차려 들이고그 령ᄋᆞ랑 신영철씨와 자부신진도씨가 관도즙으로 슐을 되신ᄒᆞ야 잔을 들이난ᄃᆡ 작년 十一월에 나온 손자아희가 히 죽히 우스며 품 안에 안겨 잇ᄉᆞ니로부 인은 인간의 복을온젼히 가젓다할지라 당일 림빈는三十여인이 차례로 하사를 진슈하야 져류 동포계의 희유한 셩황을 보혓다더라

「신부인의 회갑잔치」, 『신한민보』 (1917.05.10), 3면

환갑잔치

申 秋 星

申秋星, 「東亞文壇-환갑잔치」, 『동아일보』(1923.06.17), 7면

回甲宴의 流行

沙里院 一記者

前에업든것은아니지만近日鳳山地方에는所謂回甲宴이매우盛行되는模樣갓다昨日은누구今日은또누구이것이모두돈잇는냄새를피우는性癖다를가하보인다勿論父母가늙도록長壽하얏스니가子女된道理에披生을부른다宴會를安大히차리고知友들과먹고마시고그날을愉快하게보내는것도無妨하려니와四日間式의長時日과三千圓이란巨額을消費하는그反面에는輿論이업지안라고한다鳳凰高處에絶響하라는말도의지만昨今兩年에는例에업든大洪水로莫大한被害를當하고衣할것을衣치못하고食할것을食치못하는저可憐한無産者의小作人들은올머게자머는格이나마날는지邱陵가치쌓인빗과고기며쓰러드러온金品을모도합쳐兲코보면消散한三千圓과妓生二十餘名의行下보다도더만하한다四日間의數百名의賃金까지計算한다하면果然無用한消費가얼마나될가제돈가지고 저쓰는데무슨말을하리마는悽絶하고慘絶한大洪水에집을일코먹을것업사을며이런妻子와늙은父母를붓고갈곳이茫然하아彷徨躑躅하는被害民을한번이나마생각이同情하야본富豪와地主는몃치나되며社會를爲하야學校講習所를爲하야民族的으로運動하는모든事業을爲하야그네들의同情의눈김이얼마나深切하얏는가自省하야時代를쇄다르라그리하야三千幾百圓의折半쯤이라도社會에貢獻함이잇스라

「回甲宴의 流行」, 『동아일보』 (1923.12.17), 3면

回甲紀念으로 灝水洑修築

【咸平】 咸平邑內李觀昇氏는自己慈親의回甲을紀念하기爲하야工費一百圓을自擔하야灝水洑의比洑인十五尺에「열뎃마치기도젼」最完全히修築하얏슴으로氏所有三十餘斗落씨지合하야近二十斗落의灌漑에큰도움이되겟다고

「回甲紀念으로灝水洑修築」, 『시대일보』, (1926.05.20), 3면

八老人의 共同回甲宴

「八老人의 共同回甲宴」, 『중외일보』 (1929.05.06), 3면

回甲에쓸돈 災民에同情

해인사주지 本報支局經由

【합천】경남합천군 삼가(慶南陜川郡三嘉)리재민의 참경은 루보한바어니와 합천해인사(陜川海印寺)주지 백경하(白慶霞)씨는 금년회갑에쓸돈백원을 지난십이일에 본보지국으로보내어 리재동포에게보내어달라는 의뢰가잇는바 본보지국장박운표(朴運杓)씨가 리재디로즉시출발하얏더라

「回甲에 쓸돈 水災民에 同情」, 『동아일보』 (1929.07.15), 4면

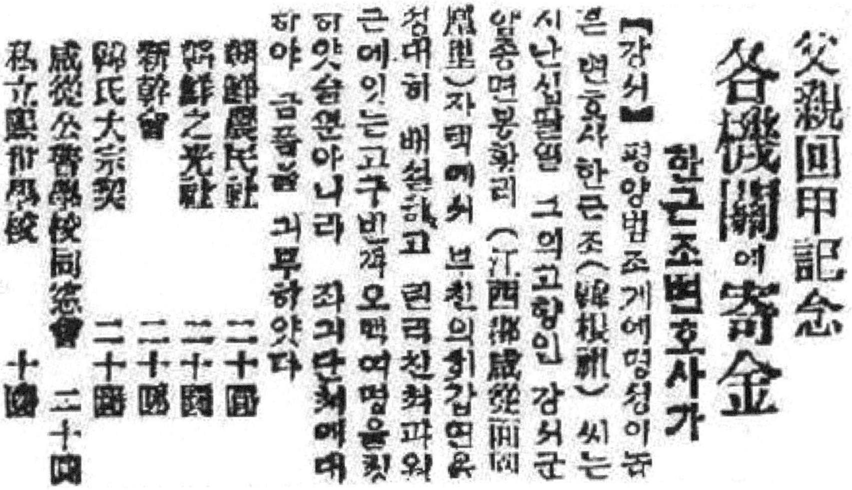

父親回甲記念
各機關에寄金
한근조변호사가

【강서】평양변호사계에 명성이 놉흔 변호사 한근조(韓根祖)씨는 지난십팔일 그의고향인 강서군 함종면봉화리(江西郡咸從面鳳凰里)자택에서 부친의회갑연을 성대히 배설하고 원근친척과부근에잇는고구빈객 오백여명을청하얏슬뿐아니라 좌긔단체에대하야 금품을 긔부하얏다

朝鮮農民社 二十圓
朝鮮之光社 二十圓
新幹會 二十圓
韓氏大宗契 二十圓
咸從公普學校同窓會 二十圓
私立[illegible]學校 十圓

「父親回甲記念, 各機關에 寄金」, 『동아일보』 (1930.10.22), 3면

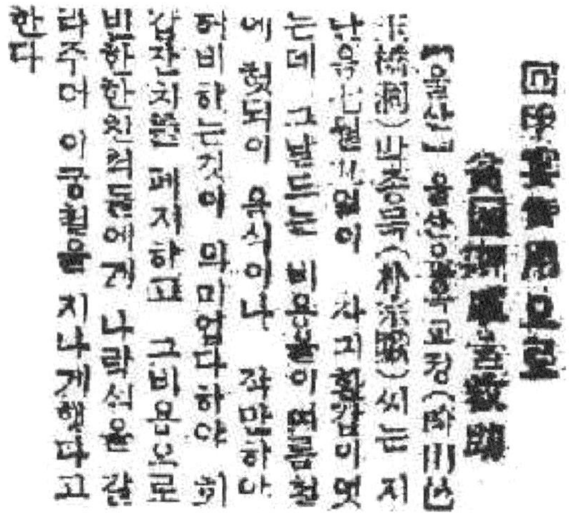

回甲宴費用으로 貧困親戚을 救助

【울산】 울산읍학교장(卧川산川橋洞)박종욱(朴宗郁)씨는 지난음七월八일이 자긔환갑이엿는데 그날드는 비용쯤이 여름철에 헛되이 음식이나 작만하야 허비하는것이 의미업다하야 회갑잔치를 폐지하고 그비용으로 빈한한친척들에게 나락석을 갈라주더 이공칭을 지나게햇다고 한다

「回甲宴費用으로 貧困親戚을 救助」, 『동아일보』 (1932.08.25), 4면

還甲宴費用節約

白米十俵寄贈

橋南洞姜昌熙氏善心

竹添町韓氏도五俵

부내교남동(橋南洞)一二번지강창희(姜昌熙)([illegible])씨는 친모회갑연에 비용을절약하야 백미열가마니를 지난十八일 서대문경찰서에 긔증하야 一반빈민에게 분배하도록하얏스며 죽첨정(竹添町)三정목 一七九번지 한문룡(韓文龍)씨도 지난 十九일역시 백미다섯가마니를 서대문경찰서에긔증하야 빈민 시미에브래도록하얏다한다

「還甲宴費用節約 白米十俵寄贈」, 『동아일보』 (1933.01.26), 2면

回甲宴廢止
極貧者同情

淸州本町閔泳弼氏特志

戶稅千五百圓代納

【정주】 정주본정 二정목(淸州本町二丁目)민영필(閔泳弼)씨는 정주에서도 一류의 부호로 자선사업에 많은 공헌을 이루어 오든중 금번 동씨는 회갑을 맞이하야 자축연을 폐지하고 정주읍(淸州邑)、사주면(西州面)북일면(北一面)북이면(北二面)등 四면에 산재하여잇는 빈민 一천여명의 금도 제二가호세 一천五백여원을 대납하기로하고 방금각방면에 그조사를 위하엿다고한다。

「回甲宴廢止, 極貧者同情」, 『동아일보』 (1933.11.03), 5면

家庭

봄이되면차리기조흔 환갑잔치차림

一월부터三월까지의법식입니다

◇……趙慈鎬

환갑상

趙慈鎬, 「봄이되면 차리기조흔 환갑잔치차림」, 『동아일보』 (1938.03.22), 3면

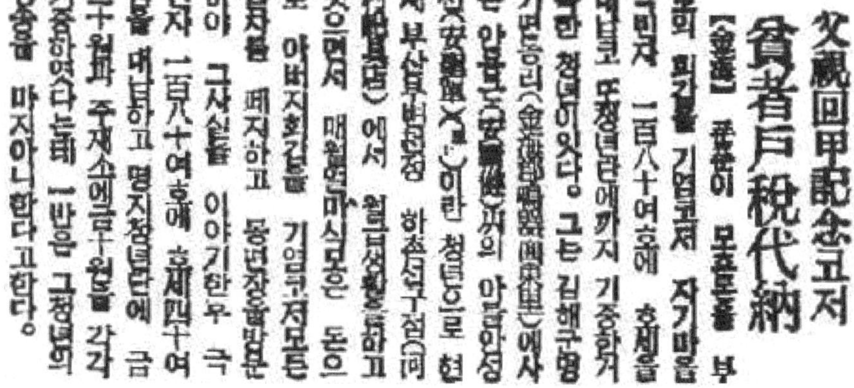

父親回甲記念코저
貧者戶稅代納

【金海】 [illegible]이 모효로를 부모의 회갑을 기념코저 자기 마을 극빈자 一百八十여호에 호세를 대납코 또 청년회관에까지 기증하거특한 청년이 있다。그는 김해군 명지면동리(金海郡鳴旨面東里)에 사는 안용호(安[illegible])씨의 아들 안성선(安[illegible])이란 청년으로 현재 부산부 번화정 하촌석구점(同村[illegible]店)에서 월급생활을 하고 있으면서 매월 얼마씩 모은 돈으로 아버지 회갑을 기념코저 모든 절차를 폐지하고 동면장을 방문하야 그 사실을 이야기한 후 극빈자 一百八十여호에 호세 四十여원을 대납하고 명지청년단에 금 三十원과 주재소에 금 十원을 각각 기증하였다는 바 一반은 그 청년의 칭송을 마지아니한다고 한다。

「父親回甲記念코저 貧者戶稅代納」, 『동아일보』 (1938.11.11), 7면

겨울의農村生活을들어써

(編輯室에게신 兄에게…………)

朴春坡

兄님 그동안 起居ㅣ어떠하시며 編輯上얼마나汨沒하십니까? P、K、M、L 네분兄님도 安寧들하십니까? 나의지내는바는 아조簡單하온중 또한無意味的이외다 어써케보면 或趣味라구도할론지요? 그런데 서울은 무슨 큰일이나생긴듯 무슨別風波나이러난듯 아조궁금하오며 웬일인지 서울잇서서 兄님네와가티 엄벙덤벙할때에는 별로새맛도업고 그러케살뜰한情도업는듯하더니만 이제 못본지 不過一旬의短期이나마 兄南弟西에 鷄山을隔하고보니 바로十年百年이나막힌것처럼 아조궁금하오며 情緖가별로澎湃하야지나이다 그래서 大寧江岸青얼음판에 생하고넙어진붓기짝이 아조것얼얼하나마 茄之川坪의쌀쌀한바람에 흡흡늣기던 두뺨이 아조것쓰리나마 또는 어린아이의天眞의웃음도 반갑지마는 竹馬故友의써뜻한손목도 다음으로하고 三年만에맛나인 姑母님의情다운말슴도 듣은체아니하고 오죽생각이가고 情이엉키는 兄님을爲하야 몬지가켜켜안진鐵硯을당기어 막대가튼犬毛筆을 들재되엇나이다 그리고 내가떠날때에 兄님께서付托하신말슴도 지어버릴수업고 또반듯이紹介하올것은 農村에서보고듯고 지내인바 몃가지의感想과 몃가지의事實이외다

兄님 兄님은 都會에서나서 都會에서자라신몸이라 시골의멋을모로실터이지요? 아니 兄님께서曾前에 이러한말슴ㅣ아니하얏나이까?「나는都會의如何는알아도시골의如何를몰라서 아니되엇서ㅣ 나는시골친구가부러워ㅣ」하고 시골맛이如何함을알고저말슴치아니하얏나이까? 兄님말슴마가티 시골의겨울의맛이야말로 多味하고多餡하야 奔走한중에도趣

朴春城, 「겨울의 農村生活을 들어써」, 『개벽』 7호(1921.01.01), 83쪽

味가만습니다。이제 몃가지적으려함은 우리시골의 冬期生活風이외다 都會의味와어써하신지 달은곳風俗과어써하신지 한번叅考로들이나이다。

兄님 시골은어썬시골을毋論하고 農事가普通이아닙니까? 農事가普通인고로 一年四時에奔走치아니한쌔가엽나이다。그러나冬三朔이그중좀閑暇하지요 이冬三朔의맛으로 시골서는사는줄兄이或알으실른지요? 봄에밧갈고 씨뿌리고 여름에기임매고 품비고가을에거두고마당질하야滿塲하얏던穀植을庫間이러지게들여싸코 멋덤이나무와 三四甕沈菜로 움막草家나마 뜻뜻이불때고 큰큰한무명에솜(綿)두둑히두어입고 父母妻子와 弟兄叔伯이一家에同聚하야或흰쌀밥 或은조밥 或은떡 或은죽으로 잇는穀食ㅣ떡떡피내며 이것저것을배불리지어먹고兄은집석이아우는새세,아버지는網席,어머니는물레질,누이는바느질,妻眷은짜개질로 明年의準備를추려가며서 이써금親舊를訪問하야술추념도하고 間或姻戚도차자가 다도어더먹나이다。그리고 매산양들산양이며 장보기 契모이기와 冠婚喪祭를두루차자 이렁저렁奔走하나마 韻致잇재 왓다갓다질기는情況이야말로 그럴듯하게되엿나이다。이로부터는 나의直感된몃가지를적으려하나이다。

一、書堂訪問

兄님 우리가맛나면걱정하고 말하면問題되던 地方의書堂問題야말로 寒心한狀態에잇나이다。이재 書堂訪問記를쓰고저하오매 좀이어부러웁사와 못이잘들아가지안나이다。

나사는洞內에는院覽齋라는書堂이잇습니다。나는 서울서내려오던이튼날 隣里의이집저집을訪問하기로하고 爲先院覽齋부터차젓나이다。目出帽黑木周衣로 얇혼다리를지축지축하며서 院覽齋압흘當到하자마자 書堂안으로서는 한울텬、싸디、馬上에逢寒食、天皇氏以木德으로王、等 글읽는소리가왕왕들리더이다。나는 남글읽는데 妨害가될가念慮하야 돌어갈가말가하고 한참주저하얏나이다。그러나一年一訪인그렵던찻으로 문을쑥세고들어섯나이다。

訓長인지한양반은 잣송이가튼네돌상투에 멧山字冠을쓰고 기름때가자질자질무든옹구쌀바지로 압엣목벼에지대여안저 玉篇인지字典인지 뒤적뒤적하고잇는데 學童들은 굽혓다재첫다 기웃뚱기웃뚱 하며서 아조興겨워읽는모양이더이다。나는기침한번오

朴春城,「겨을의 農村生活을 들어써」,『개벽』7호(1921.01.01), 84쪽

로 왓다는意辭를訓長에게通하니까 뗏山字先生님은 冷然하나마半笑로써ㅏ를맛더이다。 그리자 學童側에서는 서로무릅을쑥쑥찌르며 무어라고속살속살하며 나의옴으로因하야 글읽지안케됨을 엄즉한機會로알더이다。 나는訓長님과寒暄을畢하고 房中을한번삷혓나이다。 冠쓴새서방 머리쌰혼아이 더벙머리 싹근머리두루合하야二十名假量이나되는學童ㅣ와자자ㅣ한자부러며 얼룽얼룽한얼굴이며 때가지질지질한목이며 가마귀발가튼手足等은 참말로醜하기싹이업더이다 그訓長님은 一年四時에 學童에게洗手命令한번아니하는듯합되다。 그리고 四五枚의무푸대楚撻이며 七八卷의唐宋書冊이며 一座의火柱가잇더이다。 나는이런말저런말로 訓長님과이야이하는사이에 學童側에서는 어떤심술장이가 어떤弱者를쇠집어뜯엇는지 썩썩하고우는소리가들리며서 쑥쑥서로부치며、冊張을찌즈며、一場小風波가인어 난모양입디다。 그리자 訓長의「떠드지들말어ㅣ」하는號令한번으로 그風波는終息되더이다 歐洲大戰의위일손의平和令보다 그訓長의勢力이야勝하더이다。 그러나 一分이못되여쏘떠들기始作하더이다。 訓長은얼마나 눈쌀이틀리는지 눈을힐끔힐끔하며 잡아먹을듯이 아조글덕어리더이다。 平常時가르면업허노코 一綱打盡으로楚撻ㅅ대가동이나라하고 머리가쌔어저라하고 뭇매를내리웟슬터인대 모처럼온 손의낫을보아 억지로참는듯하더이다。 나는가시바레안즌듯미리옴질옴질하야 오래안젓지못하고 곳일어나려하다가 訓長의頑固가넘우도非時代的이길래 廉恥不顧하고 漢文不可論으로 新學問必要論으로 書堂制改革論으로 江南風月無益說 「ㄱ ㄴ」我文普及의必要를擧하야 訓長에게再醒을告하고 바로문을나서며서이러한말을 혼자하얏나이다。

배우는學童도學童이려니와 가리치는訓長도訓長이다 아니敎育시키려하는父兄도父兄이다 하고

兄님 그訓長님은 우리네옥잘하는頑固中한사람으로 年前에致經하다가精神病들렷던金初試신대 이웃집文書나片紙는혼자마터쓰고 近處의空酒란空酒는다집어마시는 훌륭한對接밧는 年十斗의初學訓長님이외다 그의머리에는 孔子가復活하고 鄕風이再興한다구요。

二、宴樂집에서보고들은것

兄님 달온시골도그러하시겟지마는 나사는시골은

朴春城, 「겨울의 農村生活을 들어써」, 『개벽』 7호(1921.01.01), 85쪽

겨울이면 婚喪慶禮때문에매우奔走한모양이야요 奔走는姑捨하고 큰弊이야오 時間上經濟上으로 如干한損害가아니외다。 婚喪에對한弊害는日後에말슴하겟거니와 爲先還甲잔치에서어든바 몃가지感想을적으려하나이다。

昨日은 우리이웃집金僉知의還甲宴이더이다。 나는壽男의請에마지못하야 金僉知집으로가게되엇나이다。 破落한草家의單間舍廊은七八人의이웃老人네로쏵채웟더이다。 담배烟氣가자옥한속에 濁酒床을압헤노코 한사발두사발五六大白을하고난뒤에 이러니저러니不規則한말로 막써드는판인데 한참可觀이더이다。 한발되는담배ㅅ대에 鄕의쑥青草를한줌흠친쥐어충을퀘퀘배러 방아확만한대통에 꾹꾹담아가지고 唐셩냥十餘가치를업새어가며서 불써커가우물어지도록 입심을다하야 색색빨다가 개가죽草匣산뜨레달린갈구리로 한두번침을주다가 삿커나바람벽을向하야 함부로충을배터버리는光景이야말로 寒心한村老의중글중글한버릇이더이다。 나는여러영감네축에 간섭이새어안저 冷麵한그릇파 濁酒한잔을어더먹고곳물아나오려하얏나이다。 그러나 여러영감의時談俳說은 나의뭄으로다시주저안게하더이다。그영감들의一場評談은대개이러하더이다。

「지금時俗놈들 늙은이몰라보고……여보게同甲ㅣ내가엇그제 面所에놀갓더니만 金書記인가한者가날더러담배ㅅ대들고 事務室에들어왓다고 눈을똑바로뜨고막나무라데ㅣ그런어룬몰라보는자식ㅣ참末世가되엇데ㅣ」

「여보게ㅣ그싸짓것을가지고그리나 나는그보다더큰辱을보앗섯네 지나간장날證明件새무네 郡廳에를들어갓네그려ㅣ그卓主任인가洪書記인가한者가신발신고廳上에들어왓다고「신벗고들어와ㅣ」하고半말로쌕소리치데 그런망할자식ㅣ내가나히六十에처음일세처음이야ㅣ」

이는 權五將영감과 李風憲영감의授受談이외다。 그리자 洞長인지한머리쏵근青年한분이 쑥나안즈며「여보서요 그는영감네의잘못이요 왜남을 나무라서요 面所에長竹파 郡廳에집석이가무엇이요」하고 反省을시키려하더이다。 그러나 頑石갓튼權五將은 얼굴이대초빗가티 붉어지며「이사람 입자도젊은놈이니싸 그러나보이 설사우리가 좀잘못하얏다면……」하고 소리지며 눈을힐끈힐끈하는양이야말로可觀이더이다。 그리고 또大檢數盃로쑬거물거한참마시매

朴春城,「겨울의 農村生活을 들어써」,『개벽』7호(1921.01.01), 86쪽

나이번은 工夫하여야쓸데업다는말로 서로써들기始作하는데 이러한말이잇더이다。

「日本가서工夫하던」金座首아들은 邑內에서藥장사한다데 日本아니갓던崔掌議도藥장사만잘하데 그래 金座首아들工夫시켜 무엇쓸대잇나 돈만數萬兩업시하얏지ㅡ」

「서울가서 四年동안이나工夫한 長峴馬同知아들은、지금 집에와집석이삼는다데 우리長孫이놈은 서울가工夫아니하고도 집석이만잘삼데ㅡ하하ㅡ」

「亨吉이가 잘하얏데 巡査補로잇다가 지금은巡査되어 三十圓式을먹는다나ㅡ」

이것이 영감장이들의 時俗少年評中대강이외다。

나는 우리시골의 모든父老를爲하야 넙무頑固임에 一嘆을마지아니하나이다。

三、산양갓던이악이

兄님 매산양이야말로 겨울生活의一大趣味이외다 산아이의노름이지요 산양에는 너구리산양、여호산양、꿩산양、토세산양等여러가지산양이잇습니다。그리그 겨울의산양은 눈만히온날이재일조습니다 이재 산양하던이악이를적으려하나이다。

再昨日은 눈이만히왓습니다 四面둘린것이모도다白布帳인데 北風이쌀쌀돌아가더이다。 나는朝飯을먹고나서 新刊誌「서울」을들고안저 大政治家乙巴素氏와더불어 壯하다느니 거룩하다느니하고 잇노라니까 나의八寸兄님이오시더이다。 그는나더러매산양을가보자고。 그래서 好奇心만흔나는 一語絶對로그래보자고 快許를하고 이에집석이신발을흔흔히하고 동중의를세어입고 집행이를들고 뜰에나섯나이다。 그리자 산양人군동무가 하나씩둘씩모여오는때개가족신발에 手巾들을질끈동이고 장人대를쓸면서아조씩씩하게 바로범이나잡으려가는듯。七八의壯丁이모여서더이다。 그러나 銃도업고 그물도업고 매(鷹)도업더이다。 산양具라고는 한발되는장人대뿐이잇습니다。 산양具업시산양하는고로 雪上산양온더욱趣味的이라하나이다。

우리는 메로들노 두루踏破하기始作하얏나이다。 나는本是雪上산양이처음이라 스베리하기에볼일 못보앗나이다。 동무들의씩씩하게달리는서슬이야 십술겨워못보겟더이다。 나는一步에업더지며 再步에잣바지며 담이성하도록 艱辛히氣運것그몰을쌀아단이는판인데 동무들은 무슨大事이나잡은듯 악ㅡ하

고一時에써돌더이다。나는무슨끔찍한일이나잇나하
야 달려가본즉 죽으미 한토세한머리를잡앗더이다。
어찌웃스운지요 그리자 내六寸아오가「야ㅣ수낫다
ㅣ」하고 高喊하며손ㅅ벽치더이다。그는족제비발자
국을 發見하얏더이다。그래서 우리一行은 그발자
국을 차즘차즘더듬어가보니까 그족제비는 어썬나
무썬알에로돌어갓더이다。그래우리一行은 四面八
方으로생둘러서서把守를보고 突擊將으로나의八寸
兄이들어가 나무단을잡아혀첫나이다。그리자「여겨
나간다ㅣ」하고西方守兵이써들더이다。족제비는 어
느덧一馬町이나다라낫더이다。우리一行은 그놈을
잡으려고 一時에닷옴질을하며「여겨간다」「저겨간
다」하야 泰山이문어지재야단법석을하얏나이다。그
는혼자이오 우리는여렛이라 불상한족제비는 그만運
命이盡하얏는지 우리들의손에잡혓나이다。바로名
探隊가 懸賞賊이나 捕縛한듯 짓브고조화서 막날쒸
며 손ㅅ벽치며 웃더이다。비록一尾의黃毛나마 當
場의快味는 퍽興致的이더이다。

兄님 어젓이趣味아닙니까? 尺雪을踏破하야 南山
北原에 산양질하는 써써한村丈夫들ㅣ
산뜩한장판方에 火爐불세고안저 시시섭화ㅣ한小
說에 쌍닥쌍박하는 서울샌님들과 어써하서요? 나
는四五次靑氷에 잣바진볼기짝이 아주것얼얼하나마
오히려快하야 스스로웃나이다。서울샌님들果然부
러우실걱이지요? 우리一行은 해가진뒤에야집으로
끌아왓는데 로세세머리와 평한머리와 족제비두머
리의成績으로 아조快하게놀엇나이다。누의동생들
은 어써그리반겨하며 저녁밥은어써그리맛도조흔지
요? 저녁後에 여러산양군들은 나의집으로모어와
서 當日의산양하던이약이로 서로웃어가며 아모意
意업는天眞속에서 서로즐기다가 열시에야 우리는
院宴으로 국수추렴을갓섯나이다。

四、장 날

兄님 서울가튼都會處는 별로장날이라고 이름한
날이업지마는 시골서는 닷새만에한번써 장날이잇
습니다。이장날이야말로 또한참구경거리지요。
장날이되면 村양반님네는 쌀이나 팟이나 콩이나
모든穀食을 한말써或두말써 퍼서지고 장으로가나
이다。穀物이업는이는 鷄卵이나 生雉이나 或皮物
等屬을가지고가지요 가서는 이골목저골목에 별려
노코 賣買를시키는데 自己의要求하는갑세서 한푼

朴春城, 「겨을의 農村生活을 들어써」, 『개벽』 7호(1921.01.01), 88쪽

어들리며래도아니팔고 돌우지고가나이다。 村양반님네 돈貴해하는性癖이야 참놀랍지요 어썬돈모는양반은 風寒雪路三四十里를와서 盡日장을보고라도 一二十錢이아까워서 點心한그릇을아니사먹나이다。或가다가新査長이나맛나야 부들부들썰면서 술주머니에,꽁꽁집어너엇던 돈을터처서 一二十錢쓰는일이잇지요 그리고는 自己婦人의간절한付托이나마 바늘한개 실한바람아니사다주지요 그러나 그의反對로 어썬서방님들은 家庭의緊急問題로 엽는쌀이나마 한두말씩지고와팔아서는 色酒家에게 다바치고가지요 그리하야 家庭의風波까지일으키는수가만치요 또어썬솜씨조흔이는 이렁저렁居間의手數料로 돈푼이나잡아가지고 술잔독먹고 夕陽山路에 비틀거름으로돌아가나이다。 이러한모든것이 장날의구경거리외다。

兄님 시골의 겨울의 農村生活은 대개이러하외다。 남은말은 後期로밀고 그만두려하오며 兄님의健康을삼가祝할뿐이외다。

(十二月十三日茄子峰下草屋에서)

朴春城, 「겨울의 農村生活을 들어써」, 『개벽』 7호(1921.01.01), 89쪽

04

상례

- 신문 편
- 잡지 편

死後葬禮는

팔천호의친척들이 시톄를안장한다고

강우규의 친족이 경상남도 진주(慶南晉州)에 팔천여호가잇슴으로강우규가사형집힝을당한후에 시톄는 그친족이 합력하야 진주선산으로 안장할터이기대 이를주선하기위하야 진주강씨 중에서 몃칠안으로 대표자가 올나와서 강우규의 사형집힝하기를 기다리어만창의 수속을 유감업시하고 강우규의무덤에는 그일가일동이 합력하야 석비(石碑)를하야 세울터이라더라

「死後葬禮는 팔천호의 친척들이 시톄를 안장한다고」, 『동아일보』 (1920.05.28), 3면

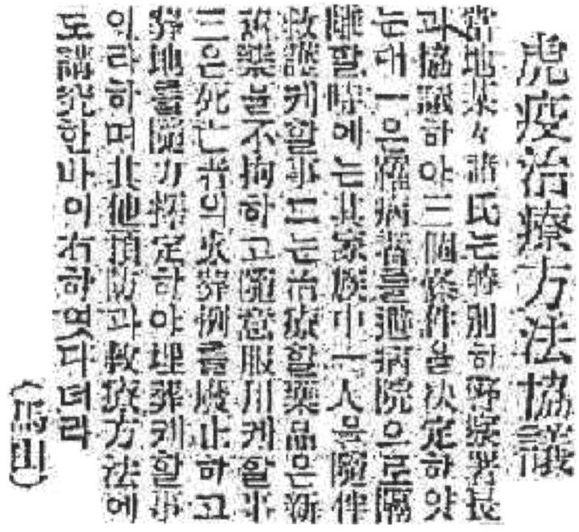

虎疫治療方法協議

當地某々諸氏는特別히警察署長과協議하야三個條件을決定하얏는대一은罹病者를避病院으로隔離할時에는其家族中一人을隨伴救護케할事二는治療할藥品은新舊藥을不拘하고隨意服用케할事三은死亡者의火葬例를廢止하고葬地를隨力擇定하야埋葬케할事이라하며其他預防과救療方法에도講究한바이有하엿다더라(馬山)

「虎疫治療方協議」, 『동아일보』(1920.07.21), 4면

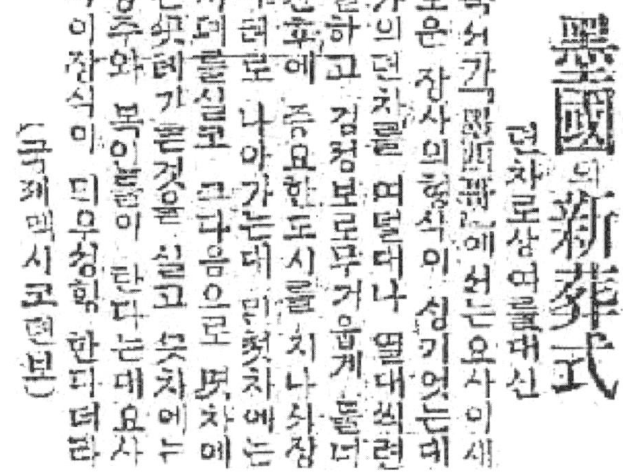

墨國의 新葬式

뎐차로상여를대신

묵서가(墨西哥)에서는요사이새로운 장사의형식이 싱기엇는대가의뎐차를 여덜대나 열대씩련졀하고 검정보로무거웁게 둘너싼후에 중요한도시를 치나와장사례로 나아가는데 맨첫차에는시톄를실코 그다음으로 몃차에는꼿테가튼것을 실고 끗차에는상주와 복인들이 탄다는데요사이이장식이 미우성힝 한다더라

(국제멕시코뎐보)

「墨國의 新葬式」, 『동아일보』 (1920.07.31), 3면

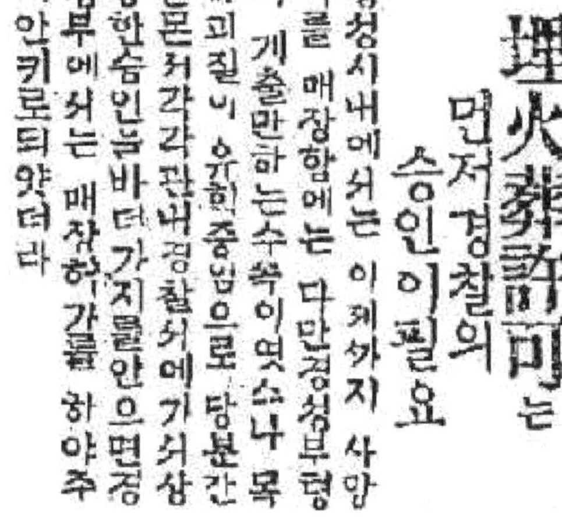

埋火葬許可는 먼저경찰의 승인이필요

경성시내에서는 이제까지 사망자를 매장함에는 다만경성부령에 게출만하는수속이엿스나 목하괴질이 유행중임으로 당분간은몬저각각관내경찰서에가서상당한승인을바더가지물안으면경성부에서는 매장허가를 하야주지안키로되얏더라

「埋火葬許可는 먼저 경찰의 승인이 필요」, 『동아일보』 (1920.08.08), 3면

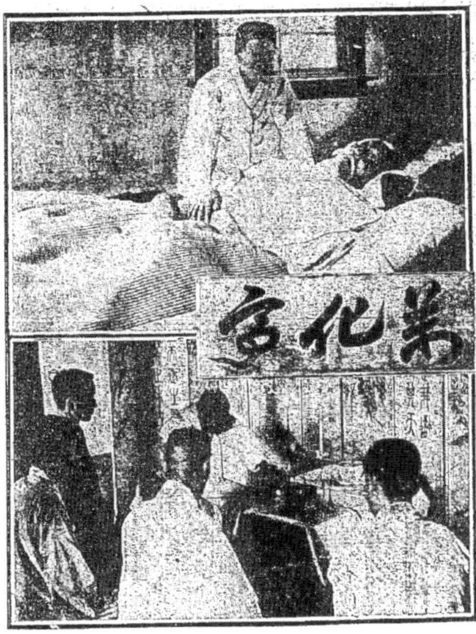

◇최후의 손병희씨 (상)상춘원일병상에누은손씨(중)손씨의필적(하)작일발문객의련도교식조례

教會葬으로 牛耳洞에

손병희씨의장례절차결뎡

상복은빅오일간검정동뎡

손씨장의에 대하야는 작일상오
십시부터 천일손병희씨의 병실
이오 방흡빈조로당한 상춘원구
내양옥이칭에서 교주박인호(朴
寅浩)씨이하 중앙총부의간부와
도사(道師)제씨가 모히어 일변
으로 장의절차를 의론하는동시
에 면저 장의사무를 의식(儀式)
재무(財務) 통신(通信) 서무(庶
務) 응접(應接) 등의 다섯부를두
고 여러가지의 준비에 분망한데
회의의결과 위선장의는 교회장
教會葬 으로하야 삼칠일장으로
집행하기로하야

육월구일 에 집행하기로
하고 장디는손씨가 생전에자주
거거하든 봉황각(鳳凰閣)이 잇
는우이동(牛耳洞) 구내에 조흔
곳을가리어 안장하고자하야 작
일정오경에 퇴디를 하기위하야
위원이 우이동으로 향하얏고 청
복은오는 이십이일청으로 거행
한다하며 명여도 보통명여를쓰
지아니하고 새규모로 제조하야
사용할터이오 가족과 일반교인
의상복은 입기로 대강작뎡이되
얏스며 손씨가 집행중자중에서
거하얏슴으로당국과의교섭이잇
슨후에야확실한결뎡이잇스리라
하며장의의자세한절차는추후작
뎡한다더라

상복제도 는 가족은깃옷
에 검정동정을다라서 일백오일
동안 거상을입고 일반교도는
다만 일백오일동안 보통의복에
검정동정을다라입을터이라더라

成市한淸水床邊

조문객이답지

손병희(孫秉熙)씨가 십구일상
오셔시에 동대문밧 상춘원별장
에서 서거하얏다함은 본지에임
의보도로 자세히 보도한바어니와
손씨의부음이 한번세상에전
하매 경성각사회의인사는 우중
임도불구하고 상춘원에 답지하
마 특별히련도교식으로 설치한
청수상(淸水床)압헤서 묵념(默
念)으로 조위의뜻을 표하엿고
손씨가생전에 힘을만히쓰던 보
성고등보통학교 동 초등학교와
동덕녀학교의 생도대표와지 조
위하러왓섯스며 수일전 위독의
뎐보를밧고 디방에서 올나오는
교도도 다수하야 상춘원구내는
대혼잡을 이루엇더라

關係學校의休學

조의를표하고저

손씨의당서에 대하야 씨가생전
에경영하든 보성고등 보통학교
(普成高等普通學校)와동덕녀학
교(同德女學校)에서는조의를표
하기위하야 작일일동안을 휴학
하고보성초등학교(普成初等學
校)와종학원(宗學院)에서도 휴
학하얏다더라

「教會葬으로 牛耳洞에, 손병희씨의 장례절차결뎡」, 『동아일보』 (1923.05.20), 3면

街上의 初冬 (五)

◇朝鮮葬儀社◇

◇……겨울에또돌니는서울의 얼골은 어느모로보아도참상굿고처참하다 가는곳마다 주림에시달니인 햇속한얼골뿐이오 들니는것마다 배를바수는듯한 이를가는소래뿐이다

◇……광화문통네거리에서종로를향하고 왼편길로나려오면 식커먼바탕에 쎌속한빗으로쓴 조선장의사(朝鮮葬儀社)라는 간판을세운 상두도가가잇다

◇……다 ｜ 허무러져가는그집 기동에등을기대고 해빗을쪼이며졸고안젓는 얼골에구김살만흔상두군들의 또다노흔듯갓흔 현상을볼수가잇다

◇……누구나죽음을실어하고 사람 아니생물이라면반드시도라오는그죽엄의날이잇슴을알면서도 그날을두려워하는것이엇만이네들은 상여를매보지못하는날은 한잔의막걸니도손에들어보지못하는날이다

◇……그네들의게는죽엄보다도주림이더합수업는 압흠이요 옹숭구리고 길바닥에서조는것보다도 추기가코를쐐르는듯하는그상여를메일때가 데일무엇보다도흥취가나는때다

◇……그네들은졸다가도몸을부르르ㅡ떨고는 바지갓흔눈갑이걸쳐허쉬인눈을떠서 휘비덕거리며좌우를돌너본다 그의중얼거리는입으로는「오늘은부고(訃告)가왼일이야」하는듯하엿다

◇……광화문통에서몰너오는회호리바람은 그네들의조름을쌔노코마럿다 길거리에 다름질하는 모든사람의 거로감팡질팡굴리는 그네의눈동자는모든사람의죽음넘을 짐치는것갓다

◇……인생의 겨울은 그다리는그네의 겨울살이……

「街上의 初冬[五] 朝鮮葬儀社」, 『동아일보』 (1924.11.26), 2면

葬式行列沮止타가 數百群衆亂鬪

미신으로 일어난 싸움

◇重輕傷者는七名

【안성】룡인군 고삼면(龍仁郡古三面)김모(金某)가 지난이일 그부친의장식을 지나고저 안성군삼죽면 남풍리(安城郡三竹面南楓里)아프로 장식항렬을지어가지고 지나다가 그곳문명윤(文明允)외수인이『장식항렬이 남풍리 압길로지나가면 공동우물(共同井戶)을지나가게되는바 동리에 전염병이생긴다는 미신이 녯적부터전해옴으로 동리에서 상사가날때도 이우물을지나가지안는습관인즉 장식항렬을 다른길로 돌아가라』는뜻으로교섭하랴함을보고 그장식항렬에 딸하가는사람이 곤봉을들고 전긔문명윤외여섯명을 란타하야 회장군등 이백여명이 한무덕이가되어 큰싸움이일어낫스나 남풍리에서는 그날마츰 그동리사람의장식에 회장하려가서 이싸움을말리는사람조차업섯다 전긔일곱사람은 전부 오일내지이수일이상의치료를 요하는 중상을당하얏슴으로 피해자측에서는 상해고소를제긔하려고 그곳공의를청하야 진단서를 내이엇다한다

「葬禮式行列 沮止타가 數百群衆亂鬪」, 『동아일보』(1930.10.09), 6면

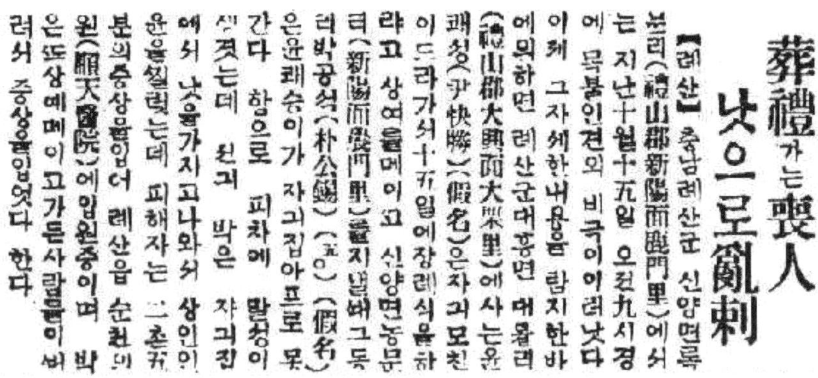
葬禮가는喪人 낫으로亂刺

【례산】 충남례산군 신양면록문리(禮山郡新陽面祿門里)에서는 지난十월十五일 오전九시경에 목불인견의 비극이 이러낫다 이제 그자세한내용을 탐지한바에의하면 례산군대흥면 대률리(禮山郡大興面大栗里)에 사는윤쾌칭(尹快勝)(假名)은자긔모친이드라가서十五일에장례식을하랴고 상여를메이고 신양면농문리(新陽面農門里)를지낼배그동리박공석(朴公錫)(五○)(假名)은윤쾌승이가 자긔집아프로 못간다 함으로 피차에 말성이 생겻는데 윤과 박은 자긔집에서 낫을가지고나와서 상인이윤을찔럿는데 피해자는 二촌五분의중상을입어 례산읍 순천의원(順天醫院)에입원중이며 박은또상예메이고가든사람들이 버려서 중상을입엇다 한다

「葬禮가는喪人 낫으로亂刺」, 『동아일보』 (1931.10.21), 2면

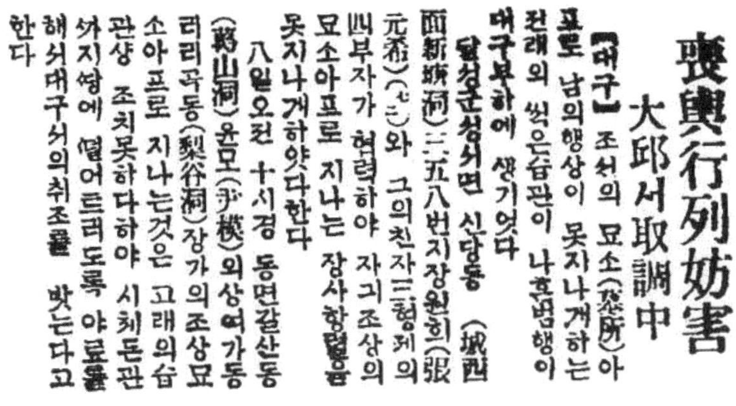

喪輿行列妨害
大邱서取調中

【대구】 조선의 묘소(墓所)아프로 남의행상이 못지나게하는 전래의 썩은습관이 나흔범행이 대구부하에 생기엇다

달성군성서면 신당동 (城西面新塘洞)二五八번지장원희(張元希)(七二)와 그의친자三형제의 四부자가 협력하야 자긔조상의 묘소아프로 지나는 장사행렬을 못지나게하얏다한다

八일오전 十시경 동면갈산동(葛山洞)윤모(尹模)의상여가동리리곡동(梨谷洞)장가의조상묘소아프로 지나는것은 고래의습관상 조치못하다하야 시체든관싸지땅에 떨어트리도록 야료를 해서대구서의취조를 밧는다고 한다

「喪輿行列妨害, 大邱서 取調中」, 『동아일보』 (1932.09.15), 4면

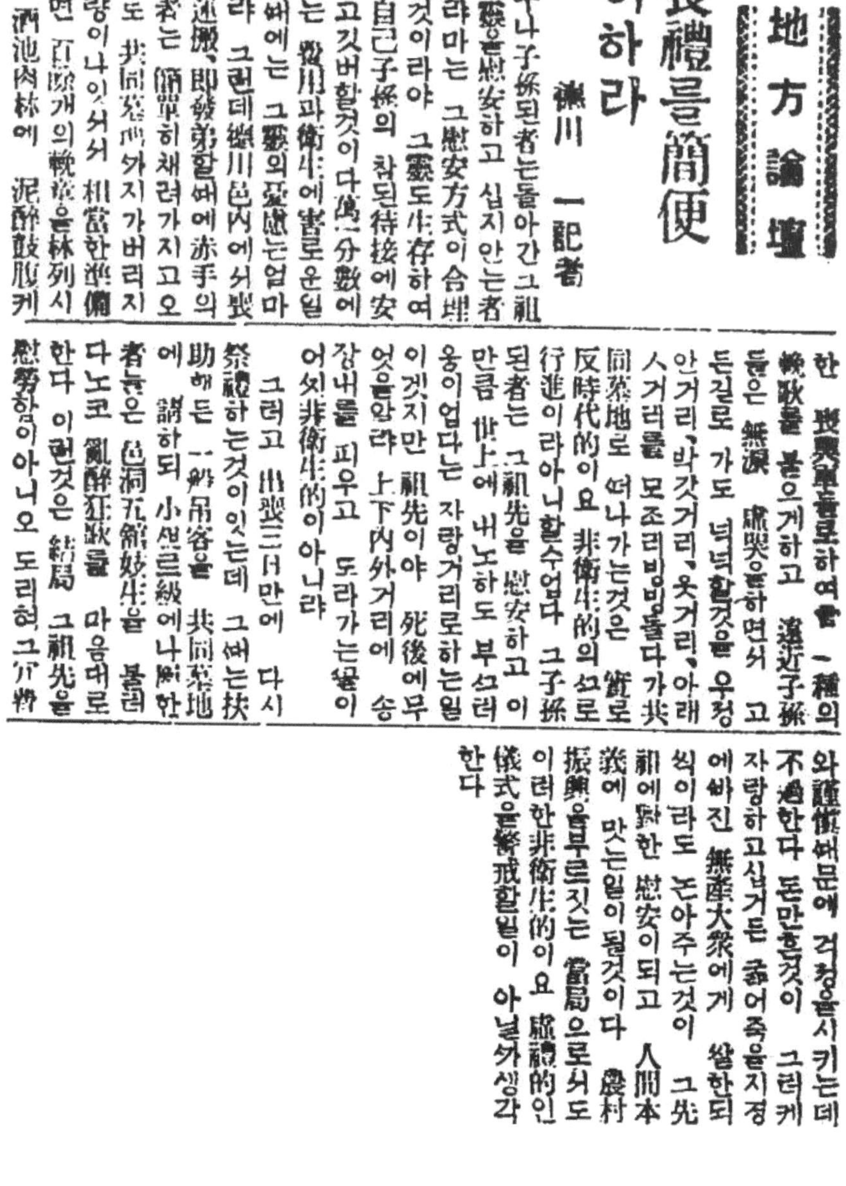

地方論壇

喪禮를簡便히하라

陰川 一記者

누구나子孫된者는돌아간그祖先의靈을慰安하고 십지안는者잇스랴마는 그慰安方式이合理化한것이라야 그靈도生存하여잇는自己子孫의 참된待接에安心하고깃버할것이다鳥分數에넘치는 陰川파衛生에害로운일을할때에는 그靈의憂慮는업마나하랴 그런데陰川邑內에서喪輿를運搬、即發引할때에赤手의無産者는 簡單히채려가지고오든길도 共同墓地까지가버리지만돈량이나잇서서 相當한準備가되면 百餘개의輓章을林列시키고 酒池肉林에 泥醉鼓腹케한 喪輿[illegible]로하여금 一種의輓歌를 불으게하고 遠近子孫들은 無淚 虛哭을하면서 고든길로 가도 넉넉할것을 우정안거리、박갓거리、웃거리、아래ㅅ거리를 모조리빙빙돌다가共同墓地로 떠나가는것은 實로反時代的이요 非衛生的의 으로行進이라아니할수업다 그子孫된者는 그祖先을 慰安하고 이만큼 世上에 내노하도 부끄러옵이업다는 자랑거리로하는일이겟지만 祖先이야 死後에무엇을알랴 上下內外거리에 송장내를 피우고 도라가는것이어찌非衛生的이아니랴

그러고 出喪三日만에 다시祭禮하는것이잇는데 그때는扶助해든 一般吊客을 共同墓地에 請하되 小學三級에나該當한者들은 邑洞冗雜妓生을 불러다노코 亂醉狂歌를 마음대로한다 이러한것은 結局 그祖先을慰勞함이아니오 도리혀 그冗費와謹愼때문에 거칭을시키는데不過한다 돈만흔것이 그러케자랑하고십거든 굶어죽을지경에빠진 無産大衆에게 쌀한되씩이라도 논아주는것이 그先祖에對한 慰安이되고 人間本義에 맛는일이될것이다 農村振興을부르짓는 當局으로서도이러한非衛生的이요 虛禮的인儀式을警戒할일이 아닐가생각한다

「喪禮를 簡便히 하라」, 『동아일보』(1932.11.04), 3면

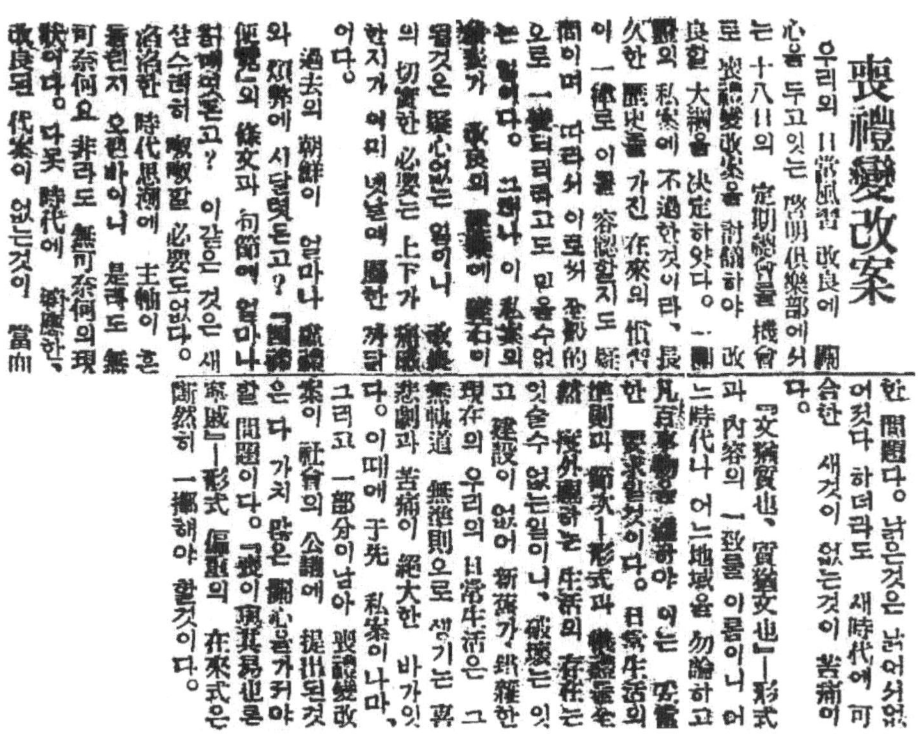

喪禮變改案

우리의 日常風習 改良에 關心을 두고잇는 啓明俱樂部에서는 十八日의 定期總會를 機會로 喪禮變改案을 討議하야 改良할 大綱을 決定하얏다。 一黨의 私案에 不過한것이라, 長久한 歷史를 가진 在來의 慣習이 一律로 이를 容認할지도 疑問이며 따라서 이로써 全般的으로 一變되리라고도 믿을수 없는 바이다。 그러나 이 私案의 發表가 改良의 基礎에 礎石이 될것은 疑心없는 일이니 改良의 切實한 必要는 上下가 痛感한지가 이미 녯날에 屬한 까닭이다。

過去의 朝鮮이 얼마나 繁禮와 煩弊에 시달렷든고? 「國禮便覽」의 條文과 句節에 얼마나 拘束되엿든고? 이같은 것은 새삼스럽히 擧論할 必要도 없다。 滔滔한 時代思潮에 主軸이 흔들린지 오랜바이나 是非도 無可奈何요 非라도 無可奈何의 現狀이다。 다못 時代에 適應한, 改良된 代案이 없는것이 當面한 問題다。 낡은것은 낡어서없어젓다 하더라도 새時代에 可合한 새것이 없는것이 苦痛이다。

『文猶質也、質猶文也』―形式과 內容의 一致를 이룸이니 어느時代나 어느地域을 勿論하고 凡百事物을 通하야 이는 妥當한 要求일것이다。 日常生活의 準則과 節次―形式과 規範을 離脫하야 生活의 存在는 잇을수 없는일이니, 破壞는 잇고 建設이 없어 新舊가 錯雜한 現在의 우리의 日常生活은 그 無軌道 無準則으로 생기는 喜悲劇과 苦痛이 絶大한 바가잇다。 이때에 于先 私案이나마, 그러고 一部分이나마 喪禮變改案이 社會의 公議에 提出된것은 다 가치 많은 關心을가저야 할 問題이다。 『喪이與其易也론寧戚』―形式 偏重의 在來式은 斷然히 一擲해야 할것이다。

「喪禮變改案」, 『동아일보』(1933.02.21), 1면

啓明俱樂部
喪禮變改案

지난二월十八일 계명구락부(啓明俱樂部)총회에서 상례(喪禮)변개안이 제출되어 이래이에 대한 전문위원들이 연구를 거듭하고잇더니 二十九일 오후 시내국일관(國一館)에서 동구락부 총회를열고 이 변개안을 결정하였다。

그요지는 상기(喪期)와복기(服期)를 단축하되 一등복과 二등복 三등복으로 구분하야 一등복은백일, 二등복은三十일, 三등복은十일로 정한 것이다。

그외에 상복과상장 복제(服制) 장의(葬儀) 습과염 성복 영좌 장지와장일 반인 운구지 제수 차배 등에 대한것등 전후二十八조의성문으로 된것도 전기와과같이결정한것이다。

「啓明俱樂部 喪禮變改案」, 『동아일보』 (1933.07.30), 2면

喪禮簡易化를 討議決定
啓明俱樂部總會서

「喪禮 간이화를 토의결정, 계명 구락부 총회에서」, 『조선중앙일보』 (1933.07.31), 2면

英國女皇陛下ᄂᆞᆫ登極以來로本年이六十年에當ᄒᆞᆫ지라古來로如此ᄒᆞᆫ在位가稀有ᄒᆞᆫ故로陛下ᄂᆞᆫ此를因ᄒᆞ야其位를皇太子웰스公에게讓ᄒᆞ기로決定ᄒᆞ얏다고英國新聞에見ᄒᆞ얏더라

(日本皇太后의葬禮彙報)　(據日本新報)

日本皇帝陛下ᄂᆞᆫ大喪을因ᄒᆞ야全國에大赦ᄒᆞ고全國人民에게下恤金四十萬圓을下ᄒᆞ야一切臣民으로皇太后의聖德을銘感케ᄒᆞ얏다더라

我大使李夏榮氏ᄂᆞᆫ慰問使　命을奉ᄒᆞ고神戶에着ᄒᆞ니大喪使事務官井上勝之助氏가同地에出迎ᄒᆞ야二月一日午後零二十七分滊車에西京에着ᄒᆞ니山田西京知事以下가七條停車場에出迎ᄒᆞ고宮內省馬車에乘ᄒᆞ야西京호텔(旅舘)로드러가處所를定ᄒᆞ고大喪에叅列ᄒᆞᆯ테이라더라

皇太后靈柩ᄂᆞᆫ二月三日에東京으로브터西京에着ᄒᆞ야八日에西京泉涌寺에셔葬禮를執行ᄒᆞ얏다더라

(李鴻章의進退)

李鴻章氏ᄂᆞᆫ歐州로還ᄒᆞ야勢力이頓衰ᄒᆞ얏더니近日에다시皇帝의寵을承ᄒᆞ야쟝ᄎᆞᆺ

外報　十三

141

「日本皇太后의 葬禮彙報」, 『대조선독립협회회보』 6호(1897.02.15), 13쪽

05

제례

- 신문 편
- 잡지 편

耶蘇教側의 觀察

조상에게제사를지내는
종교사상이불완하고도덕관념이
유치할때에의식뎍도덕에불과
하든의족의미신뎍풍속

京城宗橋南監理 會牧師 梁柱三

耶蘇教의 祭祀問題

「예수교와제사문뎨」이것은편리하면유교사상과새로드러온예수교사상이 아울러희하는금일의 조선계에부사회에서는학상의론이잇던바어니와 지난이일븐보에게재된바 경북영주군에성긴「남편이긔독교를밋는까닭에·치모의상식을지내지아니할을인하야 그안해가자살을하얏다」하는 사실과덧거긔대한리상재(李商在)씨의감상에 대하야 예수교편에서와 유교편에서의론이매우노픈모양이라 인하야 이긔회에예수교편과 밋그이외사상방면의대표될만한 의견을약간소개하야 사회의판단을구하고저하는바이나 여긔대하야 동아일보에서 세상에대하야미리분명히고하야두랴하는것은 동아일보는본래우리 민족의데의신문이오 유교이나예수교이나 기타종교의교파를 가리지안코호도강령이다른바이 엄숙으로이 문데에대하야 모도동아일보의의견으로가부를 비평판단하는것은다른긔회가 따로잇스려니와여긔에소개하고저하는데 대하야는동아일보에서 어느편에대하야던지철대로 공평한국외자 디위에 잇서々 다만 세상의참고의자료를데공할뿐이라 혹시오해가잇슬가하야 특별히이뜻을긔록하노라

구월일일발행 동아일보 뎨일발오십이호 뎨삼면에「매매무죄하긔독교의 희생자」라는뎨목아래에긔사한것을보면 경상북도 영주군문뎡리(榮州郡文亭里)에사는권것화는 예수교를밋고 모친의삼중에 조석상식을 폐하매그안해박씨는 그남편의 불효한죄를자긔가 담당코저하야 그식모의신주는 동산에매안하고 자긔는불에싸저 죽엇다 하엿스니그는인류사정에 반대요 세상윤리에못될일이니 아마예수교를반대하는자의 선전(宣傳)이즐노증명할지라그런유는

一、보통 경험으로보면 싀모와며나리사이에 싱명을 맛가지안키까지친절함이업슴

二、싀모 상시에는 비록 며느리가 풍속과습관과 형편을따라싀모의게 효성이 잇슬지라도죽은후에 졔사를 폐하게되엇다고 자긔남편을배반하고 죽는것은 보통인정에반대됨

三、이상의 리유를 가지고보건대권척화의안해 박씨가 과연죽엇슬것갓흐면 다른면고를인하야 죽엇슬터이니 애매히긔독교뢰 희생자가 되엿다는것은 인류상식에 허락지아니할

또그다음에는종교상에도 조선혼을불실하라는데목아래에 중앙편히총무리상재(李商在)씨의말이라하고 예수교인이 조상의게제사하지안는것은

조선정신을 일허바리는것처럼 비란하엿스니 과연우리가 존경하는리상재씨의 말일것갓흐면나는지자천려에필유일실(智者千慮必有一失)이라는말이여긔쓰라는말인줄알며또조상의게제사하는것은조선정신과조선혼을보존한다하면그는큰오해라나는그밀에찬성치못하겟노라며개 조상의게제사하는 풍속은비말하면 중국에도잇스니 중국혼도되겟고 일본에도잇스니 일본혼도되겟고 인도에도잇스니 인도혼도되겟고 애급에도 잇스니애급혼도되겟고

남양주에도 잇스니남양주혼도되겟고 아푸리가에도 잇스니 아푸리가혼도되겟고 긔독교의발상디되는 유대국에도 사고에는 잇섯스니 유대혼도될지라 하필조선혼이라하리오 조상의게제사하는것은 세계 인류가다경력하고 버서바리고저 하는것이며 과학지식이 천다하고종교사상(宗教思想)이불알하고도덕관념(道德觀念)이유치할때에쓰던벌종 미신뎍풍속(迷信的風俗)이오 의식뎍도덕(儀式的道德)에불과한것이라 그런고로조상의게 제사하는사람의 수효가날노감하고 달노줄고 해로각축하야불구에 세계상에 한사람도업게될것이 분명하도다.

과학이발달 되야 공중에날아단이며 종교 사상이 통일되며 하나님만 신(神)으로인중하며 도덕 관념이 향상되야 부모 성젼에 효성으로 섬기는것과 사후에제사하는 것의본별이잇는것을 석닷는 이십세기(二十世紀)에 취하야 남의락후자(落後者)된 조선사람으로서선조에 제사지내는 것만으로조선혼이라할것갓흐면 조선민족의전도이 락관뎍(樂觀的)이라하기가 어려울지라 그런고로나의간절히 바라는것은 우리조선형데자매들은쇠어서속히진심으로 목읍무이하고 권능친지하신하나님만밋고공경하며어서속히열심으로 과학을빈호며

실업에종사하야부패하고북그럽고 욕스러온 뒤를도라보지말고 새정신과 새희망과새도덕을가지고 두렴업시 분투하면서 압흐로나아가시기를 바라옵니다.

梁柱三, 「耶蘇教와 祭祀問題, 耶蘇教側의 觀察」, 『동아일보』 (1920.09.04), 3면

祭祀와 偶像崇拜

朝鮮의 祭祀는 一神思想에 違反되지 아니한다

「祭祀와 偶像崇拜」, 『동아일보』(1920.09.10), 1면

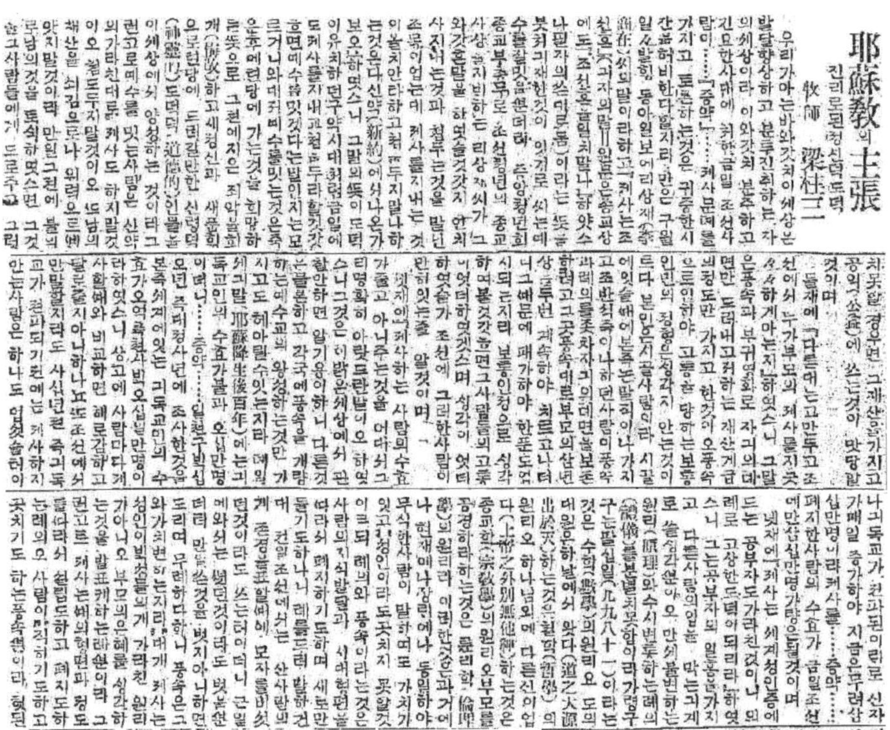

耶蘇教의 主張

진리로된경신적도덕

牧師 梁柱三

梁柱三, 「祭祀폐지에 대한 耶蘇教의 主張」, 『동아일보』(1920.09.11), 4면

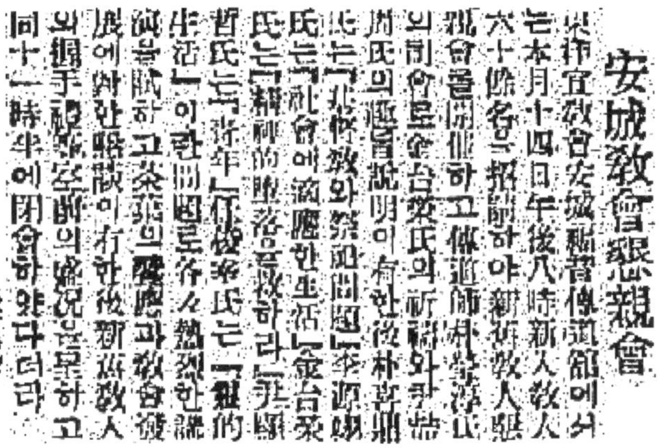

安城敎會懇親會

[illegible]敎會安城監督傳道部에서는本月十四日午後八時新人敎人六十餘名을招請하야新舊敎人懇親會를開催하고傳道師朴善淳氏의司會로金台榮氏의祈禱와尹告用氏의趣旨說明이有한後朴喜鼎氏는「基督敎와經濟問題」李源卿氏는「社會에適應한生活」金台榮氏는「精神的墮落을救하라」尹顯哲氏는「靑年」任俊榮氏는「靈的生活」이란問題로各々熱烈한講演을賦하고茶菓의饗應과敎會發展에對한懇談이有한後新舊敎人의握手禮와歡談의盛況을呈하고同十一時半에閉會하얏다더라 (安城)

朴喜鼎, 「安城敎會懇親會」, 『동아일보』 (1920.09.21), 4면

「祭祀問題를 再論하노라[一]」, 『동아일보』 (1920.09.24), 1면

祭祀問題를再論하노라 (二)

「祭祀問題를 再論하노라[二]」, 『동아일보』(1920.09.25), 1면

祭祀問題를機會로하야
靈魂問題를一言하노라

猪巖

月前東亞日報紙上에 偶然한일로因하야 祭祀問題가한번同紙의上에나타나자 문득社會의輿論을喚起하야 儒敎側과佛敎側의名士ㅣ各各自己의所信하는바로써 그問題에對한可否를論하엿스며 또한同紙의主張으로此에對한論議모잇섯다 吾人은當時ㅣ多大한興味를가지고 이를외웟스나 또는研究의材料로胸中에多少ㅣ품은바가잇서왓다

元來ㅣ祭祀라함을儒敎에對한一種儀式으로볼수잇다하면 祭祀問題를들어屢次再論함이 儒敎의體面上으로는 幾分間宗敎的信仰觀念을毁損한다볼수잇나니 何故오하면或宗敎에對한一種信仰的儀式이 世間의是非의거리로오르게됨은 그中에는隱隱히同敎의根本的精神이多少消極的方面으로動搖되어오는感想이업지아니함으로써라 그러나儒敎에對한祭祀問題는 다못儒敎의一種儀式으로만볼수업고 朝鮮人一般의(他의宗敎信者를除하고)因襲的風化로認定할수잇나니 그는儒敎가五百年來ㅣ朝鮮의國敎가되어잇섯슴으로祭祀法도쌀아서一般人民이다가티神聖不可侵으로遵奉하야왓슴으로써라 故로다만祭祀法을遵奉함으로마는 다가티儒敎의信者라認定치못할것은勿論이니 아點에서祭祀法을批評함은 儒敎에對한宗敎的儀式을 純粹히評論함이아니오 朝鮮人一般의因襲的習慣을批判함으로보아도또한過言이아니라함을吾人은먼저一言하야두노라 勿論一般에對한祭祀的因襲이儒敎에서울어나온일이지마는 只今에在하야儒敎信者와一般無宗敎者가區別케된以上은 一般의祭

猪巖,「祭祀問題를 機會로 하야」,『개벽』5호(1920.11.01), 32쪽

祀因襲을論評함이直히儒敎의儀式을批判함이라直斷키難한것이아니라

그런데吾人이今에此를一言코저함에際하야 먼저基儒二敎側의主義主張을들어보건대 兩敎의主張이다가티그럴듯하야보인다 基督敎의側으로말하면 元來사람의靈魂이란이世上에잇는것이아니니쌔 또는耶穌敎의敎訓에 耶穌敎以外의것을崇拜함은魔鬼를섬기는것이라가르첫스니쌔아모리祖先을爲하야祭祀를지낸다할지라도 그는한偶像崇拜에不過한迷信이라하야 그를排斥함도 그들의所信으로는適當한일이라할것이며 儒敎의側으로말하면 孔子부터靈魂의歸宿處는仔細히말하지아니하고 다못「아즉生을아지못하거던 어찌死를말하리오」한一言으로徒弟에게對答한것이니쌔 靈魂이아이世上에잇던지업던지이는아지못하지마는 또는靈魂이잇다한지라도 그가산사람파가티祭祀에叅與하는지 안하는지는아지못하지마는 子孫된者ㅣ父母의死後精靈에對하야祭祀를設함은 孝心上至當한일이라하야 그를主張함도 또한그들의所信하는바에依하야 適當한觀念이라할것이다 이와가티各各自己들의所信이다른데서 나온말이니쌔 무엇이祭祀를지내는것이迷信이라排斥할것도업는일이오 또는祭祀를지내는것이 무엇이眞理라고도말할수업는일이라할것이다 그런데基督敎側의祭祀를偶像崇拜라하야排斥하는理由의下에서그를再次一言하면 그들은祭祀와偶像崇拜를混合하야보는까닭에서 그를非難하는것이니쌔 만일祭祀라하는이름을고처紀念이라할것가트면 그들도그에對하야排斥이업슬듯하다 돌아가신父母의死日을爲하야紀念함에시장하니쌔 飮食을準備하고 서르니쌔哭하고우는것이야 무엇ㅣ偶像崇拜가될것이업는일이오 다만問題되는것은虛位의神主를맨들어놋는다던가 그에다飮食을차리고절아虛拜를한다던가하는것이 偶像崇拜에가까운일이라할것뿐이니 그로써말할지라도 以上에暫述함파가티 元來ㅣ儒敎에서祭祀지내는本意가父母의靈魂이祭祀場에降臨한다는唯一의信念으로써하는것이아니오 다만孝라云하는至誠의觀念으로써即「事死如生」의孝心으로부터나온일이라볼수잇다하면 其實祭祀는神主와虛拜가重한것이아니오 精神上要點되는孝心이重한것이며 그리하야그孝心으로父母의死日을紀念함이 가장重大한것이니쌔 만약孝心이업고 無意味한神主와虛拜로써 父母에對한死日紀念의本意라하면 그들도畢竟ㅣ이를쓸데업는虛飾이

猪巖, 「祭祀問題를 機會로 하야」, 『개벽』 5호(1920.11.01), 33쪽

라할수잇스리라 이點에서神主와虛拜는 다만孝心을表하는方便과虛飾에不過함인즉 時代의進運에伴하야 設令神主와虛拜를撤廢할지라도 祭祀의本精神되는孝心에는조음도違反될것이업고 祭祀法은依然히祭祀法으로孝父母의美風을養成하야갈수할지라 그러나그들이神主와虛拜를 얼른撤廢치못하는所以는그가一種宗敎的으로된先人의舊制라 그를撤廢하면儒敎의精神에幾分間減殺되리라는觀念도업지안한셔이오 또는父母를爲하는孝誠即「事死如生」의孝心에서神主로되고虛拜도된것이다하면 무엇이그가虛禮에도할때잇스리오主觀함에잇슬것이다

그런데吾人이이에對하야局外의觀念으로써 크게한가지생각할바는 먼저祭祀그것의問題니 即祭祀그것이우리一般朝鮮人民의習慣風俗的道德上 그가반듯이잇서야必要할가업서야必要할가를一考할일이며다음에는그가반듯이잇서야必要하다하면 過去制度그대로因襲함이必要할는지 或은方式을改良함이必要할는지考察한後에 必要하면 必要한대로遠慮업시改造함이우리의今日ㅣ急務라할觀念上으로부터 玆에吾人의所考를叅考的으로言하노라

以上에一言함과가티 朝鮮에在한祭祀法이 勿論儒敎에서나온儀式의一種이라할지라도 그가國敎的風化로써 一般의因襲的儀式이된以上은 孝라云하는觀念으로부터父母의死日을紀念하는意味로보면 이는但히儒敎에在한宗敎的儀式으로만볼것이아니오 一般民衆의 孝父崇師의性情에서스스로울어나오는一種風化上制度로보아도不可한배업슨즉 朝鮮에對한習慣道德上ㅣ祭祀法은 잇슴이업나니보다 敎化上必要不可缺한것임을吾人은自斷하며 아니祭法의有無가必要上서로比較가된다할지라도 妨害로움이업는習慣을일부러업시하자主張할必要가업고 다만우리가主張할바는 그를時代進運에쌀아多少그方式을改良치아니함이不可하다論할것뿐이니 即祭祀法의重要精神되는孝父母의風化는어대까지던지保存케하고그虛飾虛禮되는者를改良하야永遠히우리朝鮮人의美風을作하자함에在하니 우리의思考로말하면 祭祀法에在한神主와虛拜는 過去或時代에在하야는 그가民衆을導함에或必要한制度라하겟스나時代가進化한今日에잇서는 그가도리혀 孝父母의神聖한觀念에 精神的尊嚴을損缺하리라하노니 何故오하면 今日에在하야는아무런지 神主와虛拜는 다못一種의虛飾으로일지아니치못하게되엇슴으로써라 그는基督敎에서

猪巖, 「祭祀問題를 機會로 하야」, 『개벽』 5호(1920.11.01), 34쪽

祭祀와偶像崇拜를混同視하는事實로보아도可히알것이며 設令基督敎人이아니라할지라도 누가神主에父母의精靈이降臨하리라迷信하는者ㅣ잇스리오 그는아모리儒敎의篤信者일지라도 神主는다못祭祀의儀式을代表한標象物로볼지언정 그로써父母의精靈을代表할者라말치아니하리라 만일그로써父母의精靈을代表한者라하면 그는그父母의精靈에對하야넘우도踈忽히생각한다할수잇나니 何故오 神聖한父母의精靈이 一個의木牌에依하야 代表하엿슴으로써라 그러니ᄭᅡ神主는다못祭祀法의方便과方式으로볼지언정 父母의精靈代表로볼수업는以上은 神主는어대ᄭᅡ지던지虛飾이라할수밧게업도다 旣히神主가虛飾이된以上은 ᄯᅡ라서祭祀그것도ᄯᅩ한虛飾으로보지아니치못하게될것은一般民衆의常情이라할수잇나니 이點에서吾人은祭祀法에在한神主는祭祀의精神을尊嚴케함이아니오 褻히 그를輕蔑하는觀念이生케되리라하노라

그럼으로 吾人의主張하는祭祀의觀念은 基督敎와가티絶對로無所用한것이라하지아니하며 ᄯᅩ는儒敎와가티神主와虛拜의虛飾을그대로因襲하자함이아니오 다만그中間에超拔하야 祭祀의精神을 父母의死日紀念으로神聖히保管하되 다만그의方式과方便을一種嶄新的方法으로 伴時代的 伴進化的으로改良치아니함이不可라하노라

그런데祭祀에對한方法을 嶄新的으로改良하자면그는一個人의力으로到底此가實行됨이아니며 又祭祀法이 但히紀念의意味라할지라도 這間에는스스로靈魂의歸宿問題가包含되엇는지라 即祭祀는紀念의一種이라볼수잇스나 然이나玆에靈魂問題를全히抛棄하고單純히 普通紀念이라하는常例에돌리고보면祭祀의精神은스스로幾分의消滅을當할지라 故로祭祀問題는少하야도未分明하나마 靈魂問題의精神을此에添付치아니하면 祭祀의精神의根據가薄弱하야질터이라그럼으로祭祀法을改良코저하면그를一個人의任意로可能할者ㅣ아니오 엇던宗敎團體의精神에依하야 그方法을改良코저함이吾人의所見이니 이러한觀念下에吾人은參考的으로朝鮮에가장新宗敎되는天道敎의祭祀法을論하야 一般社會의 批判을求하고ᄯᅡ라서그의附屬한靈魂問題의一段을述코저하노라

天道敎에서는第二世敎祖海月堂의法門의一種되는向我設位法으로써 祭祀의儀式을確定하엿는데 向我設位法이라함은그字義와가티我를向하야位를設하는

猪巖, 「祭祀問題를 機會로 하야」, 『개벽』 5호(1920.11.01), 35쪽

制度니 卽儒敎에서壁에向하야位를設하던制度를廢하고 自我를主로하야位를設하는法이라 更言하면儒敎에서用하던神主와虛拜의制度를廢하고 神主의代에自我를神主로觀하며 虛拜의代에自我心靈에向하야心拜를獻하는制度니 玆에飮食物設備與否는問題가아니엇더라 然한데同敎에서何故로自我를向하야設位하는制度가出하엿나냐 이實로靈魂問題가此에關係한所以로다

以上에述함과가티 基督敎에서祭祀를排斥하는所以는그根本精神이 何에在하냐함을一言으로蔽하면此는父母의靈魂이此에在치아니하다는信仰의觀念에서出한所以이니 卽父母의靈魂은그罪惡의代贖에因하야或은天堂에往하고 或은地獄에往하는것이니써此世에서父母를爲하야設祭함은純然이魔鬼를爲함이라함이同敎의通俗的信仰임으로써라 又儒敎에서祭祀에置重하는所以는以上에述함과가티 純然이孝父母의觀念에서出하엿다할지라도 一般民衆의通俗的觀念으로말하면 父母의靈魂이何處에던지在하야 子孫을冥護하며又祭場에來禮한다는觀念에서出한所以는 그의여러經傳을叅考할지라도多少ㅣ類似한敎訓이잇고 또그가傳說로써一般民衆의觀念에傳來한것이라云치아니치못할지라(비록具體的說明又는靈魂存在에對한敎訓은업다할지라도) 如何튼지祭祀問題로聯想되는靈魂問題는各敎ㅣ共히異한觀念을가지고잇슬뿐아니라 그로因하야多大한互相間의偏見衝突이起하는것이라

又佛敎로論하면 그는基督敎와가티祖先崇拜의祭祀法은업다할지라도 靈魂問題는特然히明白한理論으로써그宗敎에對한骨子가되어잇나니 卽輪回轉生說과如함은그의一이라

이제由來宗敎에對한靈魂問題는世人이이미明白히아는것이오 又그의取捨可否는各人의所信에맛길일이오 決코어떠한것이可하고 어떠한것은否하다論할배엽나니 何故오하면 그는千古를降하면서哲人의腦漿을絞하고 達士의研究를傾하야도아즉未解決의問題로잇슴으로써라

그러니써 이제그들의靈魂問題에對하야 愚見으로區區히論할배엽고 玆에少하나마그問題의一端을發表할것은 天道敎에在한死後觀念이니 그는아즉世人에一人도아지못하는中에잇스며 또그가將來朝鮮文化建設上에多大한影響이잇슬것임으로써라 이제저道敎에在한靈魂觀念을一言코저함에際하야吾人은左

猪巖,「祭祀問題를 機會로 하야」,『개벽』5호(1920.11.01), 36쪽

와如한抽象의方式으로써그를表하면

一、宇宙는唯一의公靈公理(神)의表顯한者

二、宇宙의間에는別로人格的神이存在한者ㅣ아니오萬象의精靈其者總體가卽神이되나니故로宇宙는神의制造한者ㅣ아니오神의表顯한者임

三、萬物이但히唯一神의表顯일진대 何故로物象에千差萬別이生하느냐하면 그는進化의原則上物象의組織的ㅣ器數에應한배요 神其者의表顯은同一하나니 例하면草木과禽獸、禽獸와人이區別은進化過程上에在하야組織이相異함으로靈의表顯方式도또한相異한現象을生케함

四、人은組織이가장巧妙한者로進化의最極點에立한者니故로人은神의全能力을가장表顯한者로萬物의發長이며 天地의主人公이됨

以上은天道敎의一種宇宙觀人生觀을代表한者라하고보면 그로同敎의死後靈魂觀도可히窺知할수잇나니卽神의最高表顯으로된人의靈魂이肉體의消滅과共히神에融合一致할지라

然이나神의表顯으로된人의靈魂이但히肉體의消滅과共히다시神과融合一致한다하고보면 神은宇宙到處에在치아니한處ㅣ無한지라 卽大宇宙의總精神이直接神의存在를證明하는것인즉 그리고보면人의靈魂도神과融合하는一刹那 아니肉體消滅하는一瞬間神과共히宇宙總精神에融合乃已할지니. 然할진대人의死後靈魂의存在는何等意味가無함과如한感想이잇도다 그러나다시深考하면旣述함과如히進化學上ㅣ人이旣히神의全能力으로表顯한者인故로此點에서神의中心卽宇宙의中心은人類의精神으로보지아니치못할지니 然하면人類精神卽人世의總社會精神은卽神의王國이되지아니치못할지라 故로人의靈魂이神과融合一致한다함은 結局人의靈魂은社會精神과融合一致한다함이니 故로人의靈魂은死後에別로天堂에往하는者도아니며 又他의方法으로轉生하는者도아니오 永遠히此社會의精神과融合하야 社會精神으로더불어靈的生活을圖하는것이라 人의歷史가長하면長할스록靈的發達이銳敏하야짐도 畢竟ㅣ그裏面에는神秘의法則이流行한다할지로다 이제人의靈魂이社會의精神과融合한다함을 一層狹義的具體的으로써이를論하면 父母의精靈은子孫의精神과融合一致될것이오 敎祖의精靈은그를信하는徒弟의精靈과融合一致할것이니 更言하면基督의精神은基督을信하는徒弟의總精神속에서永生한다할지요 孔子의精靈은孔子를信하는徒弟의總精神속에서永生한다할지니 然하면人이父母의死後를爲하야紀念하나니 又敎祖의死日을爲하야紀念함에自我를向하야念하며 自我를向하야心拜하미가장適當한方式이라할지라함이 이곳天道敎의死後觀이며 祭祀아니紀念法의概義라할

猪巖, 「祭祀問題를 機會로 하야」, 『개벽』 5호(1920.11.01), 37쪽

수잇스리다 [illegible]勿論多少他의異議가업지아니할지라도……………

이제吾人의局外卽無宗敎한離信仰的觀念으로써此를論하면 吾人은如何히硏究할지라도 信仰을離하야智力으로靈魂의存在를認定키難하며 又靈魂의存在는事實이라할지라도 그가天堂에往한다던지 輪回轉生을한다던지 함에이르러는 더욱이信키難한荒誕의說이라云치아니치못할지라 設使靈魂이個體로存在하야能히天堂에往할만한認識을가지고잇스며 轉回輪生할만한意識의力을가지고잇다하면 吾人은무엇으로그의所以然을證明할수잇스랴 勿論信仰의力으로는그를認定하리라 基督을信하는者는 다만基督의敎訓이一切의證明이된다信하는故로事理에야合하던지否하던지 그가眞理라할것이오 佛法을信하는者는 다만佛法이一切의眞理라信하는故로그가矛盾이야되던지말던지 그로써最高의法訓이다할것이지만는 만일基督의敎訓과佛의法을 超越한純粹自由意識의公平한事理의批判으로써此에臨하면 이른바基督의敎訓과佛의法은 다가티一種의寓言比辭로써 深遠한眞理를天堂地獄或輪回轉生에假托하야 蚩蚩의衆生을敎訓함에不過한것일지니 만일基督의敎訓과佛의法이寓言比辭에假托하야衆生을敎訓하엿다하야 多少間그의神聖을破壞하는過激의言이라反抗하는者ㅣ有하다하면 其人이야말로神聖의神聖된所以를不知하는者라할지라 何故오 神聖의知識은決코一般衆生의知識과天壤의差違한優劣이잇슬것이니故로神聖이神聖自己아는그대로를 蚩蚩의衆生에敎訓하면 그는難解의經文을幼兒에敎함과同一할지니 그럼으로此에寓言比辭의 假托이잇슬것은 自然의理가아닐것이냐 하물며 基佛의二敎訓은數千載以前에서 數千載以前의人을敎하던것이리오 故로吾人은寓言比辭가決코神聖의神聖을破壞하는者ㅣ아니오 寓言比辭가有함으로써 도리혀神聖의崇高眞善美의一端을窺知할수잇다하리라

然하면 만일基督의天堂說과 佛의輪回轉生說이一種寓言比辭라하면 그는무엇을對象으로하야天堂이라稱하엿스며又轉生이라일럿슬가 吾人은思컨대宇宙의間에는別로神靈이사는天堂的差別이업슬것은何人이던지또한吾人과同一한感想下에잇슬이라 그럼으로그의이른바天堂은此世의將來를理想하야갈한것이며佛의輪回轉生도또한靈의個體가 永遠히輪回한다云함이아닐것이오 靈은永遠히此社會의精神과融合一致하는所以를一層具體的比喩로써引證한것이니새 畢竟ㅣ靈魂說은 基佛儒三敎가同一의立脚地에落着되엇슴을可想할것이오 又世界三大聖의偉大한意識이實로同一한地頭로發見함에至하야는吾人은實로感服感服의一言으로써此에對할밧게他道가업슬것이오 그러하야最後新宗敎되는吾[illegible]天道敎가 這間의消息으로靈魂說을主張하는 吾人은喑喑의理에此에慕拜를獻할뿐이로다

猪巖, 「祭祀問題를 機會로 하야」, 『개벽』 5호(1920.11.01), 38쪽

06

종 합

- 신문 편
- 잡지 편

▲시ᄉᆞ평론▼

▲관혼상제의 헛된 례문과 풍쇽을 기량ᄒᆞᄂᆞᆫ 안건을 즁츄원에셔 너각에 루ᄎᆞ 헌의ᄒᆞᆫ수에 뎌ᄒᆞ야 ᄒᆞᆫ번도 뎌답이 업다ᄒᆞ니 너각에셔 히원의안을 가ᄒᆞ면 가타ᄒᆞ고 불가ᄒᆞ면 불가타ᄒᆞᆯ터인듸 의안을 보고도 보지아니ᄒᆞᆫ것과 깃치ᄒᆞᆷ은 즁츄원을 업슈히 녀임인가 알수 업ᄂᆞᆫ일이로고

「시ᄉᆞ평론-관혼상제의헛된례문과풍쇽을기량ᄒᆞᄂᆞᆫ안건」, 『대한매일신보』 (1907.11.13), 2면

◇投稿歡迎◇ 人身攻擊이나 一地方에局限한問題又는一團體에關한것은一切取扱치아니함可及的時事를歡迎함

在來의婚喪弊를 破壞하자

◇地球의回轉을따라社會의進運이날로變遷하야 文化發達이나날이進步되는同時에 知識階級者가多數하여짐과 人類의繁殖이日加月增함을따라 有識無識有産無産强者 弱者를勿論하고 사람된以上에 누구나生命을保全하랴는것이 天倫의常理다

◇이에서生存競爭이날로甚하야爭競激烈하야지는同時에 專治政制를共和制로 資本主義를共産制로高唱한다도 無理가아니다

◇이와가치時代와社會는變遷하야 問題는死活問題로化하엿다 이中에도더구나우리朝鮮사람의生活程度와 그狀態는더욱苛酷한地境에잇서 모다滅亡을當할現狀이다

◇이째우리朝鮮서現在固有한婚喪制度의諸弊를봅시다 그얼마나無用한努力과 貴重한金錢과 時間을空然히 虛費하는가 現社會는 이러한道德과 制度가存在하며 固守한만큼은 社會도變하엿다

◇이것이元來中國文化임은다시말할것도업거니와 他國文化를輸入한 그時代와 그國家에는泰平하엿고 百姓은安靜하야衣食이足할그째에 相當히崇拜할道德이나 現世에는 다만貴重한金錢과時間을 虛費할뿐이라 이에對하야 우리는自願하여야할것이다 從來習慣을 改良하자는 意味에잇서서 우리는 우리다운文化를새로히建設하자(三千浦李福雨)

李福雨, 「在來의 婚喪弊를 破壞하자」, 『동아일보』 (1926.05.25), 4면

弊習陋慣부터 改革하자 (二)

冠婚과喪禮

一

冠婚喪祭라하면 四大禮式이라하야 이에對한禮說이多端하고또한이에關한節次가 複雜하야殆히人生의目的이 四禮의完成을爲하야 存在한것처럼 重視하엿고 社會의敎化가 四禮의儀式으로因하야 振興될것처럼 勵行하엿든것이 半千年以來의 慣行된事實이아니냐 政局의波瀾이 이로因하야 捲起되엿스며學界의論爭이 이로以하야紛糾되엿스며 民力의消沉이 이로由하야 滋甚하엿섯다 그런면 果然冠婚喪祭의 道德的價値와 社會的意義가 이와가치 重且大한關係를 가젓는가하는것이 一種의疑問일것이다 그러나 目今에와서야 그런한迂論愚說를 再言할閒暇人이 잇스랴 要컨대 冠婚喪祭는 個人一家의 私的問題일뿐만아니라 道德上으로 보아도 單純한形式的儀式에 不過할것이아닌가 그럼으로 모든儀式을될수잇는대로 節約하게 簡便하게 擧行하고 絶對的으로 繁文縟禮를 廢止하는것이 經濟的節約과 精力的集中으로 보아서 最大急務가될것은 知者를不待하여도 可測할바가아닌가 이에서 吾人은 更히從來부터 慣行하여온 所謂四大禮式의 流弊를 드러서 一論코저하는바이다

二

첫재는 冠婚의積弊이다 元來冠婚이라하면 두가지意義가 잇스니 하나는戀愛關係요 또하나는生殖問題이다 換言하면 戀愛는 冠婚의發端이요 生殖은 冠婚의結果일것이다 그럼으로 戀愛가업는冠婚은 生殖을期待키難하고 生殖이업슨冠婚은 戀愛의悲劇을 演出하게 되는것이 世間往往의事例가아닌가 이에서 戀愛와生殖은 男女兩性의 冠婚上絶對要件인同時에 또한絶對主觀的일것도 明瞭한事理일것이다 이에따라서 結婚의當事者는 男女의兩性인同時에 또한男女兩性의 互相理解 互相選擇의 知能과 年齡이 充分한程度에 到達치 못한以上에는 事實上으로實際的結婚이不可能할것은 勿論일것이다 이를不拘하고在來의우리社會에서 慣行하든儀式은 如何하엿는가 一言으로蔽하면 結婚의當事者가 男女의兩性이 아니라 兩性의父母인것은 너무나 明白한事例이다

三

이리하야 實質的結婚보다 儀式的結婚이 盛行하게되엿다 一言하면 金童李孃이 交際併來하야 直接互相의 感情上融化와 理性的判斷에依하야 兩性을合하고 百年을約하는것보다 李姓金姓의兩家間에서 吾[illegible]婢僕의往來後 그看選과報告에依하야 四星使가往來하고三加禮가擧行된後 兩家의儀式的結婚을 決行하는것이 普通慣例가아닌가 그럼으로 儀式的結婚은 男女兩性의結合이라하는것보다李家金家의二家의結合이라하는것이妥當할것이다 그러면 그結果의害惡은 如何하엿는가 첫재는早婚의弊害요 둘재는離婚의流行이다

早婚의弊害로말하면 다시吾人이贅論할것도업시 亡國亡族의重大한原因이 이에잇는것은 世界識者의 共認하는問題이다 世界民族中에 印度支那朝鮮等諸民族을 除外하고 所謂强大民族처노코 早婚하는弊習이絶無한것은 統計의數字가 吾人에게 例示하는바가아니냐 이를不拘하고 少年男女를모라다 玩弄의具를삼고 虛榮의慾을充키爲하야儀式的結婚을 勵行하는陋習이야말로 엇지痛恨無比의事가아니랴

「弊習陋慣부터 改革하자[二] 冠婚과 喪禮」, 『동아일보』 (1926.09.12), 1면

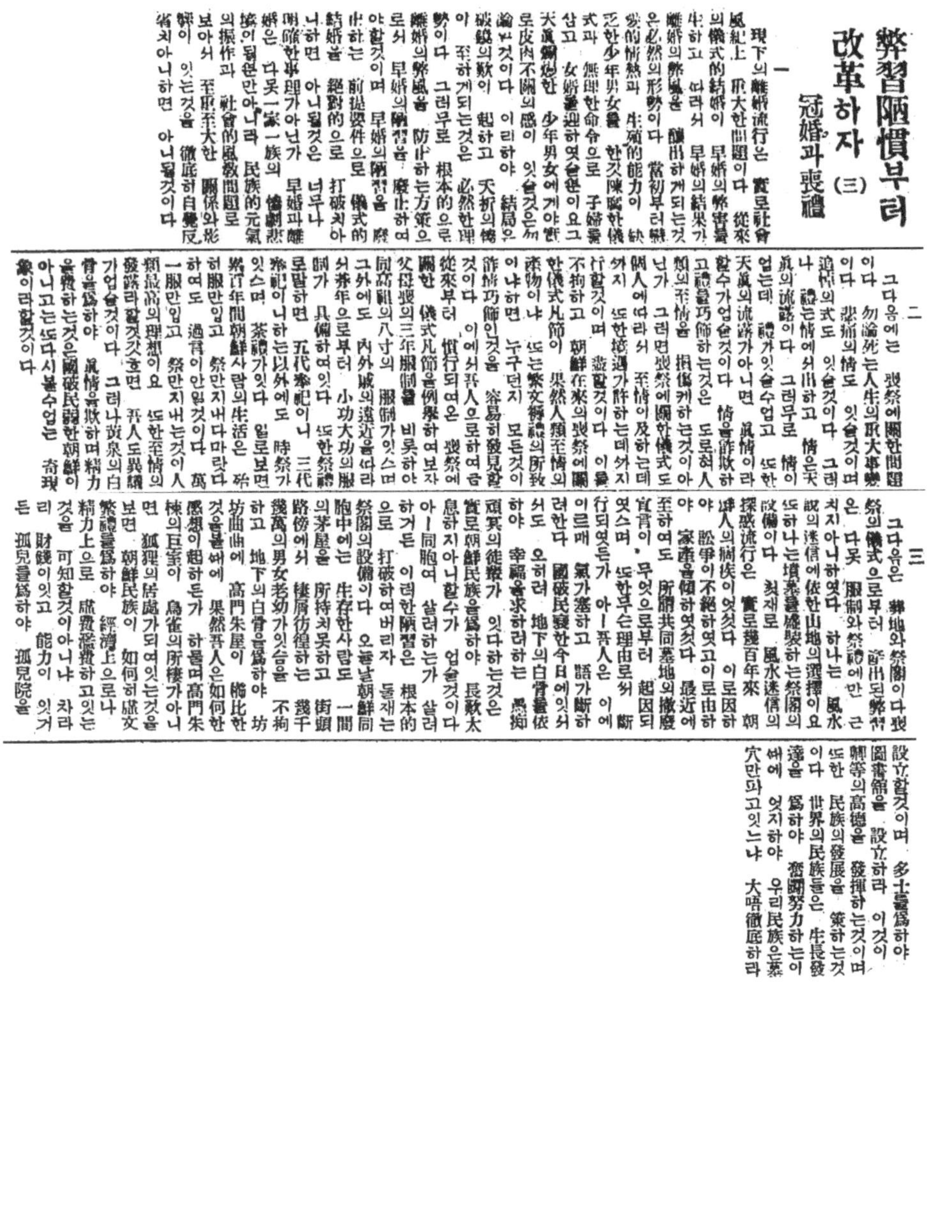

弊習陋慣부터 改革하자 (三)

冠婚과 喪禮

一

現下의離婚流行은實로社會風紀上 重大한問題이다 從來의儀式的結婚이 早婚의弊害를生하고 따라서 早婚의結果가離婚의弊風을 釀出하게되는것은必然의形勢이다 當初부터缺乏的情熱과 生殖的能力이 缺乏한少年男女를 한갓陳腐한儀式과 無理한命令으로 子婦를삼고 女婿를迎하엿슴인이요그天眞爛熳한 少年男女에게야 當로皮肉不關의感이 잇슬것은勿論ᄒᆞᆯ것이다 이리하야 結局은破鏡의歎이 起하고 夭折의慘이 至하게되는것은 必然한理勢이다 그러무로 根本的으로離婚의弊風을 防止하는方策으로서 早婚의陋習을 廢止하며야할것이며 早婚의陋習을 廢止하는 前提要件으로 儀式的結婚을 絕對的으로 打破치아니하면 아니될것은 너무나明瞭한事理가아닌가 早婚과離婚은 다못一家一族의 慘劇悲劇이될뿐만아니라 民族的元氣의振作과 社會的風敎問題로보아서 至重至大한 關係와影響이 잇는것을 徹底히自覺反省치아니하면 아니될것이다

二

그다음에는 喪祭에關한問題이다 勿論死는人生의最大事變이다 悲痛의情도 잇슬것이며追悼의式도 잇슬것이다 그러나 禮는情에서出하고 情은天眞의流露이다 그러무로 情이업는데 禮가잇슬수업고 또한天眞의流露가아니면 眞情이라할수가업슬것이다 情을詐欺하고禮를巧飾하는것은 도로혀人類의至情을 損傷케하는것이아닌가 그러면喪祭에關한儀式도個人에따라서 至情이及하는데까지 또한境遇가許하는데까지行할것이며 盛할것이다 이를不拘하고 朝鮮在來의喪祭에關한儀式凡節이 果然人類至情의流物이냐 또는繁文褥禮의所致이냐하면 누구던지 모든것이詐僞巧飾인것을 容易히發見할것이다 이에서吾人으로하여금從來부터 慣行되여온 喪祭에關한 儀式凡節을例擧하여보자父母喪의三年服制를 비롯하야同高祖의八寸의 服制가잇스며그外에도 內外戚의遠近을따라서幷年으로부터 小功大功의服制가 具備하여잇다 또한祭禮로말하면 五代奉祀이니 三代奉祀이니하는以外에도 時祭가잇스며 茶禮가잇다 일로보면幾百年間朝鮮사람의生活은 殆히服만입고 祭만지내다마랏다하여도 過言이안일것이다 萬一服만입고 祭만지내는것이人類最高의理想이요 또한至情의發露라할것갓흐면 吾人도異議가업슬것이다 그러나黃泉의白骨을爲하야 眞情을欺하며精力을費하는것은國破民弱한朝鮮이아니고는또다시볼수업는 奇現象이라할것이다

三

그다음은 葬地와祭閣이다喪祭의儀式으로부터 派出된弊習은 다못 服制와祭禮에만 근치지아니하엿다 하나는 風水說의迷信에依한山地의選擇이요또하나는墳墓를修飾하는祭閣의設備이다 첫재로 風水迷信의探惑流行은 實로幾百年來 朝鮮人의痼疾이엇섯다 이로因하야 訟爭이不絕하엿고이로由하야 家産을傾하엿섯다 最近에至하여도 所謂共同墓地의撤廢宣言이, 무엇으로부터 起因되엿스며, 또한무슨理由로써 斷行되엿든가 아ー吾人은 이에이르매 氣가塞하고 語가斷하려한다 國破民窮한今日에잇서서도 오히려 地下의白骨을依하야 幸福을求하려하는 愚痴頑冥의徒輩가 잇다하는것은實로朝鮮民族을爲하야 長歎太息하지아니할수가 업슬것이다아ー同胞여 살려하는가 살려하거든 이러한陋習은 根本的으로 打破하여버리자 둘재는祭閣의設備이다 오늘날朝鮮同胞中에는 生存한사람도 一間의茅屋을 所持치못하고 街頭路傍에서 棲屑彷徨하는 幾千幾萬의男女老幼가잇슴을 不拘하고 地下의白骨을爲하야 坊坊曲曲에 高門朱屋이 櫛比한것을볼때에 果然吾人은如何한感想이起하든가 하믈며高門朱棟의巨宇이 鳥雀의所棲가아니면 狐狸의居處가되여잇는것을보면 朝鮮民族이 如何히虛文繁禮를爲하야 經濟上으로나精力上으로 虛費濫費하고잇는것을 可知할것이아니냐 차라리 財錢이잇고 能力이 잇거든 孤兒를爲하야 孤兒院을設立할것이며 多士를爲하야圖書館을 設立하라 이것이輔等의高德을 發揮하는것이며또한 民族의發展을 策하는것이다 世界의民族들은 生長發達을 爲하야 奮鬪努力하는이때에 엇지하야 우리民族은墓穴만파고잇느냐 大喝徹底하라

「弊習陋慣부터 改革하자[三] 冠婚과 喪禮」, 『동아일보』(1926.09.13), 1면

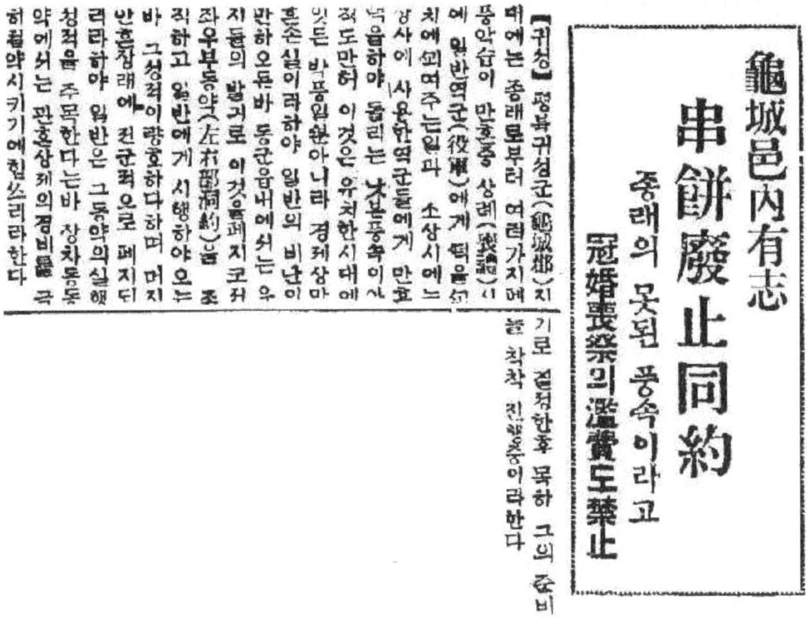

龜城邑內有志
串餠廢止同約
종래의 못된 풍속이라고
冠婚喪祭의濫費도禁止

【귀성】 평북귀성군(龜城郡)지대에는 종래로부터 여러가지폐풍악습이 만혼중 상례(喪禮)시에 일반역군(役軍)에게 떡을쉬치에 쇠여주는일과 소상시에느상사에 사용한역군들에게 만효먹음하야 돌리는 낫븐풍속이 사적도만히 이것은 유치한시대에잇든 박풍일뿐아니라 경제상마흔손실이라하야 일반의 비난이만하오든바 동군읍내에서는 우지들의 발기로 이것을폐지코자좌우부동약(左右部洞約)을 조직하고 일반에게 시행하야오는바 그성적이량호하다하며 머지안흔장래에 전군적으로 폐지되리라하야 일반은 그동약의실행청적을 주목한다는바 장차동동약에서는 관혼상제의 경비를 극히절약시키기에 힘쓰리라한다

기로 결정한후 목하 그의 준비를 착착 진행중이라한다

「龜城邑內有志 串餠廢止同約」, 『동아일보』(1930.11.26), 3면

禁酒斷煙同盟

관혼상제에 一체로금지

蓴澤面民一致實行

【장연】 경제의파멸과금융의압축으로 우리의생활은 점점곤궁에빠저오는바 더욱금년에는 곡가대폭락으로 말할수업는 참상을연출하는중이데 이만한 현상이라도 유지함에는 무엇보다도 근검저축이 상책이라는 의미에서 지난달초순경에 황해도장연군순택면(長淵郡蓴澤面)에서동면장최현근(面長崔鉉根)씨와면직원과리라 각구장이 함께모여동면일반에게 금주단연(禁酒斷煙)을실행하기로 결정하고 일절관혼상제(冠婚喪祭)에서 술을쓰지아니하게되는바 성적이매우량호하려니와 일반은 이와가티불경긔인때에 맛당히힘써단설할것이라고 기픈각오를 하고실행하여나간다한다

「禁酒斷煙同盟, 관혼상제에 一체로 금지」, 『동아일보』 (1930.12.05), 3면

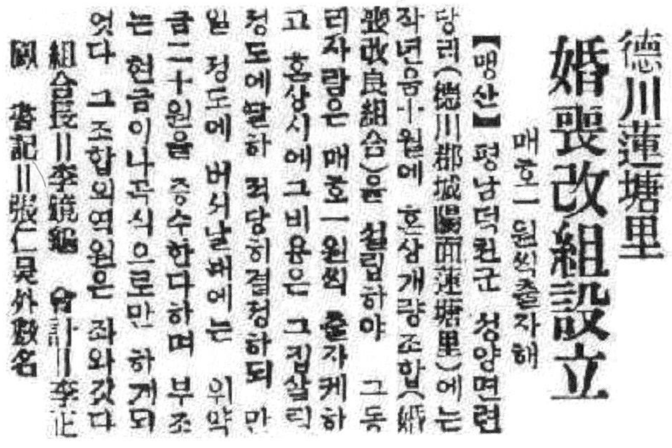

德川蓮塘里
婚喪改組設立
매호一원씩출자해

【맹산】평남덕천군 성양면련당리(德川郡城陽面蓮塘里)에는 작년음十월에 혼상개량조합(婚喪改良組合)을 설립하야 그동리사람은 매호一원씩 출자케하고 혼상시에 그비용은 그집살리정도에 딸하 적당히결청하되 만일 정도에 버서날때에는 위약금二十원을 증수한다하며 부조는 현금이나곡식으로만 하게되엿다 그조합외역원은 좌와갓다

組合長=李鏡鎬 會計=李正綱 書記=張仁昊外數名

「德川蓮塘里 婚喪改組設立」, 『동아일보』 (1931.02.17), 5면

文川四個里聯合
婦人貯蓄會組織
교풍회에서는 관혼상제의 절약
各種의經濟緩和策

【천내리】 함남문천귀산(文川 가량느질 모양이라고한다 이로 歸山)지방에서는 부인저축회와 인하야 당지의 면화시세는약간 교풍회가 생긴것이 수재(秀峙) 등귀하는중이라한다 상평(上坪)룡암(龍岩) 당북(塘北)등의 四개리라하며 잇짜라 부근각리에도 조직중인데 불경긔인어배에부인저축회에서는가가호수에한쉬에쌀한술씩모으며 교풍회에서는 일반의 관혼상제에 잡비를 절약하야경제적수단을다소간이라도 완화하고저 할아라는데 일반은 이를찬성한다고한다

「文川四個里聯合 婦人貯蓄會組織」, 『동아일보』 (1931.10.20), 6면

冠婚喪祭의 一切費用制限

戶別稅等級級別딸어

【강서】평남강서군수(平南江西郡守)는 도지사의 유고(諭告)에 의하야 아래와 가튼 명령을 각면장에게 언명하얏슴으로 면장은 각리구장과 면 의원에게 솔선실행하라고 진력권유중인대 이것에 잘실행이될는지 一반은 흥미를 가지고잇다한다

等級(戶別稅)	冠婚[illegible]	喪祭[illegible]	納[illegible](送禮)
一等—三等	五〇圓	四〇圓	一二〇圓
四等—八等	三五圓	三〇圓	七〇圓
九等—十四等	二五圓	二〇圓	五〇圓
十五等—廿等	一五圓	一〇圓	三〇圓

이상 비용중에는 술은절대로쓰지못하게하고 일반에게 색복을착용케하며 부인의것는 월자를폐지케한다한다

「冠婚喪祭의 一切費用制限」, 『동아일보』 (1931.10.30), 3면

冠婚喪祭節約 낭자色衣奬勵

新興里振興會서

【덕천】 평남덕천군 풍덕면신흥리 진흥회(平南德川郡豊德面新興里振興會)에서는 지난九월十九일 역원회에서 결의한바회원는 서로서로 경계하야주며권하야서 관혼상제(冠婚喪祭)에는될수잇는데로 절약하며 조과(造菓)가튼것은 전면폐지하고 부인들은 일제히 낭자를고 회원남녀가 모다 색의(色衣)를입기로하얏다한다

「冠婚喪祭節約 낭자色衣奬勵」, 『동아일보』 (1931.11.01), 6면

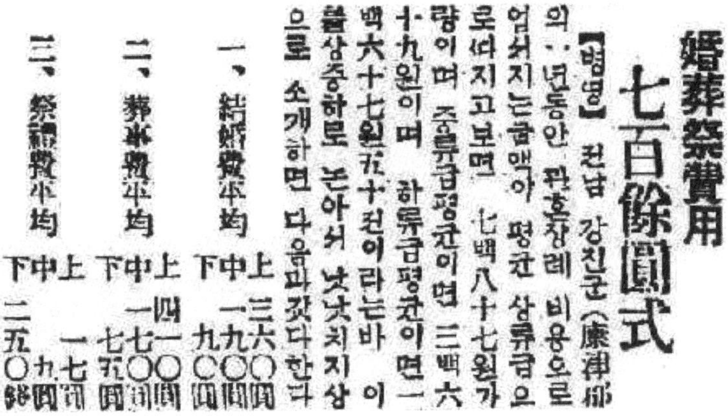

婚葬祭費用 七百餘圓式

【벽동】 군남 강진군(康津郡)의 一년동안 관혼장례 비용으로 업서지는금액아 평균 상류급으로 따지고보면 七백八十七원가량이며 중류급평균이면 三백六十九원이며 하류급평균이면 一백六十七원五十전이라는바 이를상중하로 논아서 낫낫치지상으로 소개하면 다음과갓다한다

一、結婚費平均	上	三六〇圓
	中	一九〇圓
	下	九〇圓
二、葬事費平均	上	四一〇圓
	中	一七〇圓
	下	七五圓
三、祭禮費平均	上	一七圓
	中	九圓
	下	二五〇錢

「婚葬祭費用 七百餘圓式」, 『동아일보』 (1933.03.15), 5면

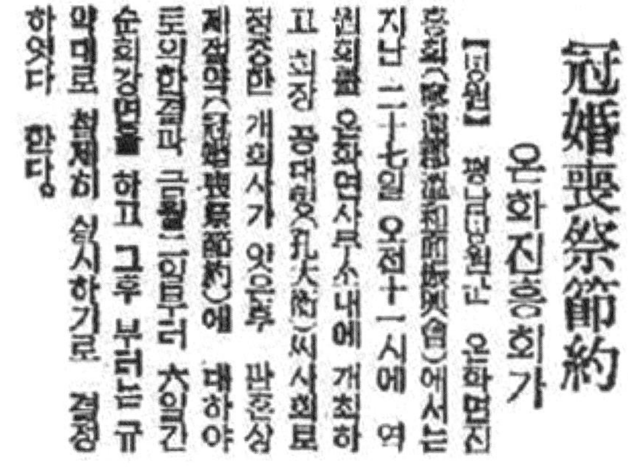

冠婚喪祭節約

온화진흥회가

【당원】 평남대동군 온화면진흥회(溫和面振興會)에서는 지난 二十七일 오전十一시에 여원회를 온화면사무소내에 개최하고 회장 공대형(孔大炯)씨사회로 정중한 개회사가 잇은후 관혼상제절약(冠婚喪祭節約)에 대하야 토의한결과 금월一일부터 六개월간 순회강연을 하고 그후 부터는 규약대로 철저히 실시하기로 결정하엿다 한다.

「冠婚喪祭節約」, 『동아일보』 (1933.06.02), 3면

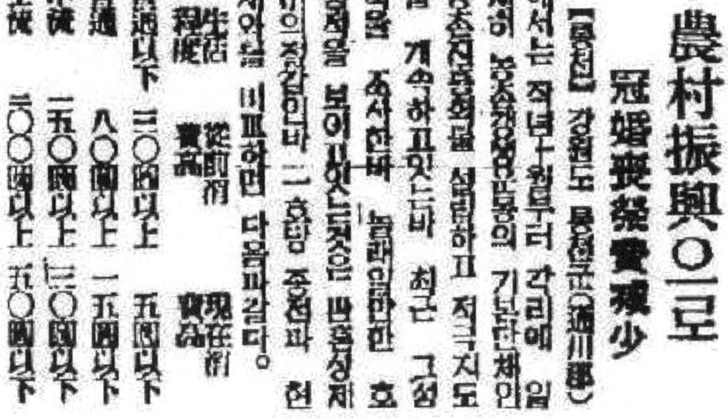

農村振興으로

冠婚喪祭費減少

【통천】 강원도 통천군(通川郡)에서는 작년十월부터 각리에 일제히 농촌진흥운동의 기본단체인 농촌진흥회를 설립하고 적극지도를 계속하고잇는바 최근 그성적을 조사한바 놀라울만한 효성적을 보이고잇는것은 관혼상제비의 절감인바 二호당 종전과 현재와를 비교하면 다음과갓다。

生活程度	從前消費高	現在消費高
貧窮以下	三○圓以上	五圓以下
普通	八○圓以上	一五圓以下
中流	二五○圓以上	三○圓以下
上流	三○○圓以上	五○圓以下

「農村振興으로 冠婚喪祭費減少」, 『동아일보』(1933.07.01), 3면

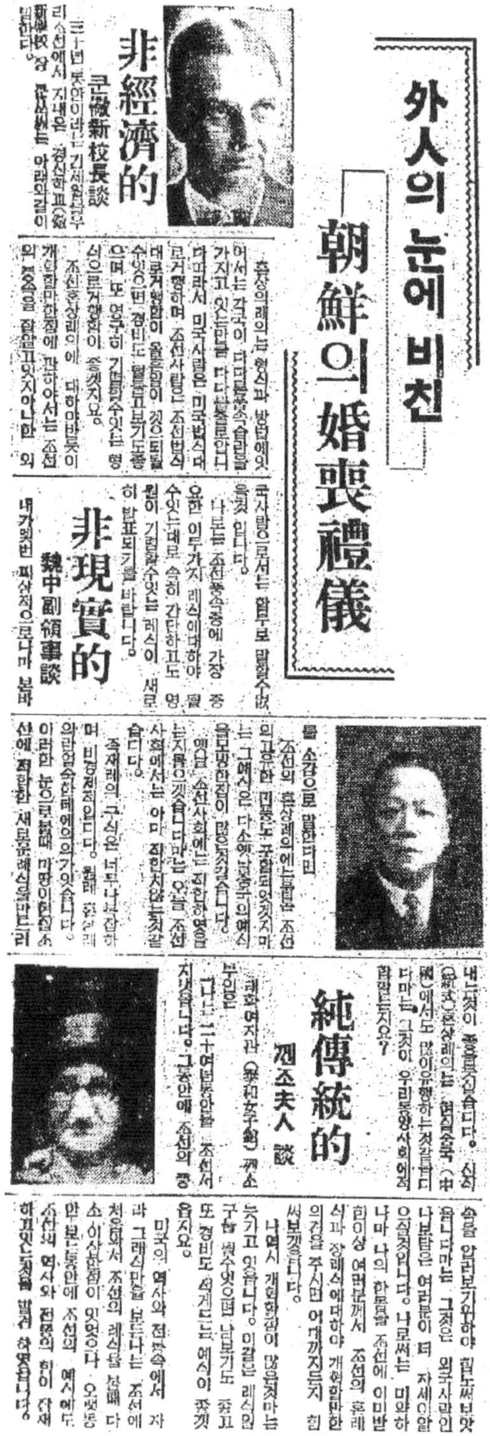

外人의 눈에 비친 朝鮮의婚喪禮儀

非經濟的

쿤 徵新校長談

非現實的

魏中副領事談

純傳統的

켄조夫人 談

'쿤' 徵新校長 외, 「外人의 눈에비친 朝鮮의婚喪禮儀」, 『동아일보』 (1934.01.02), 2면

冠婚喪祭의經費가 農家負債의大宗

食糧負債는莫不得已한事情이나

高原郡의農村經濟調査

「冠婚喪祭의經費가 農家負債의大宗」, 『동아일보』(1934.02.25), 3면

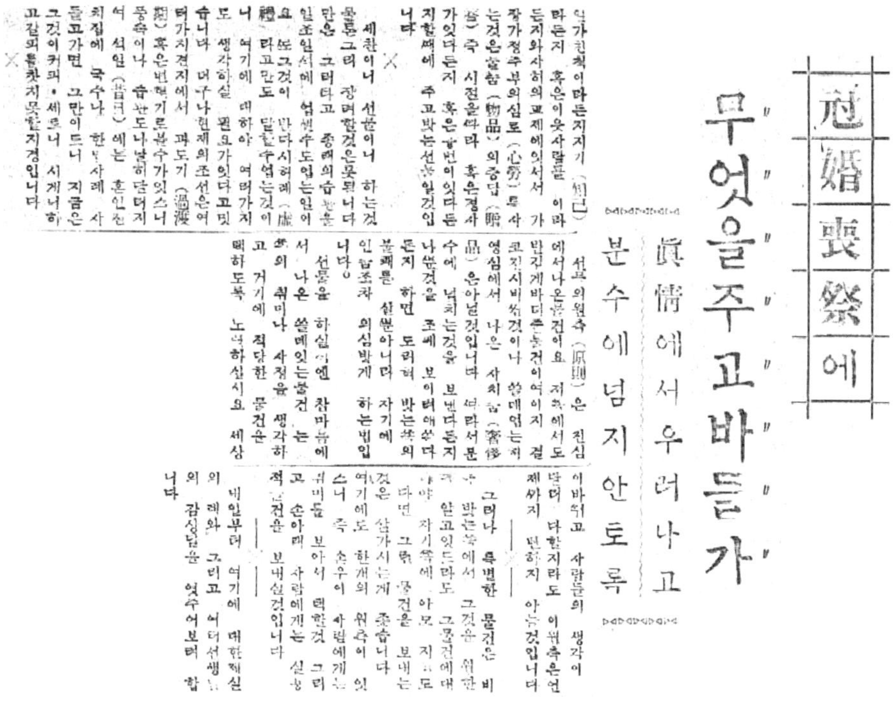

冠婚喪祭에 무엇을 주고바들가

眞情에서 우러나고 분수에 넘지안토록

「冠婚喪祭에 무엇을 주고바들가」, 『매일신보』 (1935.05.25), 3면

冠婚喪祭에 (一)

주고바들물건은무엇이적당한가

中國에서는 對聯과 喜幛을

京城帝大講師 董長志

중국의 모든례절은 조선의 그것과대개 다갓슴니까 싸다서 모든 례 이잇슬때에 보내고밧고하는 물건도 조선과 대개 비슷합니다

첫재 관혼(冠婚)으로 말하면요새와서 중국에는 관례(冠禮)라는 습 이 업서젓습니다 드르니 조선에서도 시골외에는 별로 업다드군요 관례고무엇이고 혼인을하면 어른이되는것이니까 혼인에 다햇버리지 관례, 혼인하고 나는것이 무엇잇습니까 어쨋든중국에는 관례란것이 업고 그대신 어린애가 열살스무살이되면 잔채를 합니다 이때에는 일가친척만 모히지 별로 친구들은 청히지안습니다 이때에 보내는물건은 열살때면 작난감 스무살때면 문방구갓흔것을 줍니다 그외에 조선과가치 돈이나 음식물갓흔것을 보냅니다

그다음 혼인때인데 이때에는 신부측에는 대개 옷감이제일만코 그박게 화장품 실내장식(室內裝飾)품갓흔것입니다 신랑에게는 별로 주는것이업고 준다면옷감을줍니다 그리고 신랑신부를 위하야 대련(對聯)이라고 붉은속자에다가 축복하는 글시를 쓴것을보내기도하고 또희장(喜幛)이라고 여섯자 여덜자재리 붉은빗 비단에다가 축복하는 문자를 금박(金箔)으로박어서보내는게잇습니다 그리고 진치집으로는 돈이오 음식 갓흔것을 보내는것은 조선과 갓흔것입니다

상례(喪禮)때에는 역시초(燭)이나 조희돈(紙錢) 그리고 제물(祭物)갓흔것을 보냅니다. 특히 중국서는 죽은후에 三일 五일 七일 마다 죽은사람을 위하야 경문(經文)을 읽는습속이잇는데 친한사람은자긔가 경문읽는부담을 일체담하기도합니다 즉 어느날하로동안 경문읽는사람을 보내서 경을 읽게하고 그비용을 그사람이 당하는것입니다

끗흐로 중국에는 조선갓흔 회갑(回甲)이라고 六十一세되는 생일날 굉장한 잔채를 하는습관은업습니다 다만五十세가 되면 반백(半白)이라고해서 굉장한 잔채를 합니다 이때에는 대련(對聯)희장(喜幛)을보내고 또 수도(壽桃)수면(壽麵)이라고해서 국수를 보냅니다

중국의 관혼상제에 보내는것은 대개 우와갓해서 조선과 별로 다름게업슴니다

虛禮를 避하고 誠意만보인다면

京城女子高等普通學校 孫貞圭

굴세요 번해대야 역시그것이 그것이지 무슨, 차이가 그러케 잇겟습니까 대개는 아마도 재래의 습속대로 하여오는것갓습니다 국수면 국수 떡이면 떡 소위신식이라는데에는 시게나 체경이나 커피ㅣ·세트나 ─ 아마이런것이 가장 보편적일것입니다 지금의 조선사람의 생활이나 문제는 되도록 허례(虛禮)에 흐르지 안케하는데 잇겟지요 재래습관에서 례를들면 초상때 세미렵이나 죽을 쑤어간다는 것 가튼것은 상제를 위하야 대단히 조흔일이라 생각합니다 그러나 이것은 성복안에만 허합니다 그외에 환갑이나 결혼가튼때는 역시실용적 기명이나 기념품가튼것이 조치요 경우에따러서는 상품권(商品券)도 조흘것입니다 근래는 이상품권이 퍽 만히 씨워지는 모양이에요 퍽 친한 사이라면 실례가 되지안는한도에서 현금도 조흘것입니다

문병하는데도 너머 쏫가튼것을 가저가는것은 대체로 조선사람의 생활과감정에 맛지아느니 삼가는것이 조흘것입니다 분에심은 화초가튼것은 도리혀 물을 주엇나 말르지나 아니하야 병자의 거절거리가 되어서 조치 안타는 말도 잇지아니요 병자에게는 역시 례외도 잇겟지만 음식가튼것이 조치나 아는가 생각합니다 또병자를 간호하기위해서 간접으로 간호하는사람에게 선물을 할수이잇습니다 물론 병자를위문하는것이 주장이니만치 간호인을 통하야 문병의효과를 내이도록 하자는것이지요 이런데는 여러번 경험 하엿습니다

허여간 위문하는요점은 경사나 불행은 한개의 물질을 응해서 가치 질기고 혹은가치슯허하자는 성의에서 출발하면 그만이겟지요

董長志, 「冠婚喪祭에 주고바들 물건은 무엇이 적당할까[一] 中國에서는 對聯과 喜帳을」, 『매일신보』(1935.05.30), 3면

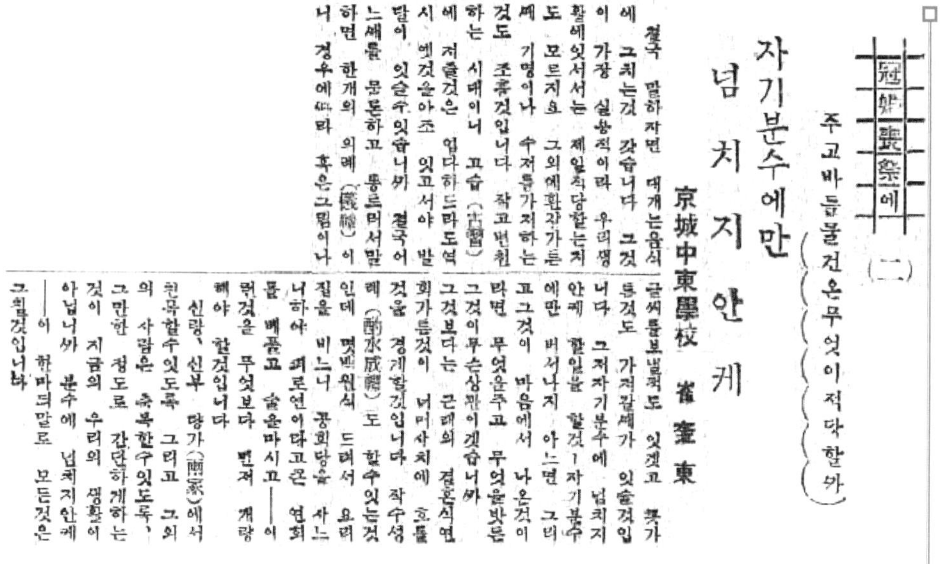

冠婚喪祭에 (二)

주고바들물건은무엇이적당할까

자기분수에만 넘치지안케

京城中東學校 崔奎東

결국 말하자면 대개는음식에 그치는것 갓습니다 그것이 가장 실용적이라 우리생활에잇서서는 제일적당할는지도 모르지요 그외에환자가든때 기명이나 수저등가지하는것도 조흘것입니다 작고번친하는 시대이니 고습(古習)에 저즐것은 업다하드라도역시 엔것을아조 잇고서야 발달이 잇슬수잇습니까 결국어느때를 물론하고 통트러서말하면 한개의 의례(儀禮)이나 경우에따라 혹은그림이나 글씨를보낼적도 잇겟고 뜻가튼것도 가저갈때가 잇슬것입니다 그저자기분수에 넘치지안케 할일을 할것ㅣ자기분수에만 버서나지 아느면 그러고그것이 마음에서 나온것이라면 무엇을주고 무엇을밧든 그것이무슨상관이겟습니까

그것보다는 근래의 결혼식연회가튼것이 너머사치에 흐를것을 경계할것입니다 작수성례(酌水成禮)도 할수잇는것인데 몃백원식 드려서 요리집을 비느니 공회당을 사느니하야 괴로연이다고흔 연회를 베풀고 술을마시고——이먹것을 무엇보다 먼저 개량해야 할것입니다

신랑、신부 량가(兩家)에서 찬목할수잇도록 그러고 그외의 사람은 축복할수잇도록、그만한 정도로 간단하게하는것이 지금의 우리의 생활이 아닙니까 분수에 넘치지안케——이 한마듸말로 모든것은 그칠것입니다

崔○東, 「冠婚喪祭에 주고바들 물건은 무엇이 적당할까[二] 자기분수에만 넘치지안케」, 『매일신보』 (1935.05.31), 3면

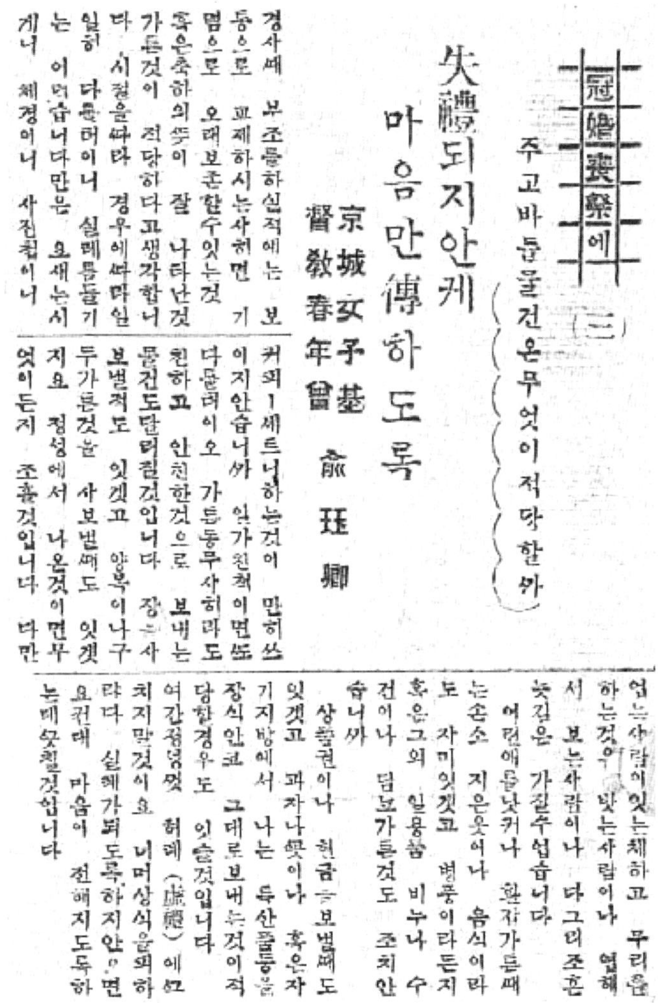

冠婚喪祭에 주고바들물건은무엇이적당할까(三)

失禮되지안케 마음만傳하도록

京城女子基督敎春年曾 兪珏卿

경사때 부조를하실적에는 보동으로 교제하시는사히면 기념으로 오래보존할수잇는것 혹은축하의뜻이 잘 나타난것 가튼것이 적당하다고생각합니다 시절을따라 경우에따라실일히 다를터이니 실례를들기는 어렵습니다만은 요새는시계나 체경이나 사진첩이나 커피ㅣ세트나하는것이 만히쓰이지안습니까 일가친척이면또 다를터이오 가튼동무사히라도 친하고 안친한것으로 보내는 물건도달려질것입니다 장는사보낼적도 잇겟고 양복이나구두가튼것을 사보낼때도 잇겟지요 정성에서 나온것이면무엇이든지 조흘것입니다 다만 업는사람이잇는체하고 무리를 하는것은 밧는사람이나 엽해서 보는사람이나 다그리조흔 늣김은 가질수업습니다

어린애를낫커나 환자가든때는손소 지은옷이나 음식이라도 자미잇겟고 병풍이라든지 혹은그외 일용품 비누나 수건이나 담뇨가튼것도 조치안습니까

상품권이나 현금을보낼때도 잇겟고 과자나꽃이나 혹은자기지방에서 나는 특산품등을 장식안코 그대로보내는것이적당할경우도 잇슬것입니다 여간정녕멋 허례(虛禮)에끄치지말것이요 너머상식을뫼하라다 실혜가되도록하지안으면 요컨대 마음이 전해지도록하는데 앗칠것입니다

兪珏卿, 「冠婚喪祭에 주고바들 물건은 무엇이 적당할까[三] 失禮되지 않게 마음만 傳하도록」, 『매일신보』 (1935.06.02), 3면

冠婚喪祭에 주고바들물건은무엇이적당할까 (四)

現金主義

同德女高普
趙東植氏談

나에게는 주장이 잇서서 어떤때를 므론하고 현금을 주고 밧고 하는것이 제일이라고 생각합니다 그외에는 어떤때를 물론하고 선사이라도하실때면 상당히한한사히일것이니 그럴더보섭겟지요만는 첫재로주의하실점은 밧는쪽에서책임(責任)을느끼지안도록하실것입니다 그리고이쪽의성의만 통하다면 암만작싼물건이든소용업는 물건이든무슨상관잇슴니까

사보내는 물건이면 무엇이든지조켓스나 대체로심봉술목적으로할것이요 항상자기의취미를버리고 밧는사람의 경우나 기호(嗜好)가든것을 주의히실필요가 잇슴니다 그러나 내생각가터서는 잘빗싼것을사보내는것보다 손소 지은 옷이나 샤쓰나덜옷가튼것이 꽤조켓다고생각합니다 물론여더가지경우가잇겟지만 이런것을토대로 제각기 생각하서야지요 가령어떠이에게 작난감을사주쎄면 트람푸나 바작(麻雀)종류들 피한다든지 또는 로인에게먹지못할음식을 보낸다든지하는것은 삼가야한것입니다 손아래사람과손위사람을구별하실것도중요한점이겟지요

趙東植, 「冠婚喪祭에 주고바들 물건은 무엇이 적당할까[四] 現金主義」, 『매일신보』 (1935.06.03), 3면

冠婚喪祭에 주고바들물건온무엇이적당할싸 (五)

紀念될물건

梨花女高普 金昶濟氏談

풍속이나 習慣은 제각기 다르겟지만 어느나라 어느지방을 물론하고 이런때의 사람의 생각은 다 마찬가지일것입니다 물건이 무엇이든지 진정에서 우러난것으로 바든편에서 반가히 역인거면 그만일것입니다 구체적 물건의 일홈을 말할수 업는것은아니나 그러다면 결국 이세상에 잇는 물건 일홈을 전부말해야할것입니다 한가지 조건으로는 기렴될물건 그것이조켓지요 내경험으로도 먹어업새는 음식이라든지 혹은 옷이라든지 그런 종류의 물건보다는 오래가도 업서지지안코 기렴될만한것이 나흔것갓습니다 그런것을실용품속에서 택하시면 조켓지요

金昶濟, 「冠婚喪祭에 주고바들 물건은 무엇이 적당할까[五] 紀念될 물건」, 『매일신보』 (1935.06.04), 3면

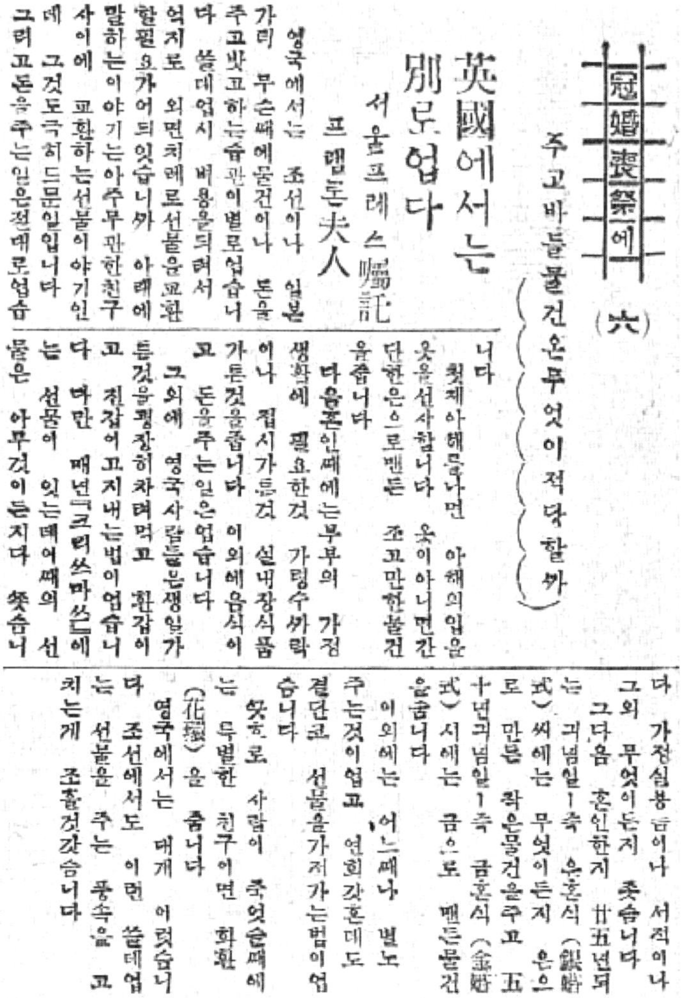

冠婚喪祭에 (六)

주고바들물건은무엇이적당할까

英國에서는 別로업다

서울프레스婦記 프램톤夫人

영국에서는 조선이나 일본가티 무슨때에물건이나 돈을주고밧고하는습관이별로업습니다 쓸데업시 비용을드려서억지로 외면치레로선물을교환할필요가어듸잇습니까 아래에말하는이야기는아주무관한친구사이에 교환하는선물이야기인데 그것도극히드문일입니다 그리고돈을주는일은절대로업습니다

첫째아해를나면 아해의입을옷을선사합니다 옷이아니면간단한은으로맨든 조고만한물건을줍니다

다음혼인때에는부부의 가정생활에 필요한것 가령수싸락이나 접시가튼것 실내장식품가튼것을줍니다 이외에음식이고 돈을주는일은업습니다

그외에 영국사람들은생일가튼것을굉장히차려먹고 한갑이고 진갑이고지내는법이업습니다 다만 매년「크리쓰마쓰」에는 선물이 잇는데어때의 선물은 아무것이든지다 좃습니다 가정심봉습이나 서적이나 그외 무엇이든지 좃습니다

그다음 혼인한지 廿五년되는 긔념일ㅣ축 은혼식(銀婚式)씨에는 무엇이든지 은으로 만든 작은물건을주고 五十년긔념일ㅣ축 금혼식(金婚式)시에는 금으로 맨든물건을줍니다

이외에는 어느때나 별노주는것이업고 연회갓혼데도 결단코 선물을가저가는법이업습니다

쏫으로 사람이 죽엇슬때에는 두별한 친구이면 화환(花環)을 줍니다

영국에서는 대개 이럿습니다 조선에서도 이런 쓸데업는 선물은 주는 풍속을 고치는게 조흘것갓습니다

프램톤 夫人, 「冠婚喪祭에 주고바들 물건은 무엇이 적당할까[六] 英國에서는 別로업다」, 『매일신보』 (1935.06.05), 3면

冠婚喪祭에 (七)

주고바들물건은무엇이적당할까

親疎에따라

基督教青年會 具滋玉氏 談

주느니 밧느니 하는것은 다 여유잇는 사람들의 헛짓이요 그러치만 역시 친소(親疎)에 따라 여러가지 경우가 잇슬 것이니만약 무엇은 주고밧고 한다면 되도록 실생활에서버서나지 안토록 하여야 할것이지요 결혼할제 보내는것으로는 요새는 대개 경대타든지 체경이라든지 또는 차도구라든지──그런것이 만히 쓰이는것 갓습니다 현금은 어쩐 경우를 물론하고 조키는 하나 밧는쪽에서 실혀할적이 잇슬것이요 또 보내기도 미안한 적이 잇지나 안켓습니가 따만 초상때에는 제수에 대신하야 현금을보내는것이 제일 조라고 생각.합니다 그이외에는 혹 상품권이 조흔때도 잇겟고 또는 옷가음것이 가적당할때도 잇겟습니다 그러나 보는내 물건도 역시 친소에 따라다를것이니 일우로 말삼드릴수는 업습니다

具滋玉, 「冠婚喪祭에 주고바들 물건은 무엇이 적당할까[七] 親疎에 따라 基督教青年會」, 『매일신보』 (1935.06.07), 3면

冠婚喪祭에 주고바들물건은무엇에적당할까 【八】

實用的으로 簡單하게

辯護士李仁氏談

그런것을 허례(虛禮)라고 한대하는사람도 잇지만 그러케만 말할수도 업는경우가 만습니다 가령 빈한하야 장례를 지내지못한다할제 여러 친구들이 보여 일이원식 보내서 그것을 부조한다든지하는것은 얼마나 귀여운 행동입니까 보내는쪽에선 일이원에 지나지안느나 밧는편으로 보면 그것이 五十원이 될적도잇겟고 백원이될적도잇슬것이니 그만하면 참 충분한 부조가 되고도 남을것입니다 언제든지 이것을토대로 보내는쪽에선 간단하게 밧는쪽에선 실용이되게하시는것이 조켓지요 어느때를물론하고 대개 부인네들이 쓰시는것이 위주가되는것갓습니다 그러나 극히한 사치가아니면 되도록 삼가고 너머 과도히하지마시라는것을 말해두고 십습니다

李仁, 「冠婚喪祭에 주고바들 물건은 무엇이 적당할까[八] 實用的으로 簡單하게」, 『매일신보』 (1935.06.08), 3면

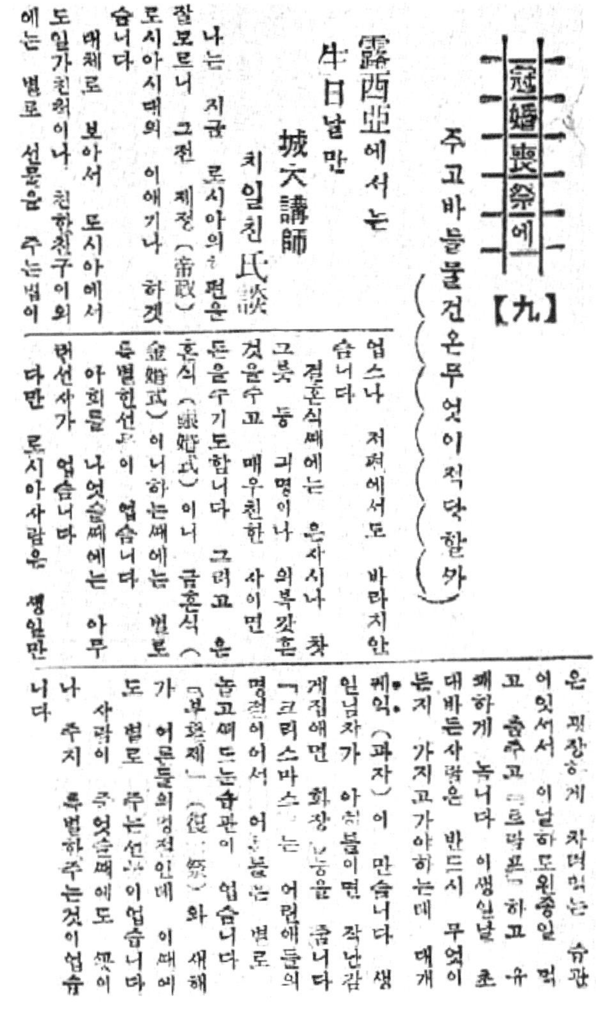

冠婚喪祭에 【九】

주고바들물건온무엇이적당할까

露西亞에서는 生日날만

城大講師 치일친氏談

나는 지금 로시아의 편은 잘모르니 그전 제정(帝政) 로시아시대의 이애기나 하겟습니다

대체로 보아서 로시아에서도 일가친척이나 친한친구이외에는 별로 선물을 주는법이 업스나 저편에서도 바라지안습니다

결혼식때에는 은사시나 찻그릇 등 긔명이나 의복깃흔것을주고 매우친한 사이면 돈을주기도합니다 그러고 은혼식(銀婚式)이니 금혼식(金婚式)이니하는때에는 별로 특별한선물이 업습니다

아희를 나엇슬때에는 아무 선사가 업습니다

다만 로시아사람은 생일만은 찌장하게 차려먹는 습관이 잇서서 이날하로온종일 먹고 술주고 「트랑프」하고 유쾌하게 놉니다 이생일날 초대바든사람은 반드시 무엇이든지 가지고가야하는데 대개 케익(과자)이 만습니다 생일님자가 아희들이면 작난감 게집애면 화장품을 줍니다

「크리스마스」는 어린애들의 명절이어서 어른들은 별로 놀고떠드는습관이 업습니다 「부활제」(復活祭)와 새해가 어른들의명절인데 이때에도 별로 주는선사이 업습니다

사람이 죽엇슬때에도 꽃이나 주지 특별하주는것이업슴니다

치일친, 「冠婚喪祭에 주고바들 물건은 무엇이 적당할까[九] 露西亞에서는 生日날만」, 『매일신보』 (1935.06.09), 3면

冠婚喪祭에 주고바들물건온무엇이적당한가 【完】

현금을 위주로

醫專病院 白麟濟氏談

글세 말슴이올시다 방면이달러서 어듸 그런것을 생각한일이 잇서야지요 역시 경우에 따러 주는 물건도 변변이겟습니다만은 대체로 현금을주는것이 조흘것입니다 물론현금을 못줄 경우도 잇겟고더구나 손위의 어른에게 는실례가 될때도 잇습니다만은그런때는 상품권도 조흘것입니다 그러치 아느면 오래도록두고 기렴될 물건이나 음식물 이겟스나 음식 가튼것은그리 찬성할수 업는것 갓습니다 그러나 그런것은 그시여유잇는 사람들이 생각할것이지요 지금의 우리들의 생활에서 그런것이 그리 중요한관심의 대상이 되기는 어려울것입니다 그보다는 그런때의 의식을 간단히하고 절약할것이 위중하다고 생각합니다

白麟濟, 「冠婚喪祭에 주고바들 물건은 무엇이 적당할까[完] 현금을 위주로」, 『매일신보』 (1935.06.11), 3면

『冠婚喪祭儀式에는 果實菓子만使用』

飮食中毒豫防에全力하는 平北道當局의制限

【新義州】 조선에잇서서제一만히발생되는평북도내(平北道內)의음식물중독사건(飮食物中毒事件)에대하야 평북도경찰부위생과(衛生課)에서는그동안그대책을 강구하야 『결혼식(結婚式)때나 또는제사(祭祀)때에는반드시 당국의허가를어들것 또는도야지고기는절대사용치못할것등의 새로운 고안을발표하엿다함은 그동안 루차보도한배어니와 최근에이르러서 또한가지고안을 작성하야 불원에시행하게되엿다는데 그것은 금후결혼식이나제사등지낼때에는고기는물론떡과지짐등을전폐시키고 오직위생상에 아모해독주지안흘 정도에잇는 실과(實果)와과자(菓子)를내여사용케하기로하엿다한다

「冠婚喪祭儀式에는果實菓子만使用」, 『조선중앙일보』 (1935.11.15), 2면

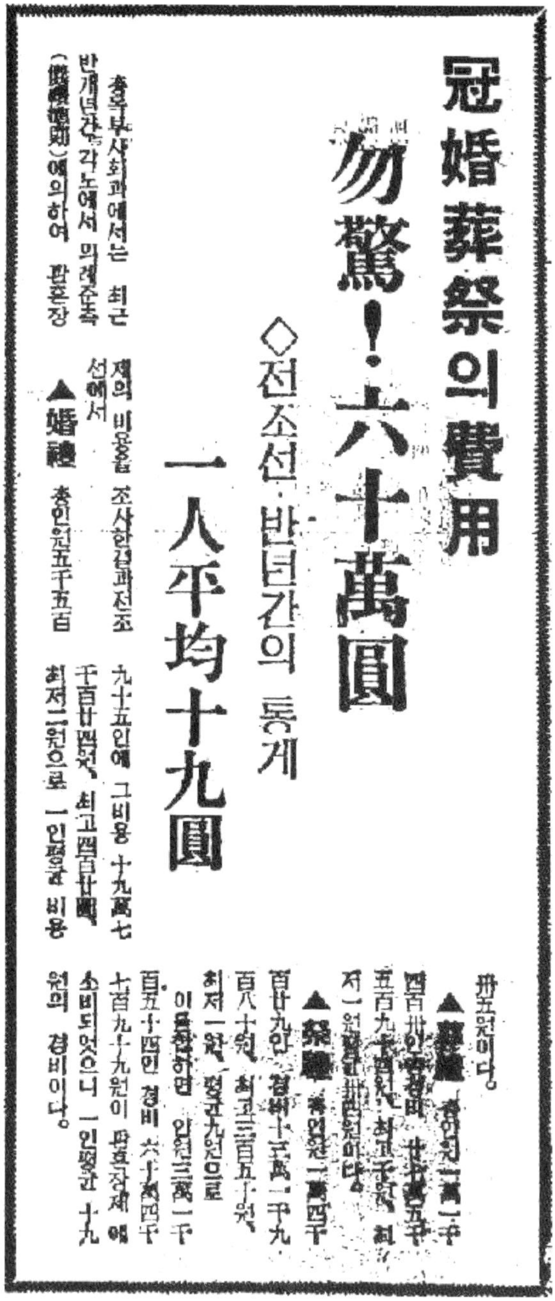

冠婚葬祭의 費用

勿驚! 六十萬圓

◇전조선·반년간의 통계

一人平均十九圓

총독부사회과에서는 최근 반개년간 각도에서 의례준칙(儀禮準則)에의하여 관혼장제의 비용을 조사한결과전조선에서

▲婚禮 총인원五千五百九十五인에 그비용 十九萬七千百廿四원, 최고四百廿圓, 최저二원으로 一인평균 비용 卅五원이다.

▲葬禮 총인원一萬一千四百卅인에경비 卅八萬五千五百九十四원, 최고千원, 최저一원평균卅四원이다.

▲祭禮 총인원 一萬四千百卅九인 경비十六萬一千九百八十원, 최고三百五十원, 최저一원, 평균九원으로

이를합하면 인원三萬一千百五十四인 경비 六十萬四千十百九十九원이 관혼장제에 소비되엇으니 一인평균 十九원의 경비이다.

「冠婚葬祭의 費用, 勿驚! 六十萬圓」, 『동아일보』 (1936.06.19), 2면

冠婚喪祭 費用節約

儀禮準則漸奏効

반개년간의통계에비추어본

반가운民衆의自覺

총독부사회과에서 최근반개년간 각도의 의례준칙(儀禮準則)에의한 관혼상제(冠婚喪祭)의 비용조사를 하얏는바 전조선을 총괄적(總括的)으로하면

▲婚禮
總人員五千五百九十五人
그經費十九萬七千百二十四圓
最高四百二十圓 最低二圓
一人平均費用三十五圓

▲葬禮
總人員一萬一千四百三十圓
總經費二十七萬五千五百九十四圓 最高千圓 最低一圓
平均三十四圓

▲祭禮
總人員一萬四千百二十九人
經費十三萬一千九百八十圓
最高三百五十圓 最低一圓
平均九圓

이것을합하면 인원三만一千一百五十四인 경비六十만四千七百九十九원이 관혼상제에써엿스며 一인평균十九원의 경비로되어 점차 의례준칙의 실效(實効)를 나타내이고잇다

「冠婚喪祭 費用節約 儀禮準則漸奏効」, 『매일신보』 (1936.06.20), 2면

冠婚喪祭疾病과 食糧不足이 主因

허레새문에진빗도적지안타

高利債 쓰게된動機

【新義州】 고리부채(高利負債)의 원인은? 대개다섯종류로 난호이여 조사되엿다

組合員

◇……冠婚喪祭 人員一萬九百十六人 金額八十三萬二千百八十一圓

◇……疾病火災 人員三千九百四十一人 金額二十七萬八百圓

◇……父母遺債 人員四千五百三十八人 金額三十九萬六千二百四十四圓

◇……食糧不足 人員一萬七千九十七人 金額百七萬八千六百八十九圓

◇……其他 人員一萬六十八人 金額百四十六萬四千三百八十四圓

非組合員

◇……冠婚喪祭 人員一萬六千三百九十六人 金額百二十六萬三千四百九十一圓

◇……疾病火災 人員六千五百四十九人 金額三十九萬八百五十三圓

◇……父母遺債 人員六千八百十名 金額六十二萬四千二百八圓

◇……食糧不足 人員二萬七千百九十三人 金額百七十二萬四千四百五圓

◇……其他 人員一萬五千九百七十人 金額百五十二萬九千七百三十九圓

이부채의 원인가운데서 특히 절실히 늣기여지는것은 가혼상제이다 백년가약을 맺는때 화려하게 성대하게 그레식을 이루고십허하는것은사람의상정이나 신분과가세에맛지안는 폐식의정장(盛裝)은 단연히 폐지하여야할악풍이다 더욱이 조상을숭배하는상제에 과도한 비용을들이여유족이 부채에허덕여야한다는것은 시대의광명을등진유풍이다 그러고식량부족에는생활문제로 연구할제목이만흐나 그가운대서 특히주목을할것은일하기실혀하는게으름이한가지의요소를 이루엇다 그때고 질병화재에는 부주의와 위생문제가포함되어 이도생활상식으로 얼마간 완화할수잇는것이다 그다음그 라중에는 무데히 농촌을떠나 도시의화창을 동경하는 자녀의학재로진것이 대반인데 이부채에는『향토로노라오라』는 시대적부르지즘이 눈물어린목소리에 담기어잇슴을 엿드를수잇다

이고리채의 저리는 자력갱생운동의중요한항목의 하나인데 평북에서는 저리채융통을 百九十萬五千八十六원이나하엿다 이것의은혜을입은사람은 二萬一千八百七十六인이다

「冠婚喪祭疾病과 食糧不足이 主因」, 『매일신보』(1936.10.28), 2면

─女性의一生을말하는佳人會議─ (138)

「女子의 一生」을 말하는 佳人會議

「人間莫作女人身、百年苦樂依他人」이라고 불넛스니 女人된이의 괴롬이 그토록 深切했든가? 이제 우리는 이땅젊은 女性에게서 이꼿「女子의 一生」을 듯기로하다

1、「新婦의아츰」에 늣긴 感想
2、「어머니」되든날의 感想
3、시어머니와 回甲맛는날의感想
4、大體로女子의 運命이란 어떠한가

毛 允 淑
李 善 熙
崔 貞 熙

① 新婦의 첫날아츰感想

記者─세분이 모다 三十前 꽃같은 나이니지금인들 人生이 어꺼

毛允淑, 李善熙, 崔貞熙, 「〈女子의一生〉을 말하는 佳人會議」, 『삼천리』 11권 1호(1939.01.01), 138쪽

즐겁지않으리만은 저 면사포를 쓰고시집가든 그이튼날 아츰 新婦로서의 첫날아츰을 마지하든 그때의깁부든말슴을 좀하여주서요、「내靑春」이 인제왔구나」하고 혼자 微笑하든일 내一生이 이제부터 피기시작하는구나하고、꿈속에취하엿든 그가지가지 이야기들을……

毛允淑──結婚한 이튼날이 그렇게 좋은가요 하하하어떤 意味로 그렇게 무르서요?

記者──웨 안조와요 끼리시야의「삽포─」란 女詩人은 너무깁버서 이제는 나는 天下를 얻엇노라하고 춤추지않었어요。女子이기 까닭에 받어오든賤待와女子이기 까닭에 떠나지안튼 서글푼 悲哀 그모든것이 깡그리 사라지고 마치 구름속에 보름달솟듯 光明에찬新郞의房으로 많은꿈과 즐거움을 거더앉고 드러갈때에진실로 女子가아니면 가질수없는 그욱한 幸福에 저저질것이 않이엇겟서요 세분가튼 생파란곳 閨氏가

毛允淑──이곳녀자들에 깁붐이있다면 얼마나 있었겠어요 끼리시야 같이 文化가 빛나고 男性들이 제각금 활개를 펴서 천하의 일을 경륜하는 그런好丈夫가 찬사회라면 우리들 女性이 新婦첫날을 마지하는게 오작이나깁부엇겟서요 成熟한 육신은 이시절부터 피기시작하겠고 꿈실은 정신과 영혼은 끗없이 날개가 도처좋은 세계로 나라나라가기라도 하겠지만 一般으로 가난하고敎養이없고 히망이없는 新郞을 마지하는이로의 新婦의 心情이무에 그리깃부겠서요 이말은 내個人에對한 말슴이안니라 우리들 이곳女性의 心理가모다 그렇줄아러요。

記者──앗불사미처 말삽하여 둘것을 오늘저녁에 이약이하려는 이女子의一生같은 題目에 對하여서는 여러분은 다男便있고 子女있고 좋은 家庭까지 갖이고있으니까。말슴하기거북한 點도 여러가지있을 줄아러요、그러기에 오늘저녁 이약이는 自己自身의 이약이를안하여주서도 조와요 그저 우리 땅女子의 한사람으로남의心理 다른女子의 心境을 말슴하여 주는것으로드를터이니 조금도 誤解마시고 솔직하게숨김이없이 말슴하여주서요。

崔貞熙──그러는 便이좋겠서요 그저우리 自身의告白으로듯지마시고 어떤女子가 그렇게말하고 지나드라하는式으로 드러주서요。

「新婦의깁붐」말슴인데 結婚이튼날의 女性의 깁붐이야 다말할수없이 누구든지 클것입니다。누구는 天下를얻엇다고하혓다고 하나 天下까지는 몰나도 재가 一生을依托하려는 힘굿센 男性을 完全히얻어으니 그깁붐이좀크겟어요。아마 父母의 때박게나서 이만한크고 깁고 華麗하고 멋진깁붐은 두번다시없을것입니다。

그러나 時代女性에게는 이러한 新婦의 아츰보다。

「戀愛時節에잇는 날마다 날마다의 그아츰」이 더깁부지않었을까요。않었을까요가아니라 확실히 더깁분것갈애요처음으로 異性의 香氣에 醉하든 그時節이 더깁붐것갈애요 지금 시절의처자들은 戀愛時代를 확실히 더즐기려하고 더잡있게 꾸미려하니까요。

記者——그러면 戀愛時節에 벌서 女性들은 한少女로서 한안해가 되여지는모든 過程을 다 밟고만다는 뜻이서요?

崔貞熙——가령 그것이 육체의경지에까지 이르지 안는다할시라도 女性으로서의 깁분감정이란 대개는 그사이에 經過하고 말게되지요 그러기에 戀愛時代의 女性은 「저별이 저렇게 빛나는줄을 예전엔 미처몰났어요」「지나가는 봄바람의 향내가 이렇게 다스할줄은 미처몰났어요」하고 모든 天地萬物이 그한분男性의存在를通하여 모도다 새로 늣겨지고 새로깨달어지게될것갈애요 요 안그래요?

李善熙——그러지요 結婚하게되면 結婚이란 한 事務的임에。不過하게 될것아닙니까 彼此에 서로 다알어진 男女끼리式을하여 結合의標를 삽고戶籍에 夫婦라옵니고 그제부터는 空想의 로ㅡ만티시즘을 떠나現實的인 너무나 現實的인 모든문제 에맞부닥치게되지요 첫재 家庭을 일어야 하지요。 둘게 살님을 하여야하지요。 셋재 아히들 나어 길너야하지요。 어떻게들 嚴格하고도 避할길없는 女人의 運命이여기에 다닥 처오니까 新婦의 아츰은 꿈의 아츰이아니고 모든 꿈이 깨여지는 아츰이될걸요 新婦의 아츰은靑春을 엔조이하는 아츰이아니라 靑春과 訣別하는아츰이 아닐기요 적어로 戀愛時節을 경험한 多數한現代女性의 心理는 이럴것 갈애요。

毛允淑 올하요 올하요 그러니「新婦의아츰」은 았가崔貞熙氏 맗合하드시 하늘에 뜬 별빛이 어쩌면 저렇게 밝어요」가아니라 어쩌면 저렇게 어둑컴컴해요라고 하서요또지나가는 봄바람이 어쩌면 이렇듯香그러운가가 아니타 어쩌면 이렇게 싱거운가하고 부른다고하여요。호호호。

記者——그러나 세분은 모다 이사회에 있어선 高級의敎養을 가젔고 戀愛를 自由로할 機會를 모다가저서그處女時節의 거름이 호화롭고 자유로웠으나 그렇겠지만 그러나 아직도 大多數의 未婚女性들은 戀愛를經驗하지 못한채 結婚式場에 나아가는것이 아닐가요그런이들은 진실로 「新婦의 그첫날아츰」이 神秘하고도幸福할걸요。

李善熙——우리가 이약이하는것도 그야 結婚한이튼날아츰이 幸福하고 神秘하지않은것은 아니지요 그러나、

毛允淑, 李善熙, 崔貞熙, 「〈女子의一生〉을 말하는 佳人會議」, 『삼천리』 11권 1호(1939.01.01), 140쪽

戀愛가 先行되고는 結婚式은한갓 事務的順序에 不過하고 말그런점이있다는 말슴뿐이지요。

記者──그러니 「新婚」한「新婦」는──다시말하면 性에눈뜬女人은 제가 女子이기때문에 不幸하다는 생각을다버리고 진정으로 幸福을 늣기게되지요。

毛允淑──그야 늣기고 말고 百파ー센트로 아니 百二十파ー센트로 늣기지요 호호호(一同笑)

記者──네알었어요 이것으로 女性의 「幸福이 하나ー」

② 어머니된幸福

記者──그러면 그다음에는 어머니된 幸福을 말슴하여주세요。

李善熙──우리셋은 아직 모다 三十前젊은 閨氏들인데 어머니 어머니하니 에그숭해라 너무 늙었다고 評價하지마서요。 호호

毛允淑──아직 女學校 다니든 少女時節과 같이 너더어린애기의 어머니란 氣分은 참말 안나요。

崔貞熙──나더라도 일부러피하고 싶고

記者──어머니되든날 人生觀이 變해지는가요。

毛允淑──生命의 神秘를 새삼스러히 늣겨집데다 氣分이 嚴肅하여 집데다。

記者──그러케만 말슴마시고 그心理의 變化 生理上變化를 「모퐛상」인드시 좀 그려주서요。

毛允淑──그러지요 懷姙한지 五六個月이되니 뱃속에서 胎動이 알녀지두군요 그때 이게生命이 노는것이구나 하는 생각이드러요。 무서운것도갓고 깁분것도 갓구요 보잘것없는내 肉身속에 새로世上을 기다리는 새로운 한個생명이 있거니하매 그제부터는 우스려하나마 어머니로서의 責任感이 늣겨저요 네전엔 식상히들니든 胎敎란말도 생각이나요。 그래서 할수있는대로 깃분 생각을 가지기로 힘썼고 좋은그림ー聖畵같은것을 되도록 차저서 바라보고좋은 글을읽고 좋은 노래를불느고 좋은 音樂을듣고 그래서 아모조록 총명하고뜻이높은 子女가나졌으면 하고 祈願하는 一念으로가득차저요。 日常生活이……

李善熙──참말 그래요 女性의 天職이 좋은 어머니되는데 있구나하는 엉뚱한 생각이 저절로드러저요 그러고는 偉人傳記에 나오는 여러 어머니들이 姙娠中에지내든 그修養談에귀가쏠여저요 자기도 그렇게 하기를日課로 삼게되고

記者──그러다가

毛允淑 그러다가 解産을하게되어 產院에 入院하였지요

記者──姙娠中에 이애는 사내가되었으면 하고 기다리는 마음이없어요? 당신들이 女子기때문에 받은설음이많

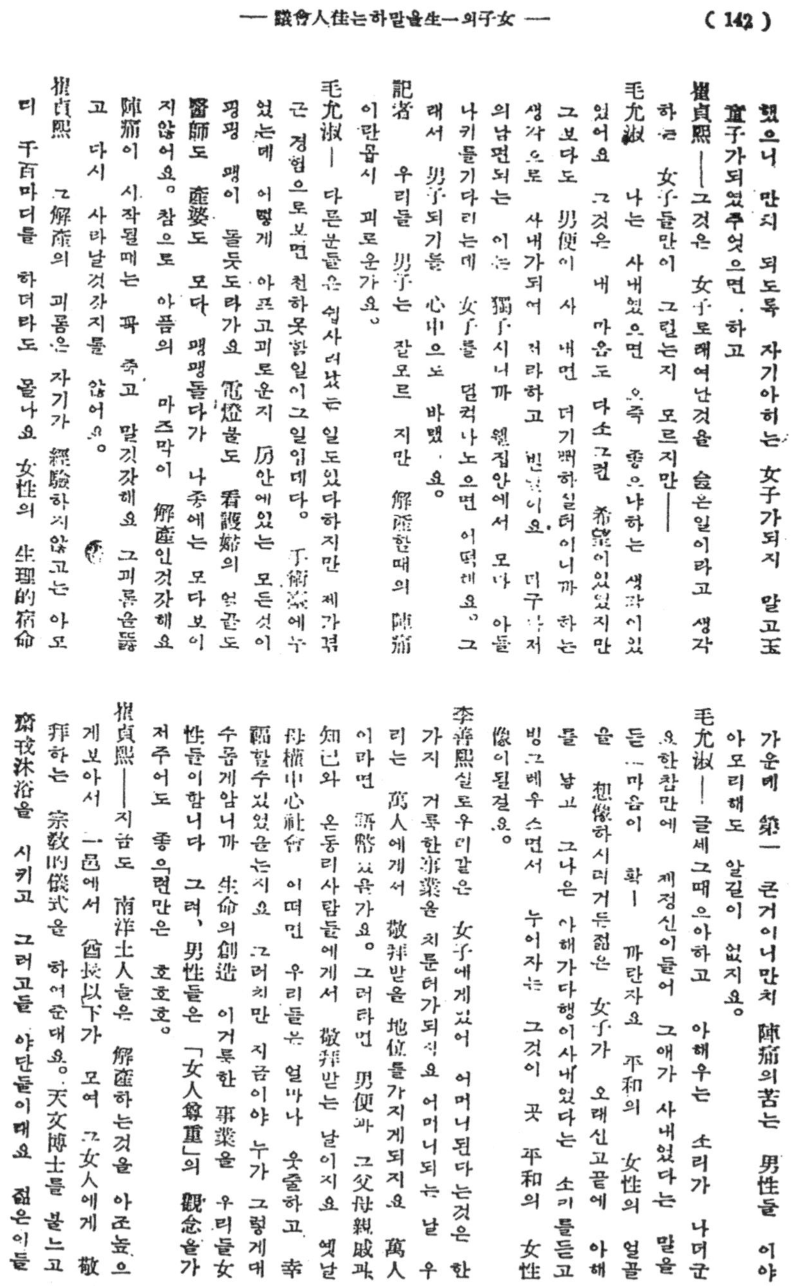

── 女子의一生을말하는佳人會議 ──　(142)

했으니 만치 되도록 자기아허는 女子가되지 말고玉童子가되였주엇으면 . 하고

崔貞熙——그것은 女子로태여난것을 슯은일이라고 생각하는 女子들만이 그럴는지 모르지만——

毛允淑 나는 사내였으면 오죽 좋으냐하는 생각이있었어요 그것은 내 마음도 다소그런 希望이있었지만 그보다도 男便이 사 내면 더기뻐하실터이니까 하는 생각으로 사내가되어 저라하고 빈것이요. 더구나저의남편되는 이는 獨子시니까 웬집안에서 모다 아들나키를기다리는데 女子를 덜컥나노으면 어떡해요。 그래서 男子되기를 心中으로 바랬·요。

記者 우리들 男子는 잘모르 지만 解産할때의 陣痛이란몹시 피로운가요。

毛允淑— 다른분들은 쉽사리낫는 일도있다하지만 제가격근 경험으로보면 천하못할일이 그일입데다。 手術室에누었는데 어떻게 아프고피로운지 房안에있는 모든것이 핑핑 맹이 돌듯도라가요 電燈불도 看護婦의 얼골도 醫師도 産婆도 모다 맹맹돌다가 나중에는 모다보이지않어요。참으로 아픔의 마즈막이 解産인것갓해요 陣痛이 시작될때는 꼭 죽고 말깃갓해요 그피롬을[illegible]고 다시 사라날것갓지를 않어요。

崔貞熙 그解産의 괴롬은 자기가 經驗하지않고는 아모리 千百마디를 하더라도 몰나요 女性의 生理的宿命가운데 第一 큰거이니만치 陣痛의苦는 男性들 이야 아모리해도 알길이 없지요。

毛允淑— 글세그때으아하고 아해우는 소리가 나며군요 한참만에 제정신이들어 그애가 사내였다는 말을듣는마음이 확— 까란자요 平和의 女性의 얼골을 想像하시려거든젊은 女子가 오래신고끝에 아해를 낳고 그나은 아해가다행이사내었다는 소리를듣고빙그레우스면서 누어자는 그것이 곳 平和의 女性像이될걸요。

李善熙실로우리같은 女子에게있어 어머니된다는것은 한가지 거룩한事業을 치룬터가되지요 어머니되는 날 우리는 萬人에게서 敬拜받을 地位를가지게되지요 萬人이라면 語弊있을가요。그러타면 男便과 그父母親戚과知已와 온동리사람들에게서 敬拜받는 날이지요 옛날母權中心社會 이떠면 우리들은 얼마나 웃줄하고 幸福할수있었을는지요 그러치만 지금이야 누가 그렇게대수룹게암니까 生命의創造 이거룩한 事業을 우리들女性들이함니다 그려、男性들은「女人尊重」의 觀念을가저주어도 좋으련만은 호호호。

崔貞熙——지금도 南洋土人들은 解産하는것을 아조높으게보아서 一邑에서 酋長以下가 모여 그女人에게 敬拜하는 宗敎的儀式을 하여준대요。天文博士를 불느고齋戒沐浴을 시키고 그러고들 야단들이래요 젊은이들

毛允淑, 李善熙, 崔貞熙, 「〈女子의一生〉을 말하는 佳人會議」, 『삼천리』 11권 1호(1939.01.01), 142쪽

이 그날밤 모닥불 피어놓고 술마시고 춤을추며 이렁게 一邑一村의 祭禮를 지내며즐긴대요。

李善熙—… 마치 옛날 男性이 科擧에붙는것을 一生의깃븜으로알다면 女子의깃븜은 또는그事業은 어머니되는데에 있다할걸요 끝없이 깁븐색신에 또한그면으로는 女人의 義務를 다하였거니 하는 滿足感을 느껴서요 無後를 七去之惡으로 삼는이社會에서 子息이나 어찌못했다면 그女人은 얼마나罪지은듯한 그늘의 生活을하게될는지요。

崔貞熙——그것두그러치만、그러고 子息을 얻음으로해서 그전에몰낫든 更高은 사랑의 世界를 깨닷게돼요。男便의사랑도 아니고。父母의사랑과도 갓지안은 제 血肉에게서만느껴지는 無制限의 참된사랑、大佛開眼이란말이있다드니 참으로 女人開眼이라할까요 子女의 사랑에接觸하여서 비로소

記者—네잘알겠서요 그러면 이것으로 女人의 幸福이둘!

③ 回甲宴날의기쁨

記者——팔、팔크女史의、大地」에 나오는:阿蘭、그女子는 東洋的인 女子의 運命은 比較的 그러였는데 거기에 보면 그慘憺한 無明의 한平生을 보내다가 나중에단 한가지깃븜을 하늘이 그女人에게 주더군요 그것은귀히자러오든 아들이 비로소 新婦를 마지하는날 …즉 자긔가커서 자라서 나를 먹어 새며느리의 절을받는날그날이 길고고닯흔 旅路에 시달닌이 女人에게 주는가장큰깃븜과 幸福이더군요 그시어미 된다는 年齡이말구어말하면 二十지나 三十지나 四五十다지나 예순이되어 堂上 白髮老婆가 되어 子孫을 거느리고 回甲宴을 받는시절이 되거든요。

긴航路를 끝내인배가 港口에 드러와 비로소 安靜하듯 人世의 가진 波瀾을 겪겨 마즈막에 이回甲壽宴이란 港口에 드러온 老婆의모양? 모든근심을 그子女들이 모다 대신마터주고 저는 아모할일없는事無閑身한몸이되어 멍이 허웃고 앉었는 六十回甲의 그날아츰 꽃같은 자씨들을 앞에놓고 白髮老婆되는 날그말슴을이제 해달나니 얼골이 뜨거워지는 일이지만 여분이 小說이나 詩에 아모題材라도 料理하듯 노릇더러 그런 心境을 想像하야 말슴하여 주시구려。

毛允淑 -이야기하기 쉬크만

崔貞熙——나도………

李善熙——우리도 그렇게 나를먹을가—하하하 (同笑)

記者——젊은 자씨가 웨 나를먹어요 세분은 생전에늙지안치요 다른저 에지뿌도 女子들말이지 하하하——

毛允淑——나이야 먹겠지 그러나 그렇게만히 먹을가요

毛允淑, 李善熙, 崔貞熙, 「〈女子의一生〉을 말하는 佳人會議」, 『삼천리』 11권 1호(1939.01.01), 143쪽

마은도 넘고 쉰도 넘고예순까지 예그어쩌나

崔貞熙――이제도 三十餘年을――

李善熙――三十年뒤에 허리구부리고 볼이 움삭드러가고

毛允淑――이다에 주름살이잡히고……

李善熙――말이 횡설수설이 되고

崔貞熙――거울 보기가 싫여지고

記者――아ㅣ아ㅣ

毛允淑――그러치만 그게 現實인걸 어떡하나 우리도 女學校 다니든게 어적겐데 벌서 시집가고 아히어머니되고

崔貞熙：정말 날마다 이리부닥기고 저리부닥기고 그러는 사이에 結局 老婆가되고말거야。

記者――나를 먹는다는거시 靑春을 일어버린다는거시어찌 女性뿐이겠서요。男子들도 그렇게 아깝고 애타는일이 없지요 그래서 지금 갓터서는 늙기전에 차라리 自殺이라도 하고십지요 自殺할바에는 좋은이와 情死라도――이것이 大部分의 젊은 男性의 생각들일걸요。

毛允淑――그말슴이 올해요 어떻게 늙어요 늙음일 생각하면 늙어지기를 기다리기전에 죽어버리고십지요。그러나 아마 數千年來로 모든 女性이 모다 젊었을때에는 그렇게 생각다가 결국은 늙는 줄모르게늙어서 늙어서 枯木이 쓰러지듯죽고 말걸요、

記者――양귀비나 項羽의 虞美人은 자기가늙는것을 슲어해서 거울을가저오래서 마즈막 丹粧을하고 自刎했지만――

李善熙――대개의 女性은 뿌리없는 草木모양으로 人世의 큰파도에 휩쓸러 늙음이란데로 죽음이란데로 작고흘너가고 말걸요。

崔貞熙――오늘 물결엔 어제풀이 흘느고、래일 파도엔 오늘 풀이흐르고、물도날마다 갓지안코 그물우에 뜬 풀도 물결마다 갓지안코、

記者――자아ㅣ 이제는 모든感傷을 거두고 다시 明朗하여저서 어듸 시어머니되는날 回甲壽筵床을 받는날의깃븜을 想像하여 말슴하여주서요

毛允淑：人世白髮을 避할길 없을레니 늙을것도 생각은하야되겠구만 호호호、아무튼 펄박女史가 올게보았서요。「大地」의 阿蘭은 東洋女性의 一生을 그대로그려노았서요그忍從의美、그맨밋바닥에 處해 있으면서도 살려는努力 끝까지 끝까지 아모希望없는 女子의一生이건만 오래사라보겠다는 生에의 愛着心ㅣ 어릴때에는가난으로 커서는 시았보기로 온갓괴롬을 한아가득안고도 타달타달먼山길을 괴롭게 거러가는 그女人의 運命이 이것 阿蘭뿐이아니지요。朝鮮이나 支那나 印度女性들의 허구헌날 격는 運命이지요 나는 日前 펄팍女史의 人物과 作品을타지오 放送하면서 그作者에대한尊敬하고 싶은생각이 들어요。

毛允淑, 李善熙, 崔貞熙, 「〈女子의一生〉을 말하는 佳人會議」, 『삼천리』 11권 1호(1939.01.01), 144쪽

李善熙——그러니까 투철하게 생각하면 旣往늙어질바에는 子女를 잘 敎育시켜서 잘 出世를시켜서 老後의 깃븜을 삼자는것이 女子의 큰 本能이요、큰 慾心이기도하지요。

崔貞熙——아직은 三十以後의 일에對하여는 아모생각을 깊히해 본적이 없지만은 어쨋든 女人으로서中年以上이되면 慾望의 對象이 옴겨질것갓해요 戀愛時代와같이 그렇게 單純하고 외골수의 慾望이란 앞으로 있어질수없겠어요。그런 異性에게서 받는 愛情만으로는 사라갈것갓지안해요 結局은 子女中心의生活設計가 생겨질듯해요。그러하여 며느리보고 손자보고回甲宴을 밧게되고

記　者——그러니 그깁븜이란?

李善熙——역시 新婦때나 어머니된때의 깁븜 모양으로 女人에게는 큰깁븜일것 가태요 안그래!

毛允淑——그럴것 갓구만

記　者——그러니 이것으로 女性一代의 셋재번 깁븜이구만요 잘알었어요。

④女子의 一生이란

記　者——女子로 태여난것이 不幸타고 생각하서요。

崔貞熙——不幸타고 생각한적이 없어요 오히려 女人된 푸라우드를 늣기는때가 많지요。

李善熙——저도 그래요 男子로 태어낫더면 오작깁부랴 하는 생각은가저지지를않어요。

記　者——女子가 더귀염을 받는가요 우리社會에선?

李善熙——男性들이 못가지는點을 오히려 女子니깐가저지는 例가수도록 하지요。용모가 一色쯤되고 才操가 좀있고 敎養이 그에따른다면 女子들은 곧일홈을 떨치기쉬웁시요 그만 程度의 女子들이라도 貴하니까。

毛允淑——다른 社會라면 女子된것을 痛切히 恨歎하고 싶어요 그러나 이곳男性들이야 女子가 못가지는 特權을 가진것이 별로만치를 못하지요。재조있다고 經倫이있다고 큰將軍이됩니까 큰 政治家가됩니까 政治家나 將軍이없는 社會에 잘난 男子있으면 제 얼마나잘났겠어요 다 딴곳에社會에서 할말들이지요。

記　者——그것도 한解釋입니다。어쨋든세분은 男性으로 태여났더면 하는 好奇心도안가지섯으니 安身立命之格이로군요。

자그러면 이제 結論에 드러갑시다 결국 女子의一生이란 남의안해가 되엇다가 어머니되엿다가 다시시어머니되엿다가 그러다가 靑山一杯土로 도라가는것이 그것인데 앉가 말슴모양으로 女子의六十平生에 세고비의 깃븜이있음을 찰알겟어요 그러면슯흠이란 어떤것

毛允淑, 李善熙, 崔貞熙, 「〈女子의一生〉을 말하는 佳人會議」, 『삼천리』 11권 1호(1939.01.01), 145쪽

임니까 女子의 避할수없는 숨숨 이란것은?

崔貞熙——女子의 一生은 悲劇이지요 女子의 一生은多端하고 多怨하지요 不幸의 連鎖지요。

記 者…좀더 具體的으로

崔貞熙——젊머서는 사랑이 마음대로 되지않고 子女를가진뒤보는 때에 따라선 그子女를 멀니外方에 떠나보내기도 해야하고 또가난과 病과 그우에 조선社會의因襲과 傳統은 女子를까닭없이 가두어두고 내리누르려들고……

毛允淑 白樂天의「長恨歌」지요「哀薄命」이지요。「他生莫作女人身하라 百年苦樂이 依他人그대로지요。

記 者——그러나 楊貴妃가 唐明王의 寵愛를받자 그시절에는 모든 父母가 楊貴妃같은 딸나키를 願치않었어요 그래서 저 有名한

「不重生男、重生女」

란 노래까지 흐르지않었어요 조선서도 平壤은 山水조와서 딸을낳으면 의레 美人은 나키까닭에 平壤母性들은 오히려 딸나키를 願치않었어요。

李善熙——그러나 그것이야 다 變則이지요。「推承恩」한분이있다나 조선녀성들이 다 딸가지를 願하는거야아니지요。

毛允淑 허기야「헤로데」時代에보면 女子하나를 가지고나라와 나라가 싸홈까지하여 몹시도偉大한 存在이기도 한 한철이 있섯지만……

記 者…春園의「그女子의一生」모ー팟상의「女子의一生」山本有三의「女子의一生」이세가지 作品을 읽은 感想을 말슴하여주서요。

毛允淑——셋이다「女子의運命」을 그리느라하었는데 제가보기에는「모ー팟상」것은 女子가 가는대로 내버려두고서 作者는 붓을쥐고 그발뒤굼치에 밧삭부터 뒤를따르면서忠實히 그記錄을 주서모은것이고、春園先生의그女子의 一生은 어떤女子의 거름을 이렇게 거러라저렇게 거러라하고 앞에서서 作家가그女子를붓잡고가며 結局 이떤 結論에 부드치게하는것으로 判斷되어저요。

記 者——그야 그러치요 모ー팟상은 自然主義全盛時代의 作家고 春園이야 늘 高潮하는 理想主義人道主義의 手法으로 여거넨것이니까。

毛允淑——그래요 作家의 女性을 觀照하는 態度는다달느지만은 그러나 그리어진 事實은 다 眞理애요 다올해요 첫절부터 끝절까지 女性의心理도 生理도또거러가는態度도 다 옳해요。

李善熙 ——그밖에도「안나카레니나」라든가「椿姬」라든가「그전날밤」의「에레나」라든가 지이드의 諸主人公아나돌푸탄스의 女主人公 모도다 眞理를 그렸지요 모도다

毛允淑, 李善熙, 崔貞熙,「〈女子의一生〉을 말하는 佳人會議」,『삼천리』11권 1호(1939.01.01), 146쪽

「女子의運命」을 그런 名作들이지요.

記者 ― 山本有三氏의 「女子의一生」은 테ー마가 어떤 것이든가요.

崔貞熙 ―! 오래전에 한번 본것이되어 잘 記憶되지 않으 한 女子가몹시 그리워하는 愛人과는 끝끝내 結婚을못하게되고 만사내와 하지요 먼ー훗날에그女子는엣날의 愛人을偶然히 汽車가운데서 맛나는데 맛나서도 둘은 예전의 愛情이야기엔 한마디도 接觸치않고 집안이야기들만 마치서로 路傍의 사람같이 주고받고는 다시 언제만날는지 모르는길로서로 各各 기리가지요. 그러한 女子의 運命은 그리있는줄아러요.

李善熙 ― 女子의 運命만이갔으니 말이지 요지음 讀賣新聞이든가 東京朝日이든가 山田ワカ女史가 女性相談에對한 回答을 하고있는欄을 보았드니기기에는 진신모많은 破船한女性들이 救援을 부르짓는것으로 가득차있어요 마치 波止場에 널조각이 이파도 저파도에 밀려와 쌓이드시 秩序없이 堆積되드시 이떤 女子는 貞操를 일코 愛人은 그만逃亡해 비렸으니 어쩌면 좋겠느냐고 어떤女子는 男子가 情死를하자하니 어찌겠느냐고, 어떤女子는 三角戀愛에 괴로워하고 있으니 어떻게 解決지으라느냐고 어떤이는 돈을 따를것이냐 好男子를 따를것이냐 等等참으로 近代女性들의 愛憎의百貨店의 버려저있어요. 그것이 斷片斷片들이나주서모으면 한女性의 一代史가되고 부서진대로 두어도

다女性의 一面이 되더군요.

記者 ―! 結局女性의 一生이란무엠니까

崔貞熙 ―! 男性에게 속히우고 男性을 그리워하고 미워하고 愛憎의 連鎖지요.

毛允淑 ― 男性들 그늘 밑에서 반조고레피 였다가 사라저버리는 無名의 꽃들이지요.

李善熙 ， 무에니 무에니하여도 男性은 사공이고 女人은 그배에탄 乘客이지요.

記者 ― 오래말슴하여주시 감사합니다. 다좋은 말슴이군요

毛允淑, 李善熙, 崔貞熙, 「〈女子의一生〉을 말하는 佳人會議」, 『삼천리』 11권 1호(1939.01.01), 147쪽

戰爭·長期化—

「家庭生活」主婦座談會

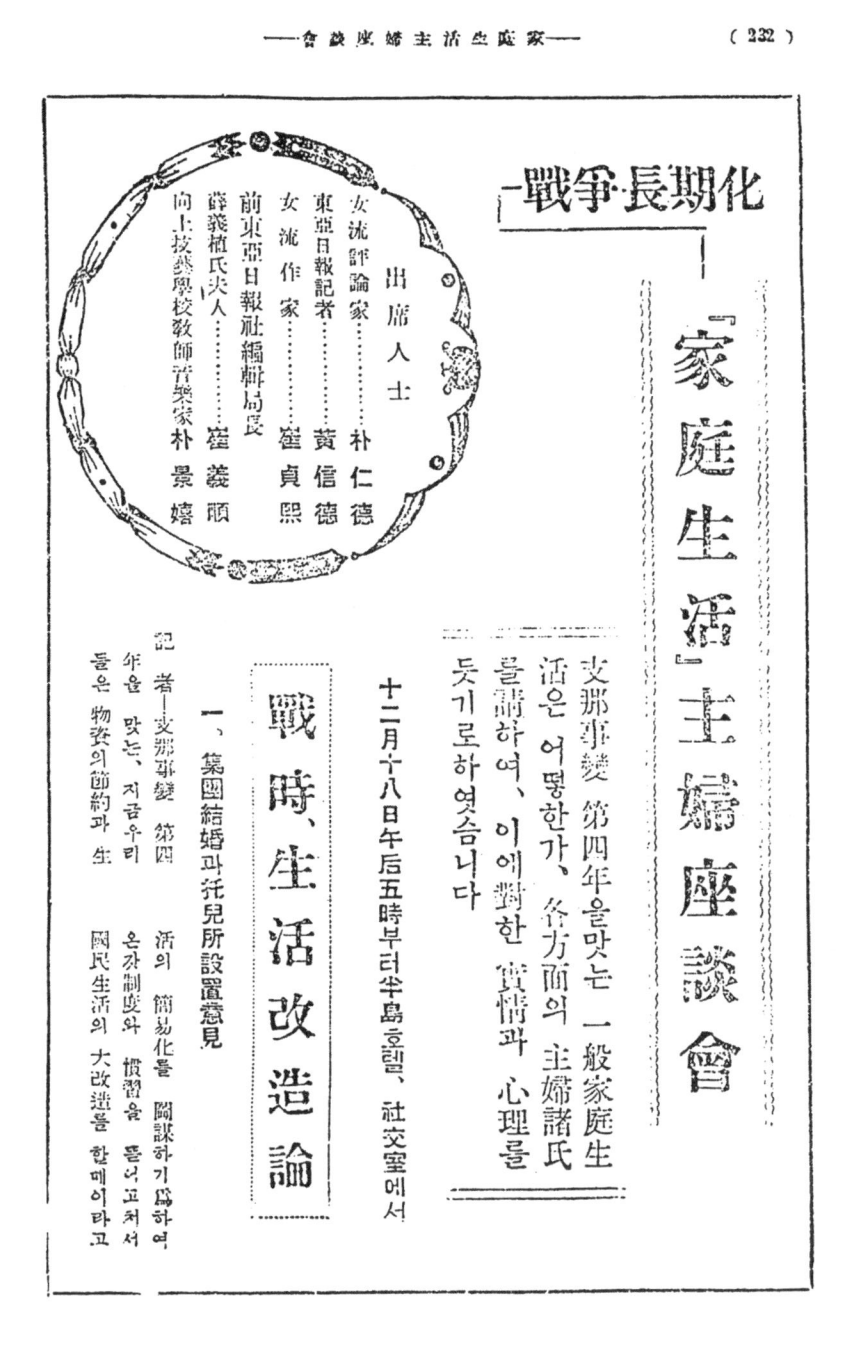

支那事變 第四年을맛는 一般家庭生活은 어떻한가、各方面의 主婦諸氏를請하여、이에對한 實情과 心理를 듯기로하엿슴니다

十二月十八日午后五時부터半島호텔、社交室에서

出席人士

女流評論家……朴仁德
東亞日報記者……黃信德
女流作家……崔貞熙
前東亞日報社編輯局長 薛義植氏夫人……崔義順
向上技藝學校敎師音樂家 朴景嬉

戰時、生活改造論

一、集團結婚과托兒所設置意見

記者―支那事變 第四年을 맛는、지금우리들은 物資의節約과 生活의 簡易化를 圖謀하기爲하여 온갓制度와 慣習을 뜯어고처서 國民生活의 大改造를 할때이라고

박인덕 외, 「〈家庭生活〉 主婦座談會」, 『삼천리』 12권 3호(1940.03.01), 232쪽

봅니다 먼저 簡行하여야할것이 「集團結婚」이 아니니까 十回、二十回의 費用으로서 短時間에 禮式을 치루는그制度가 上海、南京等地에는 많다하는데 그들은받기로하면 어떠하리까

黃信德—平安道江西에서 그곳敎會堂牧師가 여덟雙 即十六名의 新郞新婦를 한곳에모여놓고 紗帽冠帶한 禮裝을 차리게한다음 한꺼번에 結婚式을 擧行한일이 있었어요 벌서 다섯번째라든가요、여섯번채라든가요 해마다 春秋兩節쯤은 한다더군요。

崔貞熙—또 平壤 南山敎會牧師는 自己아들과 딸의 두가지結婚式을 잘은하로에 擧行하여서 好評을 사더군요。

記 者—外國서도 「集團結婚」이 많습니까。

朴仁德—쌍동이는 한날에 結婚한다는말은 들었으나 集團結婚에 대해서는 별로듣지못한걸이요。

記 者—네 알겠어요 그러면西洋서는만치못한게군요 西部戰線의 戰爭뉴—스를보면 出征하는兵丁多數와 그마을 색씨여러시 敎會

(朴仁德氏의近影)

堂이나 軍營앞벌판가든에서 大規模로 結婚式을하는것이 있더군요、이런 制度를 우리들 朝鮮社會에서도 이제부터 본바더 하여보면 어떨까요。

崔義順—國民生活을 集團化시키고 簡易化시키는点에서는 勿論 좋겟지요그러나 결혼이란것은 亦是靑春時代의 한로—맨스요또몹시 神秘스러운일인데、이꿈과浪漫性을 다빼여버리고、너무 機械化시키는그런禮式이 現代男女의 口味에 맞을것갓지않쿠만 無味乾燥한그儀式、그光景이 승겁지않을가요

朴景嬉—또 돈이덜든다는 理由로 본다면、經濟하고싶으면 新郞新婦 저이들끼리 별관에나가 禮式하면어때요、映畵에서보면 西洋의 사랑하는 男女들은 牧師를 끄을고 無人벌판에나가 돈 한푼 안드리고 저희들끼리 뚝떡뚝떡 너무잘하더군요、崔義順氏말슴 모양으로 「集團結婚」은 어떻게 想像하기에 퍽으나 막막한듯 하군요。

崔貞熙—또 더구나 朝鮮의 適齡期의 젊은 男女들은 아직 그

박인덕 외, 「〈家庭生活〉 主婦座談會」, 『삼천리』 12권 3호(1940.03.01), 233쪽

런데對한 鍛鍊이없어서、여러小名新婦가 죽-서고있는속에서 자기안해될 女子가 얼굴이못생겼거나 남보다 떠러진것을 바라볼적에 그現場에서 離婚하려들지않을가요? 설사 離婚까지 않가도 幻滅을받어서 그新婚生活이 幸福스러워질가요? 亦是 登場人物이란 단둘뿐인 現在의 結婚式이 이런點으로보아 좋은것갈애요

記 者―個人的인 그런 感傷性은 잠깐 論外로하기로하고―實際로 어떻게하면 集團結婚을 시작할수있겠어요。

黃信德―아까 말슴한 平安道江西같은 시골이면 관안이 좁아서 한洞里의 新郎新婦를 하로한시에한곳에 모여놓고 하기가 쉽겠지만 서울서는 모아내기 힘들것가해요。

崔貞熙―常識으로 생각하여 實際方法을 생각한다면 朝鮮、東亞每新의 세新聞社가 主動이되어 그곳新聞社 홀에서 新聞社長이 主禮가되어서 小組二十組式 一年에 春夏秋冬 네번쯤 한다든지요

崔義順―또는 各教會마다 한달에

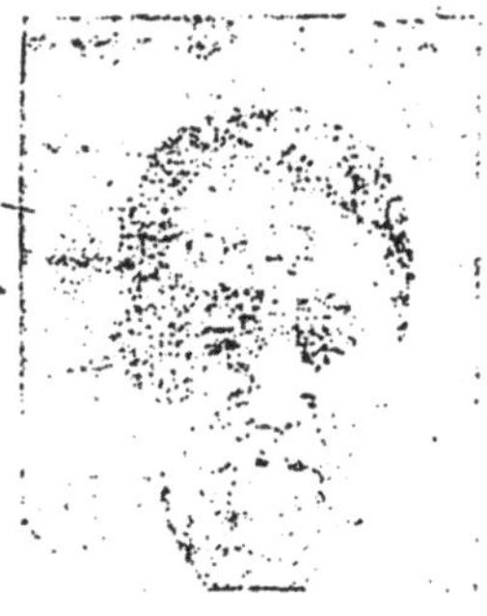

(黃信德氏近影)

한번씩 教人의 子女結婚을 그教會牧師가 主禮되어 한다든지요

黃信德―그는 다 할수있는일이나 爲先 第一쉬울方法으로는、中學의校나 高等女學校校長들이 卒業生의結婚을 學校講堂같은데서 모아놓고 한다면 그父母도信任하고 장가드는저들도 安心할것이고、節次도教育者이니만치 잘 받버할것갓군요。

朴仁德―集團結婚으로만 冠婚경제가된다면 方式에 대해서는 여러분이 입의말슴하신것이 좋읍니다。그러나 결혼방식에있어서는 당면한 당사자의 취미에따타할테니까 집단결혼 아니라도 비용절약만되면 그뿐이겠지요。

記 者―다 좋은案이군요。어떻게 그렇게하여 冠婚喪祭費用때문에 못살고마는 이習慣을 徹底的으로 打破합시다、그리고 「托兒所」를 만듭니다、좋은案이 없으서요。

黃信德―참으로 必要해요、托兒所없어서 女工과 職業婦人으로 못나서는 女性이 얼마나 많은지아서요 나는 日前에 東大門밖어면 紡績工場을 가보았는데 機

박인덕 외, 「〈家庭生活〉 主婦座談會」, 『삼천리』 12권 3호(1940.03.01), 234쪽

械깐 집에 시렁이(棚)놓였는데 그속에 보작이에 싼 무엇이 움즉여요、女工들이 짐짝을 두었는줄 알었더니 그것이 어린젖먹이들애요、집에두재야 봐줄사람이없고、勞働은 아니나갈수없고、그래서 工場에 끄을고와서 보끄럽이 모양으로 그렇게들데다그려、工場地帶에 가보면 母性도 母性이려니와 嬰兒의保護가 없는데에 눈물이나요、어떻게托兒所를 勞働地帶에 많이만들도

(崔貞熙氏近影)

록 힘씁시다、서울만해도 종로네거리나 東西南北 사람많이다니는데 그런施設이 있으면 女敎師、女記者、女店員들이 좀들多幸하겠어요、아츰에 出勤할때갔다맡기고、저녁에 退勤할적에 잠깐 들어 간단한 짐짝을 도로찾어가지고나오듯、그리고 하로 托兒賃ㅡ二十錢程度로 되여진다면 좀 좋을가요。

崔義順ㅡ암ㅡ요、비단 勤勞婦人뿐아니라 家庭主婦도 어떻게 便할는지 모르지요、잠깐 밥지을때 한時間이나 三十分쯤 갔다맡기고 또 쌀팔러 外出할적에 二三時間갔다맡기고ㅡㅡ그럴수도 있지않어요。

朴景嬉ㅡ現在 제가 아는 어떤모단家庭主婦는 托兒所를 이렇게 利用합데다그려、劇場으로 求景ㅡ갈적에 東大門서 電車에내려 잠깐 맡겨놓고는 돌아올적에 찾어오고、또 和信같은데 물건사러 나올제도 종로까지 끄을고오자면 거치장스러우니까、잠깐 맡겨놓고ㅡㅡ이렇게요、좀더程度가지나면 有閑婦人들도 그렇게 利用하든듯해요。

黃信德ㅡ제가 알기에는 醫師 한은제써夫人이 東大門 托兒所를 잘 利用하는데、게는갔다맡길만하지요、그안에는 애들놀기좋게 그네、木馬、뭐 별에별작난감을 다가추어놓았으니 먹을것만 사맛기고 나오면 하로동안 아모근심없이 아히가 울지도않고 유쾌하게 작란에 취하여 놀게되엇더군요、그러고 하로에十錢이라든지요。

記 者ㅡ現在 서울에 몇군대나되여요。

崔貞熙ㅡ東大門婦人病院안에 托兒

所가있고、세부란스에도있지요、그리고 救世軍托兒所에도 있단말을들었고 새로지은 緊志町泰和女子會館에도 둔다는말이 있더군요。

記者―어떻게하면 모퉁이 모퉁이마다 托兒所가 되여질수있을가요。

黃信德―서울안 여러 大家집에서 그舍廊채를 開放하여주셨으면、또돈있는 寡守宅이 慈善事業으로 老後의 積善으로서 돈과勞力을내여 하여주셧스면 좀 좋겠어요。

朴仁德―지금 말슴가치 모퉁이모퉁이 탁아소가 생기게되려면 물론 민간에서 사업가들이나서서 할뿐외라 정부에서도하여야합니다、도시에 공원을 설치해놓고 아이들이 가서놀게하는모양으로요、농촌에서는 군、면에서 주선하여 각농촌에 진흥회당을 리용할수 있을것입니다。

二、「共同炊事」와아파―트生活에對하여

記者―社會大衆黨首 安部磯雄이는 全家族을드러 아파―트로移舍하여 삽데다、지금우리들이 사는 이 거추장스러운 家庭을 없애고 共同住宅인 이아파―트에와 살면 어때요、아파―트의 新設이 만해저서요。

黃信德―좋지요、늘 나의願이지요 그러나 그러자면 우리들 生活樣式부터 고처야할걸요、세간살님도 썩주리고、장독대갈은것도 없새고、김치、깍둑이 이런것도 좀 고치고――아조 簡便하면서 時間的規律이있고、共同生活訓練을받고――이래야할걸요、共同住宅에가 살자면 여러家口가 사는 곳인지라 아히들이 過히 보채여도 안되고 夫婦不和하여 싸홈소리 결집에 들려도 안되고 그리고 經濟收入도 모다 中流家庭程度는 되여서 까스불에밥짓고 빵과 습으로 아츰은지내고、衣服도 늘깨끗하게입을수입어야하겠고――그러니까、우리들 生活을 좀더 單純化 시킨뒤에 아파―트生活制度를 普及시켰으면 좋겠서요。

崔貞熙―東京에는 獨身女性를爲하여 아파―트가 있더군요、서울에도 그런것이 있으면 좋겠어요。

朴景嬉―젊은女性을 한곳에 모아놓으면 말성이 생길걸요「禁男의家」모양으로요(一同笑)

崔義順―그러나 아파―트 新築이 많어주면 住宅難이 어떻게 緩和될는지 期待되어요、지금 게딱지모양으로 도닥도닥 붙처지은

박인덕 외,「〈家庭生活〉主婦座談會」,『삼천리』12권 3호(1940.03.01), 236쪽

(237) 家庭生活主婦座談會

낡은집들을 활ー 허러버리고 거기에 한家族씩 살수있게 잘꾸민 여러層 집이된다면、十家族二十家族이 모아살수있을테니까 참좋겠어요、共同娛樂場、共同炊事室共同洗濯室等을두어 生活을近代化시키고요 좀 좋겠어요。

朴仁德ー위생상으로보나 生活便利로보나 따로사는것이 첫재나 도시에는 地價가 고등하기까닭에 아파ー트生活이 利益이될지모르겟군요。

記 者ー「共同炊事」는 어떠한가요

朴景嬉ー어데서 하는곳있읍니까、事變以來로……

記 者ー서울에는 진고개(本町)엇든町에서 밥을 共同으로짓고 반찬은 제집집에서 지어 먹는다는데 돈이 덜들고 힘신 成績이 좋다고해요、東京같은데는벌서 된지가 오래고요。

崔義順ー우리네 飮食은 複雜하여 어떨가요。

崔貞熙ー밥도 금박 지은밥을 떠먹여야 맛나는데 딴곳에서 지어 配達하여오면 식어버릴터이고 밥맛을 많이 잃을걸요、그러기에朝鮮家庭에서는 얼는實現하기 어렵지 않을가요。

(朴景嬉氏寫眞)

黃信德ー나도 그렇게 생각하여요 또 朝鮮집에서 밥짓는다는것은 間接으로 溫突 덥이는條件도있스니까、밥은 딴데서 짓는대도、제집에서는 군불을 때어야하니까、나무도 나무대로 들어서 어떨가요、도로 不經濟일것도가꾼요

朴景嬉ー共同炊事는 洋屋집 가튼데서文化生活하는이나 또는 다다미生活하는이들에게 便할걸요。

朴仁德ー그럴걸요、우리들에게는아직 不便할걸요。

二、米、薪、衣服等 家庭經濟는어든가

記 者ー近衛市子나 林芙美子같은 東京女性들도 이事變下에 家庭生活하기 主婦로본적에 漸漸 괴로워간다고 告白하였는데、實際로 본여러분의 體驗은 어떠세요。

崔義順ー그야 괴로워졌지요、요지음은 더구나 쌀이貴하여서요、예전엔 쌀한말에 보리갈은雜穀한되를주더니、이제는 한말사자면 보리석되를 사야되더군요。

박인덕 외 「〈家庭生活〉主婦座談會」, 『삼천리』 12권 3호(1940.03.01), 237쪽

記者―某閣住에서도、쌀을 미처 사지못해서 밀가루와 찹쌀로 며칠지내셨다드군요。

崔貞熙―우리집에서도 그랬서요、또 暹羅米라고주는데 質이 좋지못하더군요、그러나 속히 米穀이 서울에 들어오리라니 기다리고있어요、다시 豐當하게 되겠지요。

記者―옷감은?

黃信德―再昨年에는 廣木한필에 十圓五十錢하든것이 지금은 二十二圓이라든가요、스푸석인것으로요、公定價格으로 볼지라도 二倍 三倍된것이 있어요、그러나

(崔義順氏寫眞)

衣服類도 좀더 험하고 豐當하여질날이 올것같고 기다려요。

記者―女子洋服값은 어때요、늘 洋服生活은 하시니까。

朴景嬉―네、빗싸졌서요、그러고 예전과같은 좋은천이 없는듯하더군요그러기에 지금은 산 생각은않고 그저 예전것은 고치입고 빨아입고다듬아입고……그래요。

黃信德―사두는것(買溜メ)를 避합시다、그러면 物價도 오를理없고、物資도 그렇게 不足이안될터이니까요、우리는 이戰時下에 있어 一般主婦에게 그것을 力說키로 합시다。

記者―이問題는 간단히 이만치 이야기하고 지나가기로 하지요。

三、切符制度가된다면如何

記者―日前 大阪每日新聞에 난것을보니까 內閣會議에서 大臣들입으로 衣服、食料에 對하여「切符制」이야기가 나왔다는데、中央物資委員이요、現內閣政策의 支持者인 經濟學者 高橋龜吉의 主張을 드르면「切符制度」로하는것이 公平한 分配와 物資의 偏在를 막는方法으로서 가장 좋다고 그랫어요。쌀이나、나무나、衣服等이나、切符制가되면 朝鮮家庭은 엇더케될가요。

崔貞熙―切符制度가 된다면 實際로 어떻게됩니까

記者―지금「까소링」에 對해서 配給制度가 서있는데 마치그렇게 된걸요、집食口에 比例하여 한달에 쌀 한섬씩이라든지 옷한벌씩이라든지 살수있다는 票를 아마 郡廳이나 警察署에 가서마타가저다가、그것을 내어들고、돈을주고 商店에가서 사오게되겠지요。

崔義順―잘사는 집에서는 豐足하게 살수없어 多少不便하겠지만 一般大衆들에게는 퍽으나 安心되게사라가진걸요。

黃信德―物作이 끝고로 퍼지겠지요

朴仁德—요새 서울서 쌀사려면 표를가저야된다니까 벌서 쌀사는데는 一部切符制가 된셈이지요。다른데 시간약속이있어서 저는먼저가니 여러분 용서해주서요。

社會諸問題批判

一、男便姓따르는問題

記 者—民事令이 改正이되여서아모리 웃줄거리든 女性이라도 이제는 꼼작할수없게 男性姓을 따르게 되였는데 여러분의 覺悟는如何

黃信德—男便姓따르는것이야 따르라면 따르지요、女子야 아버지성 따르거나、남편성 따르거나 別로 根本問題가 될것이 없으니까요。

記 者—그러면 어떻게 됩니까、夫君이 任氏니 任信德이되고、薛—義順이되고、金景嬉가되고、이렇게됩니까。

黃信德—그렇지요、또 녀자姓名이 必要하다면 任黃、信德이라 할려고해요。

記 者—어느분은 新字를 놓겠다고 해요、新崔貞熙、新朴景嬉、이렇게요。

崔義順—男便은 하늘이니까、姓名우에 그姓을 冠하는것도 좋은일이지요。

朴景嬉—어쨌든 한동안은 混沌하여질걸요、더구나 社會生活하는女性들로는、姓이 고처진다면、世上에서 그男便姓까지 어디다 記憶하여줍니까、그러니 새사람을 對하는것가치 서먹서먹하여 질걸요。

黃信德—落地以後四十年동안 여러千번、여러萬번、불러오든 입에젖고、귀에익은 이姓名을 一朝에고처놓으면 다시 그만 認識을 시키기에는 한동안 苦心과 努力이 들줄압니다。

記 者—그러면 千字뒤푸리모양으로 註釋이 必要하겠군요「前黃信德女士即現任信德女士」이렇게요、그러나 그런境遇보다 더딱한 경우가 있을걸요、假令 離婚하고 다른男便을 얻어사는때에는、어제까지는 朴玉順이라부르든것이 오늘부터는 金玉順도되고 來日은 崔玉順이도되고요

崔貞熙—그러나 그런離婚의境遇보다 우리들新女性의 머리로 지

박인덕 외,「〈家庭生活〉主婦座談會」,『삼천리』12권 3호(1940.03.01), 239쪽

나가는 큰問題는、가령 女流作家라하면 그姓名이 生命이요、「價値票」인데、二三十年 地盤을 닦어놓은 이이름을 一朝一夕에 버리기어려울줄알어요、그러기에 民籍上、所要되는 姓名은 따로 만들어두고、그리고 예전이름을 그 雅號모양으로、別名모양으로 그 렇게 社會的으로 그냥 通用하고 싶어요、이것은 朝鮮에는 이번에 改正民事令때문에 男便姓따르고 안따르고의 問題가있으나 內地에선 依例히 따르기로 이 미 되여있는곳에서도 女流作家 宇野千代나 林芙美子를보면 決코 제男便姓을 따르지안엇고、더구나 宇野千代같은女性은 두번 세번 시집갔는데、갈때마다 男便姓으로 갈어야한다면、아마 木村千代도되였다가 渡邊千代도되였다가……할것인데 늘 宇野千代로 있는것을 볼적에는 비록戶籍上에는 正式氏名이따로 있을것이로되 널리社會에通用하는 姓名으로는 그慣習을 容納하여주는듯해요、朝鮮女性에 對하여도 이만한寬容性이 있어주기를바랍니다。

二、女性에不利한制度

記 者—女性에 不利한 制度가 무엇무엇입니까。

黃信德—그런 問題를 생각하기시작하면 분하고 그만 홍분하여더다시 생각하고싶지않어요、그렇게、男性本位로、女性片務的으로 이세상이 組織되였으니까요。

記 者—例하면 公娼?

黃信德—그도 슬프고 痛恨할問題지요。

記 者—같은夫婦면서 안해에겐 財產權없는것?

崔貞熙—그도・그렇지요。

記 者—貞操에對한 片務? 即男性에對하선 寬大하고 女性에겐 追窮과 處罰이甚하고?

朴景嬉—그런點도 있지요。

記 者—女性에게는 辯護士같은 地位를 안주는것?

崔義順—그門戶는 年前에 開放되였어요。

記 者—朝鮮女性으로 辯護士資格가진이가 있어요。

崔義順—아직은 없어요、試驗에파스한이는——二러나 東京에는 內地人女子 둘인가 셋이 辯護士開業하고있지요、將次、朝鮮에도 女辯護士가 생기게될걸요。

黃信德—明治大學法科를 마추고、다시 女子大學을마추고、그러고 早大에들어가 硏究하다가 辯護士試驗準備하고있는 朝鮮女子 한분이 있는줄을 내가 分明알어요、只今 工夫하는중이니까、可望있을걸요。

朴景嬉―高鳳卿氏도 米國미시칸大學서 法科를 마추엇다는 所聞이 있더군요。

崔貞熙―그이는 哲學博士라든데요

記 者 女辯護士의 出現을 苦待합니까。

黃信德―東京서 이러난 女醫지브스事件때를볼지라도 女性辯護士가 아니면 같은女性의 立場을 그처럼 深刻하게 또 눈물겨웁게 辯護하여낼수없었을걸요。

三、女醫지부스菌事件批判

記 者―말이났으니 말이지만、지부스事件을 어떻게보서요、그女醫의 態度를?

崔義順―女子가 불상해요、그는女性의 運命을 自己가 實演하여준 눈물겨운 犧牲者라고 보여저요。

崔貞熙―지브스菌을 만주에 옮겼다는것은 그것은 罪요、惡이니까、그行爲를 擁護하는것은아니나 그心理마는 깊이깊이 理解할수있어요、藥뿐이러까、사랑하는나마에 男性을 죽이기까지하는 女性의 心理까지도 잘理解할수있어요。

記 者―朝鮮女性을 그런處地에갔다놓으면

朴景嬉―亦是 그心理가 갈하였을걸요、다만 醫學上素養이없는 女子였더면 背反하고간 그男便의집에 불을 질느거나、밥에 쥐잡이 약을섞거나、新聞紙上에 흔히나는 그런 悲劇을 저질렀을걸요。

黃信德―나도 同感이여요、그女子는 手段를 그르첬기까닭에 제몸을 鐵窓에 두게되었지요、저한몸은 於此彼 犧牲되였으나、그女子의 犯行이 한번있었기까닭에 世上男子들로하여금 깊이反省할機會를 준것마는 所得이겠지요、그女子의 受難이 決코값이 없는것이 아니라고 보여저요。

記 者―男子側으로 보면 살다가 살기싫으면 갈나지자고 한것인데……하고 辯解할길 있지않어요? 異性을 背反하는것이야 男子가 더 많은가요? 아마女子가 더많흘걸요。

崔義順―女子는 自立할수없는 後難때문에 大概의 境遇에는 꿀꺽 참지요、그러나 男子야 어디 그럽니까。

黃信德―아까 지부스事件이야、그男子가 意識的으로 제가 出世하기爲하여 그女子를 利用한것이 低劣하지요、道德的으로 罪人이지요、그點이 미워요、그야

박인덕 외,「〈家庭生活〉主婦座談會」,『삼천리』12권 3호(1940.03.01), 241쪽

좋와살다가 갈나지는 경우도 세상에 없으란法 없겠지만、이것은 그런일이아녀요、그것이 打罵하는 點이지요。

朴仁德—그럴걸요。

記 者—이事件에對하여 東京社會에는 두가지 批判이있더군요、하나는 杉山平助等이 主張하는 「女性의 復讐의方法이 틀렸다、웨 네가 그男子보다 더훌륭한 人物로 出世하여서 날보아라하고 良心的으로 그男子를 머리숙이게못하고 그런짓햇느냐」하는것과 다른한가지는「殺意없는 犯行인 以上 女子를寬大하게 取扱하자」하는 두갈래더군요。

四、異性間에友情成立與否

記 者—最近에 우리社會에 몇몇가지 異性間의友情程度가 變하여서 戀愛關係로 昇華하여그만 家庭爭議를 이르킨例가있섯는데 大體 異性間에 友情이란 成立되어질수있읍니까。

崔貞熙—友情이라면 서로 인사하는 程度말인가요?

記 者—예사롭게 인사하고 갈나지는 程度를 좀 지나서

崔義順—그러면 옵바누이의 程度예요?

記 者—그럴걸요、男便이나 愛人은 아니나 간열분人情을 서로 두는사이를 異性間의 友人이라 불걸요。

黃信德—저는 예전에 東京있을때 學生氣分에 서로 웃고 弄하고 작난하든 男學生들을 그야말로 同性友人들과꼭같이 親한적이있지요、조금도 不純한 마음이없시요、그래서 이생각은 結婚生活에 든뒤에도、조금도 不純한 點이없이 사괴여지는데、그런데 世上男子들은 女子마음갈지 않는 모양인가봐요 하하하 (一同笑)

記 者—大體로 「異性間에는友情」이 있을수있는 時期와 없는時期가 있는것이 아닐까요、即열七八歲로부터 二十五六歲의 結婚適齡期때에야、愛情이 있을지언정、友情이야 있어지겠어요? 그時節은 友情 即愛情일천이고、그러고、結婚後에 느러서야 비모소 安心하고 友情도있을 마음의 餘裕가 있어지지않을까요

崔貞熙—男女間에는 性的意味를除外하고는 友情이란 成立될것갈지 않어요 「同性間의友情」갈이 純化된 티끌한點없는 友情이어떻게 異性間에 있어지기를 바라겠어요、저는 어려울줄알어요

黃信德—友情은 愛情으로 向하는 한途程으로 必要하여서、結婚前에는 「異性間의友情」이란 있을

수있고 있어도좋은일이나、그러나、一旦結婚한뒤는 男便에對한 情이 全部요、또그로滿足할바이지、만 異性間의 友情이란 나는 不必要할줄 알어요。

靑春이 다가기前

記 者―靑春이 다가기前에、저구슨픈 除夜의 鍾소리 다시 울니기전에 이人生을 아끼는 애틋한 마음으로 더하고싶은일이 없읍니까、더하고싶은말슴이 없읍니까

黃信德―나는 이제는 四十、午后석點에 선사람이니 靑春이 다지낫는데、아직 靑春이 남았다고 그러서요 하하하

崔貞熙―늙는다는일은 永遠히 우리머리속에서 끄어 내 버리고 싶어요、생각하지말고 싶어요、또 나는 어쩐지 늙지않을것갈은 自信이 가슴한모롱이에 있어요。

朴景嬉―藝術家에겐 年齡이 없다니까요、氣分을 늘 푸렛쉬하게하지만 早老하거나 하는일은막을수 있을걸요。

崔義順―그러나 家庭살님에 부댁기게되고 아해나 가지게되고 그러면 肉身이 늙어지지요、안늙을수가 있나요。

記 者―늙은 白髮老婆를 생자하기만해도 슬프지요 그러니 이靑春이 다가기前 하고싶은일이 없어요、朴先生은 音樂家시니까、더욱 野心이 클걸요。

朴景嬉―野心이 있어요、이 젊을時節에 上海에도 南京에도、또될수있으면 世界各地로 노래부르면서 돌아다니고싶어요、불붓듯그런 생각이나요。

崔義順―나도 支那四百餘州로 훨훨 돌아다니고싶어요、그래서 그곳 山川도 보고 白樂天이나 李太白노니든 자취도 볏찻어보고 王昭君의 무덤에도 가 절하고 싶고요、中國에는 정말 어릴때부터 늘 귀에익어오든 蘇州、抗州의名勝이나 才子佳人노니든 黃鶴樓、赤壁江等이 좀많습니까 참으로가보고싶어요。

黃信德―나도 戰爭이 끗나서 平和가 恢復되는날 가서 만나고 싶은人物과 보고싶은곳이 참많어요、北京、上海、武昌、廣東等等 다 가고싶어요。

崔貞熙―그래요、더구나 나는 戰

박인덕 외, 「〈家庭生活〉 主婦座談會」, 『삼천리』 12권 3호(1940.03.01), 243쪽

地에가서 中國女人의生活과 兒孩들 形便을 보고들었으면——하는 생각이있어요、그좋은 材料를 取扱하여 좋은小說을 쓰고싶어요。

記 者 요지간 보신書冊、映畵中、感銘깊은것이 무엇무엇입니까。

崔義順—「유ー리夫人傳」을 보았는데 좋았고、映畵는 「無情」을보았는데 演劇만 못했어요、高協劇團의 「정어리」演劇을 보았는데 俳優들 演技는 놀랍습데다 팔박의 「大地」映畵가 좋왔어요 그리고 요지간 漢文으로된「玉樓夢」을보는중이고 또「國民史」란 德富蘇峰의 著書를 읽고있어요、

朴景嬉—저도 「유ー리夫人傳」을 좋게보았고 映畵로는 音樂映畵는 때놓지않고 다가봅니다 슈ー벨트의 「未完成交響樂」은 더욱좋왔어요。

黃信德—映畵——그중에도 뉴ー스映畵는 산敎訓이기、늘 가르려하지마는 어디가게되어야지요、한달에 한번이나 映畵館에 발드리여 놓는지요。

記 者—防空이나 毒瓦斯等時局에 對한冊은 안보십니까。

崔義順—그런것은 雜誌와 新聞에 仔細히나니까、그것을 注意하여 눈 읽고있어요。

(諸氏도 같은 말을한다)

記 者—오랫동안 말슴하여주서서 정말 感謝하였읍니다、年末로 바꾸실터인데 이恩惠를 무얼로갚흐리까。

(끝)

박인덕 외, 「〈家庭生活〉 主婦座談會」, 『삼천리』 12권 3호(1940.03.01), 244쪽

제목 찾아보기

1부 출생의례

신문 편

2부 혼례

신문 편

「短篇-新婚旅行[5]」,『조선중앙일보』(1933.09.27), 3면(K. Mansfield 原作, 李弘魯 譯) ▷ 42

「短篇-新婚旅行[完]」,『조선중앙일보』(1933.09.28), 3면(K. Mansfield 原作, 李弘魯 譯) ▷ 43

「新婚旅行」,『황성신문』(1909.05.26), 2면 ▷ 27

「新婚旅行에 얼싸저」,『시대일보』(1924.12.09), 1면 ▷ 29

「신혼려힝을 구라파로 발향」,『국민보』(1913.12.06), 4면 ▷ 28

「신혼여행은 로-마로……」,『동아일보』(1933.10.26), 6면 ▷ 44

「新興中國 스피드 婚式」,『동아일보』(1930.01.03), 2면 ▷ 37

「地方論壇-納幣와 惡習」,『동아일보』(1936.04.09), 5면 ▷ 45

「地方論壇-新婚家에 送需式을 廢하자」,『동아일보』(1936.06.12), 5면 ▷ 46

잡지 편

「結婚하기前과 結婚한後」,『별건곤』 2권 2호(1927.02.01), 84~89쪽 ▷ 63~68

「農村探情記-장가難! 시집難!」,『별건곤』 2권 2호(1927.02.01), 121~124, 161쪽(春坡) ▷ 69~73

「新婚旅行 陪從記」,『삼천리』 8권 2호(1936.02.01), 132~139쪽(李瑞求) ▷ 74~81

3부 회갑연

신문 편

「東亞文壇-환갑잔치」,『동아일보』(1923.06.17), 7면(申秋星) ▷ 86

「봄이되면 차리기조흔 환갑잔치차림」,『동아일보』(1938.03.22), 3면(趙慈鎬) ▷ 95

「父親回甲記念, 各機關에 寄金」,『동아일보』(1930.10.22), 3면 ▷ 91

「父親回甲記念코저 貧者戶稅代納」,『동아일보』(1938.11.11), 7면 ▷ 96

「신부인의 회갑잔치」,『신한민보』(1917.05.10), 3면 ▷ 85

「八老人의 共同回甲宴」,『중외일보』(1929.05.06), 3면 ▷ 89

「還甲宴費用節約 白米十俵寄贈」,『동아일보』(1933.01.26), 2면 ▷ 93

「回甲紀念으로灝水洑修築」,『시대일보』(1926.05.20), 3면 ▷ 88

「回甲에 쓸돈 水災民에 同情」,『동아일보』(1929.07.15), 4면 ▷ 90

「回甲宴費用으로 貧困親威을 救助」,『동아일보』(1932.08.25), 4면 ▷ 92

「回甲宴의 流行」,『동아일보』(1923.12.17), 3면 ▷ 87

「回甲宴廢止, 極貧者同情」, 『동아일보』 (1933.11.03), 5면 ▷ 94

잡지 편

「겨을의 農村生活을 들어써」, 『개벽』 7호(1921.01.01), 83~89쪽(朴春城) ▷ 97~103

4부 상례

신문 편

「街上의 初冬[五] 朝鮮葬儀社」, 『동아일보』 (1924.11.26), 2면 ▷ 112

「啓明俱樂部 喪禮變改案」, 『동아일보』 (1933.07.30), 2면 ▷ 118

「敎會葬으로 牛耳洞에, 손병희씨의 장례절차결뎡」, 『동아일보』 (1923.05.20), 3면 ▷ 111

「埋火葬許可는 먼저 경찰의 승인이 필요」, 『동아일보』 (1920.08.08), 3면 ▷ 110

「墨國의 新葬式」, 『동아일보』 (1920.07.31), 3면 ▷ 109

「死後葬禮는 팔천 호의 친척들이 시톄를 안장한다고」, 『동아일보』 (1920.05.28), 3면 ▷ 107

「喪禮 간이화를 토의결정, 계명 구락부 총회에서」, 『조선중앙일보』 (1933.07.31), 2면 ▷ 119

「喪禮를 簡便히 하라」, 『동아일보』 (1932.11.04), 3면 ▷ 116

「喪禮變改案」, 『동아일보』 (1933.02.21), 1면 ▷ 117

「喪輿行列妨害, 大邱서 取調中」, 『동아일보』 (1932.09.15), 4면 ▷ 115

「葬禮가는喪人 낫으로亂刺」, 『동아일보』 (1931.10.21), 2면 ▷ 114

「葬禮式行列 沮止타가 數百群衆亂鬪」, 『동아일보』 (1930.10.09), 6면 ▷ 113

「虎疫治療方協議」, 『동아일보』 (1920.07.21), 4면 ▷ 108

잡지 편

「日本皇太后의 葬禮彙報」, 『대조선독립협회회보』 6호(1897.02.15), 13쪽 ▷ 120

5부 제례

신문 편

「安城教會懇親會」,『동아일보』(1920.09.21), 4면(朴喜鼎) ▷ 126

「耶蘇教와 祭祀問題, 耶蘇教側의 觀察」,『동아일보』(1920.09.04), 3면(梁柱三) ▷ 123

「祭祀問題를 再論하노라[一]」,『동아일보』(1920.09.24), 1면 ▷ 127

「祭祀問題를 再論하노라[二]」,『동아일보』(1920.09.25), 1면 ▷ 128

「祭祀와 偶像崇拜」,『동아일보』(1920.09.10), 1면 ▷ 124

「祭祀폐지에 대한 耶蘇教의 主張」,『동아일보』(1920.09.11), 4면(梁柱三) ▷ 125

잡지 편

「祭祀問題를 機會로 하야」,『개벽』 5호(1920.11.01), 32~38쪽(猪巖) ▷ 129~135

6부 종합

신문 편

「冠婚喪祭 費用節約 儀禮準則漸奏効」,『매일신보』(1936.06.20), 2면 ▷ 167

「冠婚喪祭에 무엇을 주고바들가」,『매일신보』(1935.05.25), 3면 ▷ 154

「冠婚喪祭에 주고바들 물건은 무엇이 적당할까[一] 中國에서는 對聯과 喜帳을」,『매일신보』(1935.05.30), 3면(董長志) ▷ 155

「冠婚喪祭에 주고바들 물건은 무엇이 적당할까[二] 자기분수에만 넘치지안케」,『매일신보』(1935.05.31), 3면(崔○東) ▷ 156

「冠婚喪祭에 주고바들 물건은 무엇이 적당할까[三] 失禮되지 않게 마음만 傳하도록」,『매일신보』(1935.06.02), 3면(俞珏卿) ▷ 157

「冠婚喪祭에 주고바들 물건은 무엇이 적당할까[四] 現金主義」,『매일신보』(1935.06.03), 3면(趙東植) ▷ 158

「冠婚喪祭에 주고바들 물건은 무엇이 적당할까[五] 紀念될 물건」,『매일신보』(1935.06.04), 3면(金昶濟) ▷ 159

「冠婚喪祭에 주고바들 물건은 무엇이 적당할까[六] 英國에서는 別로업다」,『매일신보』(1935.06.05), 3면(프램톤夫人) ▷ 160

「冠婚喪祭에 주고바들 물건은 무엇이 적당할까[七] 親疏에 따라 基督教青年會」,『매일신보』(1935.06.07), 3면(具滋玉) ▷ 161

「冠婚喪祭에 주고바들 물건은 무엇이 적당할까[八] 實用的으로 簡單하게」,『매일신보』(1935.06.08), 3면(李仁) ▷ 162

「冠婚喪祭에 주고바들 물건은 무엇이 적당할까[九] 露西亞에서는 生日날만」, 『매일신보』(1935.06.09), 3면(치일친) ▷ 163

「冠婚喪祭에 주고바들 물건은 무엇이 적당할까[完] 현금을 위주로」, 『매일신보』(1935.06.11), 3면(白麟濟) ▷ 164

「冠婚喪祭의 一切費用制限」, 『동아일보』(1931.10.30), 3면 ▷ 147

「冠婚喪祭의經費가 農家負債의大宗」, 『동아일보』(1934.02.25), 3면 ▷ 153

「冠婚喪祭儀式에는果實菓子만使用」, 『조선중앙일보』(1935.11.15), 2면 ▷ 165

「冠婚喪祭節約」, 『동아일보』(1933.06.02), 3면 ▷ 150

「冠婚喪祭節約 낭자色衣奬勵」, 『동아일보』(1931.11.01), 6면 ▷ 148

「冠婚喪祭疾病과 食糧不足이 主因」」, 『매일신보』(1936.10.28), 2면 ▷ 168

「冠婚葬祭의 費用, 勿驚! 六十萬圓」, 『동아일보』(1936.06.19), 2면 ▷ 166

「龜城邑內有志 串餠廢止同約」, 『동아일보』(1930.11.26), 3면 ▷ 143

「禁酒斷煙同盟, 관혼상제에 一체로 금지」, 『동아일보』(1930.12.05), 3면 ▷ 144

「農村振興으로 冠婚喪祭費減少」, 『동아일보』(1933.07.01), 3면 ▷ 151

「德川蓮塘里 婚喪改組設立」, 『동아일보』(1931.02.17), 5면 ▷ 145

「文川四個里聯合 婦人貯蓄會組織」, 『동아일보』(1931.10.20), 6면 ▷ 146

「시ᄉᆞ평론-관혼상계의헛된례문과풍쇽을기량ᄒᆞᄂᆞᆫ안건」, 『대한매일신보』(1907.11.13), 2면 ▷ 139

「外人의 눈에비친 朝鮮의婚喪禮儀」, 『동아일보』(1934.01.02), 2면('쿤' 儆新校長 외) ▷ 152

「在來의 婚喪弊를 破壞하자」, 『동아일보』(1926.05.25), 4면(李福雨) ▷ 140

「弊習陋慣부터 改革하자[二] 冠婚과 喪禮」, 『동아일보』(1926.09.12), 1면 ▷ 141

「弊習陋慣부터 改革하자[三] 冠婚과 喪禮」, 『동아일보』(1926.09.13), 1면 ▷ 142

「婚葬祭費用 七百餘圓式」, 『동아일보』(1933.03.15), 5면 ▷ 149

잡지 편

「〈家庭生活〉 主婦座談會」, 『삼천리』 12권 3호(1940.03.01), 232~244쪽(박인덕 외) ▷ 179~191

「〈女子의一生〉을 말하는 佳人會議」, 『삼천리』 11권 1호(1939.01.01), 138~147쪽(毛允淑, 李善熙, 崔貞熙) ▷ 169~178

연구책임자 서영수
공동연구원 최인학 송재용 신종한
연구교수 서종원 이영수 염원희 장두식 김재관 김영순
연구보조원 김민지 류용태 김태환 최윤정 이영주 이미현

동양학총서 43집
개화기에서 일제강점기까지 한국문화자료총서
일생의례 관련 자료집 _신문·잡지 편

1판 1쇄 인쇄 2012년 07월 20일
1판 1쇄 발행 2012년 07월 30일

엮은이 단국대학교 동양학연구원
펴낸이 서채윤
펴낸곳 채륜
책임편집 김미정
표지·본문디자인 Design窓 (66605700@hanmail.net)

등록 2007년 6월 25일(제25100-007-00025호)
주소 서울 광진구 군자동 229
대표전화 02-6080-8778 | **팩스** 02-6080-0707
E-mail chaeryunbook@naver.com
Homepage www.chaeryun.com

책값은 뒤표지에 있습니다.
ISBN 978-89-93799-63-7 94380
ISBN 978-89-93799-62-0 (세트)

이 저서는 2011년 정부(교육과학기술부)의 재원으로 한국연구재단의 지원을 받아 수행한 연구임.
(NRF-2011-413-A00003)